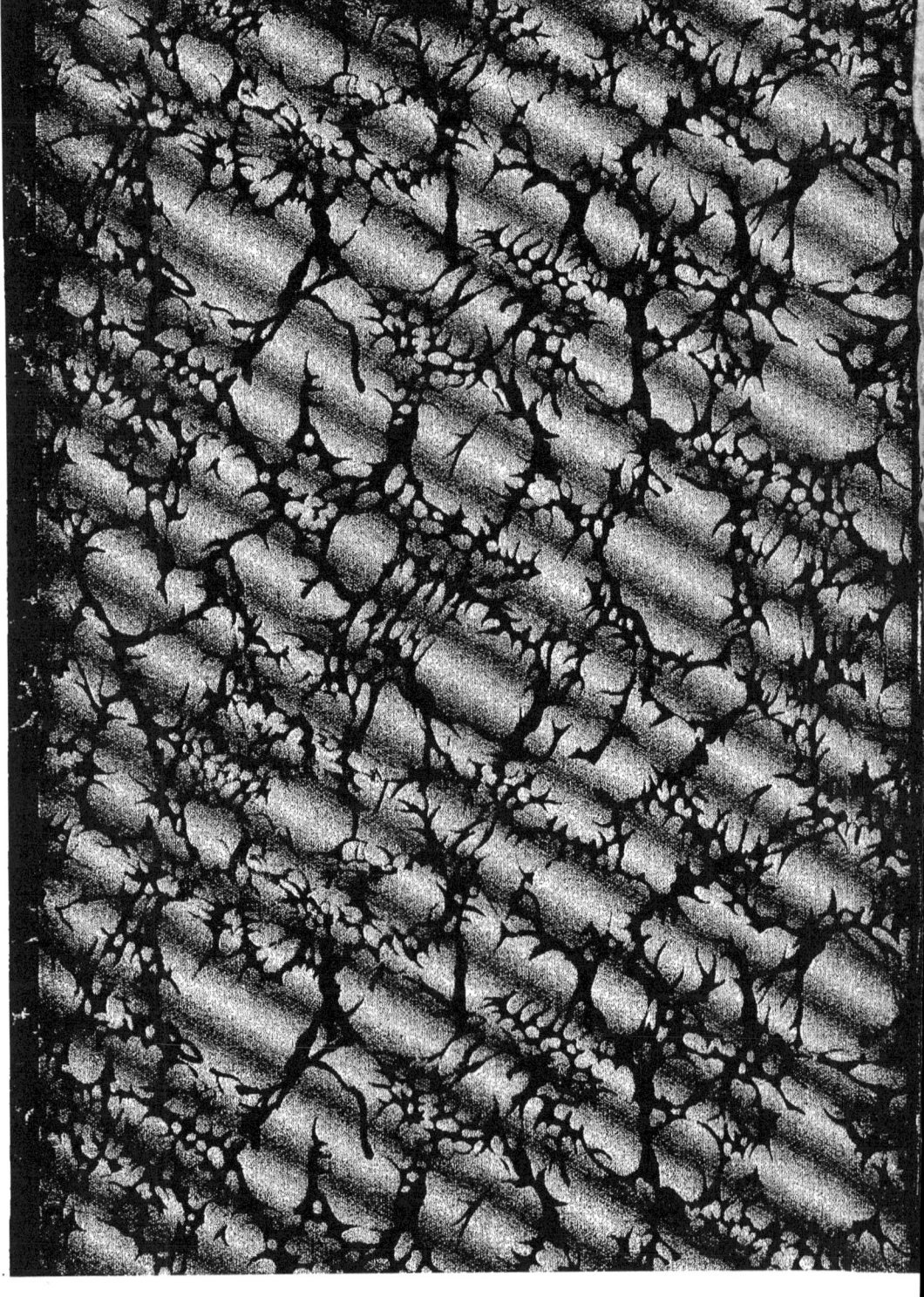

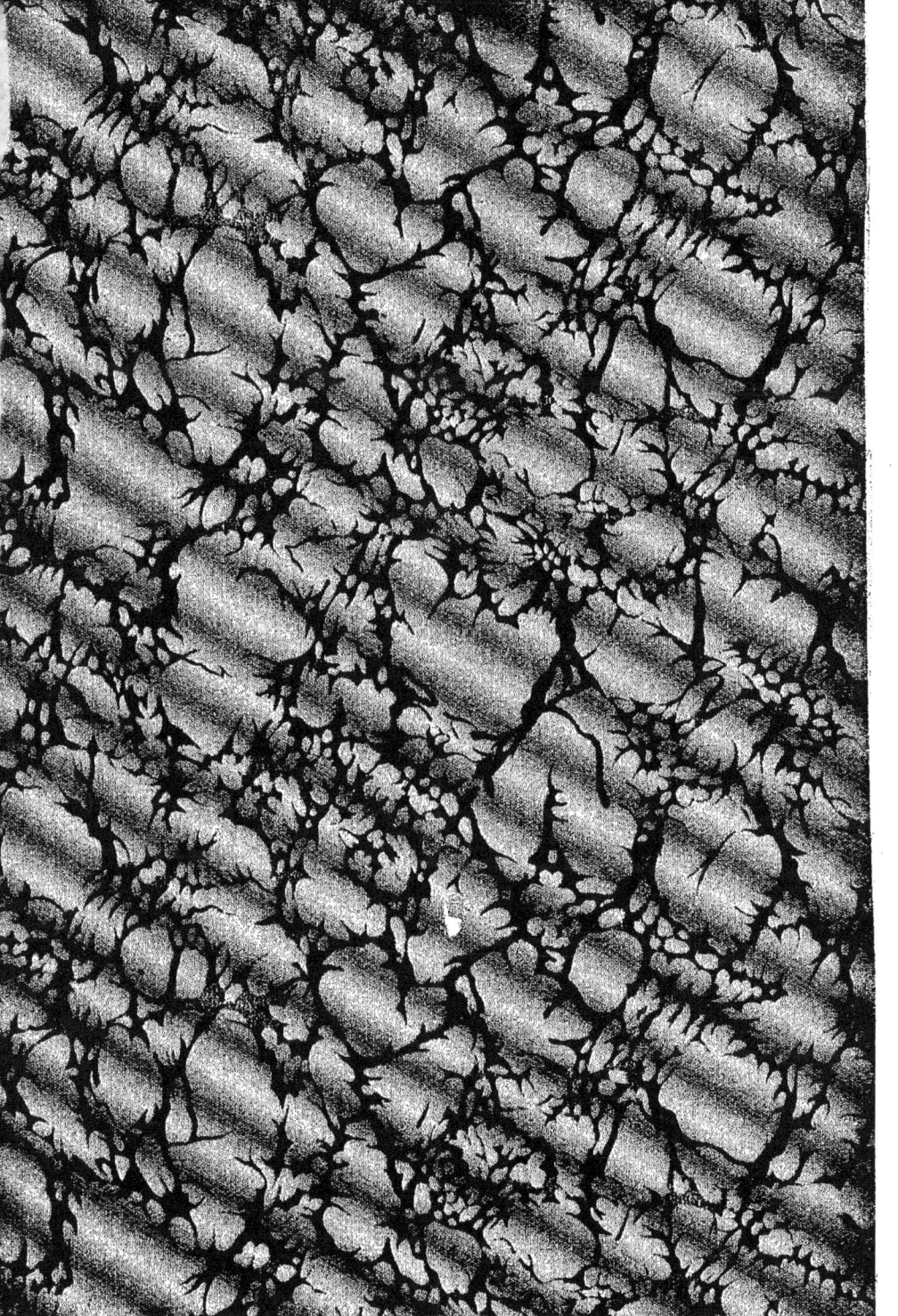

4° K
499

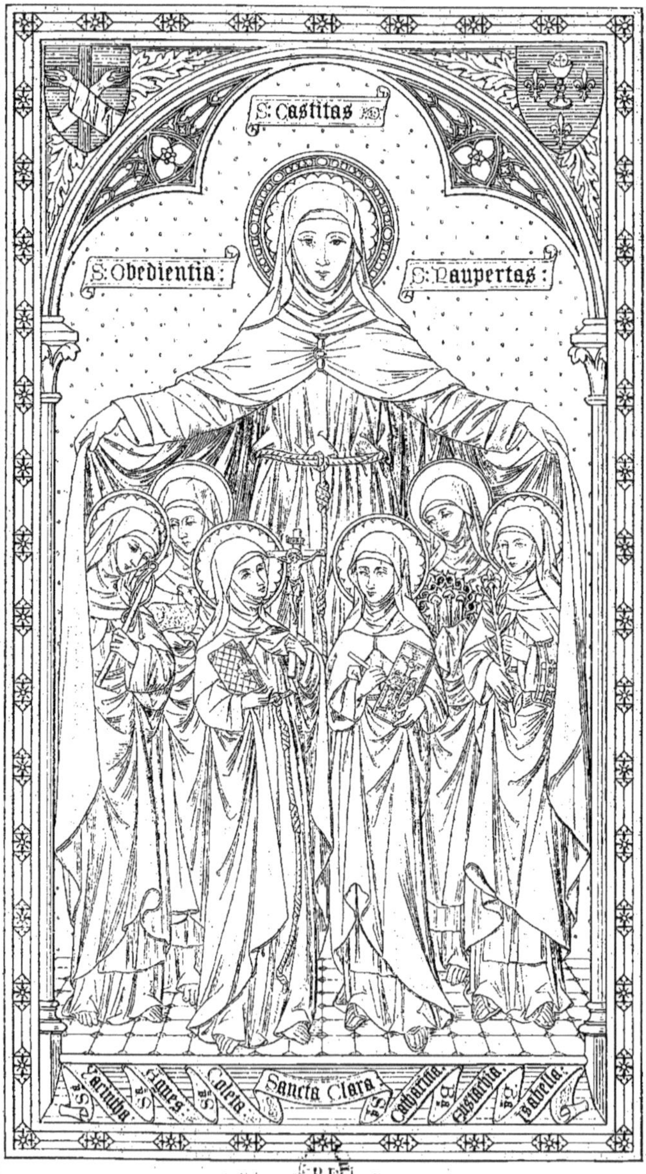

Société de St … X. D. 36.

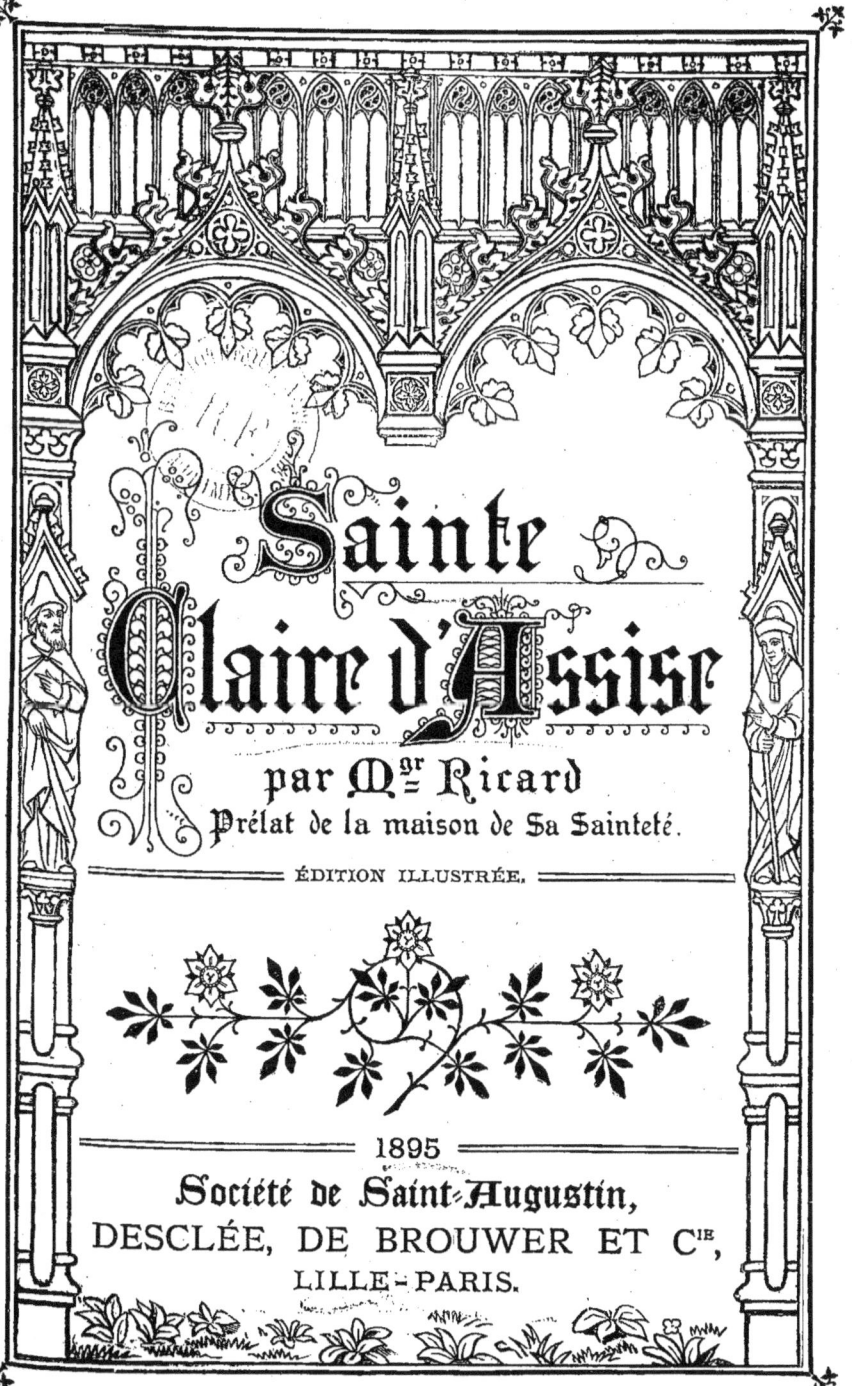

Sainte Claire d'Assise

par M.gr Ricard
Prélat de la maison de Sa Sainteté.

ÉDITION ILLUSTRÉE.

1895
Société de Saint-Augustin,
DESCLÉE, DE BROUWER ET C.ie,
LILLE - PARIS.

L'humilité toute franciscaine de notre éminent collaborateur pour la partie artistique, nous interdit de le louer comme il conviendrait en stricte justice, et même de le nommer. Qu'il nous soit du moins permis de faire remonter l'honneur à qui il est dû. Les lecteurs de cette édition illustrée apprendront sans surprise que l'illustration du volume a été exécutée grâce aux savantes recherches et à l'habile direction du trop modeste religieux à qui les amis de saint François doivent celle du beau livre consacré à raconter la vie du Patriarche des familles franciscaines.

hapitre Premier.

LA PRÉDESTINÉE.

SOMMAIRE :

La plus noble dame qui fût jamais. — L'hymne à la Pauvreté. — Devant Innocent III. — Le songe du Pape. — L'apologue du pauvre solliciteur. — Collaboration intime et virginale. — Son nom est une louange. — Hortulane. — Ses pèlerinages et sa foi. — Les deux époux — De Rome à Assise. — La vallée et la ville. — Ce qu'on voit aujourd'hui à Assise et ce qu'on y voyait à la fin du XIIe siècle. — Naissance de Claire. — Son premier sourire. — Les petites pierres pour compter les oraisons. — Pour les pauvres. — Un cilice sous des fleurs. — Comme la vierge Démétriade. — La vraie piété est aimable. — L'exclamation de saint Bonaventure. — Comment le monde se méprit sur l'avenir de la vierge d'Assise. — Les desseins d'un père. — Réponse d'un sourire. — L'assaut et le secours.

I.

N ce temps-là, vivait, priait, prêchait et chantait un des hommes les plus extraordinaires qui ait paru dans l'Église depuis les temps apostoliques. Les foules charmées se pressaient sur ses pas. D'innombrables troupes de disciples se rangeaient sous sa conduite.

Il prêchait à ravir, mais quand, de sa voix suave, il entonnait un de ces cantiques enflammés qui en ont fait le plus grand entre les poètes du moyen-âge, l'émotion communicative de son âme séraphique gagnait les multitudes et on l'écoutait en pleurant.

Peu de jours avant sa conversion, car il revenait des erreurs du siècle quand il entreprit son incomparable mission, ses amis, le trouvant pensif, lui demandèrent en riant s'il songeait à se donner une épouse.

— Vous l'avez dit, répliqua-t-il ; car je songe à me donner une dame, la plus noble, la plus riche, la plus belle qui fût jamais.

« Il désignait ainsi, dit Ozanam, celle qui était devenue pour lui l'idéal de toute perfection, le type de toute beauté morale, c'est-à-dire la Pauvreté. Il aimait à personnifier cette vertu selon le génie symbolique de son temps ; il se la figurait comme une fille du Ciel, qu'il appelait tour à tour la dame de ses pensées, sa fiancée, son épouse. Il lui prêtait tout le pouvoir que les troubadours attribuaient aux nobles femmes célébrées dans leurs vers : le pouvoir d'arracher les âmes aux pensées et aux penchants terrestres, de les élever jusqu'à la conversation des anges. Mais pendant que, chez les troubadours, ce n'était guère que jeu d'esprit, l'invisible beauté qui avait ravi le chantre sublime dont nous parlons, lui arrachait les cris les plus passionnés. Ouvrez tous les poètes du moyen-âge, vous n'y trouverez pas de chant plus hardi, de paroles plus enflammées que cette prière :

« Seigneur, ayez pitié de moi et de ma dame la Pauvreté. Et voici
» qu'elle est assise sur le fumier, elle qui est la reine des vertus ; elle se
» plaint de ce que ses amis l'ont dédaignée et se sont rendus ses
» ennemis... Souvenez-vous, Seigneur, que vous êtes venu du séjour des
» anges afin de la prendre pour épouse, et d'en avoir un grand nombre
» de fils qui fussent parfaits....

» C'est elle qui vous reçut dans l'étable et dans la crèche, et qui, vous
» accompagnant tout le long de la vie, prit soin que vous n'eussiez pas
» où reposer la tête. Quand vous commençâtes la guerre de notre Rédemption, la Pauvreté vint s'ajouter à vous comme un écuyer fidèle ;
» elle se tint à vos côtés pendant le combat, elle ne se retira point quand
» les disciples prenaient la fuite.

» Enfin, tandis que votre Mère, qui du moins vous suivit jusqu'au
» bout et prit sa part de toutes vos douleurs, tandis qu'une telle mère, à
» cause de la hauteur de la croix, ne pouvait plus atteindre jusqu'à vous,
» en ce moment ma dame la Pauvreté vous embrassa de plus près que
» jamais. Elle ne voulut point que votre croix fût travaillée avec soin,
» ni que les clous fussent en nombre suffisant, aiguisés et polis ; mais
» elle n'en prépara que trois, elle les fit durs et grossiers pour mieux
» servir les intentions de votre supplice. Et pendant que vous mouriez
» de soif, elle eut soin qu'on vous refusât un peu d'eau ; en sorte que ce
» fut dans les étroits embrassements de cette épouse que vous rendîtes
» l'âme. Oh! qui donc n'aimerait pas ma dame la Pauvreté par-dessus
» toutes choses ? »

Pendant que l'homme extraordinaire qui remplissait les montagnes des Abruzzes du bruit de ses prédications et de ses cantiques, prêchait et chantait ainsi, un grand Pape songeait aux épreuves de l'Église et cherchait le remède à appliquer aux maux dont souffrait celle dont il avait la charge.

Innocent III, — c'était le nom de ce Pape, — songeant ainsi, se promenait un jour, en son palais de Latran, sur une terrasse, lorsqu'il vit venir à lui un homme chétif et pauvre, qui l'entretint d'une nouvelle institution religieuse fondée sur la Pauvreté. Le prenant pour un illuminé, le Pape rebuta son visiteur. Mais, la nuit suivante, Dieu lui envoya un songe. Une palme se prit tout à coup à croître à ses pieds, et la palme devint aussitôt un très bel arbre. Il admira, mais ne comprit pas le sens de cette vision. Alors, une lumière divine l'éclaira et il sut que la palme représentait le pauvre qu'il avait rebuté la veille. Innocent III alors fit rechercher le pauvre, et on le lui amena. Il le reçut au milieu des cardinaux, écouta l'exposé de ses desseins et se déclara heureux de pouvoir donner à l'Église de vrais pauvres, plus dépouillés et plus soumis que les « pauvres de Lyon » et que les prétendus « bons hommes » des manichéens, dont l'orgueil et la révolte troublaient le monde.

Cependant, quelques cardinaux, trouvant cette pauvreté excessive et au-dessus des forces humaines, firent au Pape quelques objections. Mais l'évêque de Sabine se leva et dit :

— Si nous refusons la demande de ce pauvre, sous prétexte que sa Règle est nouvelle et trop difficile, prenons garde de rejeter l'Évangile lui-même, puisque la Règle qu'il veut faire approuver est conforme à ce que l'Évangile enseigne ; car, dire que la perfection évangélique contient quelque chose de déraisonnable et d'impossible, c'est blasphémer contre Jésus-Christ, auteur de l'Évangile.

Le Pape, vivement impressionné, dit au pauvre solliciteur :

— Mon fils, priez Jésus-Christ qu'il nous fasse connaître sa volonté, afin que nous puissions favoriser vos pieux désirs.

L'humble prêcheur des Abruzzes obéit et alla se mettre en prière. Il revint bientôt et dit :

— Saint Père, il y avait une fille très belle, mais pauvre, qui demeurait dans un désert. Un roi la vit, et fut si charmé de sa beauté qu'il la prit pour épouse. Il demeura quelques années avec elle et en eut des enfants qui avaient tous les traits de leur père et la beauté de leur mère ; puis il revint à sa cour. La mère éleva ses enfants avec grand soin, et dans la suite elle leur dit :

— Mes enfants, vous êtes nés d'un grand roi ; allez le trouver, et il vous donnera tout ce qui vous convient.

Et les enfants vinrent auprès du roi. Il leur dit, en voyant leur beauté :

— De qui êtes-vous fils ?

Ils répondirent :

— Nous sommes les enfants de cette pauvre femme qui habite au désert.

Et le roi, les embrassant avec une grande joie :

— Ne craignez rien, vous êtes mes fils. Si des étrangers se nourrissent de ma table, combien aurai-je plus soin de mes enfants ! »

Ce roi, Très-Saint Père, c'est Notre-Seigneur Jésus-Christ. Cette fille si belle, c'est la Pauvreté, qui, étant rejetée et méprisée partout, se trouvait dans ce monde comme dans un désert. Le Roi des rois, descendant du Ciel et venant sur la terre, eut pour elle tant d'amour qu'il l'épousa dans la crèche. Il en eut plusieurs enfants dans le désert de ce monde : les apôtres, les anachorètes, les cénobites, et quantité d'autres qui ont embrassé volontairement la Pauvreté. Cette bonne mère les a envoyés au Roi du Ciel, leur Père, avec la marque de sa royale pauvreté, aussi bien que de son humilité et de son obéissance. Ce grand Roi les a reçus avec bonté, promettant de les nourrir et leur disant :

— Moi qui fais lever mon soleil sur les justes et sur les pécheurs, moi qui dispense à toute créature ce qui lui est nécessaire, combien plus volontiers soignerai-je mes enfants !

Si le Roi du Ciel promet à ceux qui l'imitent de les faire régner éternellement, avec combien plus d'assurance doit-on croire qu'il leur donnera ce qu'il donne toujours et avec tant de libéralité aux bons et aux méchants !

— Véritablement, s'écria le Pape Innocent, c'est un homme qui soutiendra l'Église de Jésus-Christ par ses œuvres et par sa doctrine !

Et il raconta que, la nuit précédente, il avait vu, pendant son sommeil, un pauvre soutenir l'église de Latran près de s'écrouler.

L'entreprise de ce pauvre était ardue et, quand l'heure de lui donner son plein épanouissement eut sonné, Dieu lui suscita une de ces aides, comme l'histoire des saints en a enregistré, plaçant les saintes femmes à côté du Sauveur et des apôtres, Thècle sur le chemin de Paul, Monique aux pieds d'Ambroise pour préparer Augustin, Paule à l'école de Jérôme, et, dans les temps modernes, Madame de Chantal sous la direction de François de Sales, et Melle Legras en tête des charitables collaboratrices du grand cœur de saint Vincent de Paul.

C'est l'un des secrets de l'Église de Jésus que la possibilité de cette collaboration intime et virginale au profit d'une œuvre aimée et commune.

II.

Son nom, a dit un de ses plus anciens panégyristes, est le plus grand éloge qu'on puisse faire d'elle.

Pendant qu'elle la portait, sa mère entendit résonner, au fond de son cœur d'abord angoissé et inquiet, une douce voix qui disait :

— Ne crains point, Hortulane, sache qu'avec bonheur tu donneras à cette terre une pure lumière qui suffira pour en éclairer les ténèbres.

C'est en mémoire de ces consolantes paroles que la mère de l'enfant prédestinée voulut qu'on lui donnât le doux et pathétique nom de Claire.

La bulle de canonisation de la sainte, faisant allusion au nom d'Hortulane, qui signifie en latin comme en italien « Jardinière, » remarque que ce nom lui-même n'avait point été choisi du Ciel sans dessein, puisque, en mettant au monde celle qui devait en être une éclatante lumière, la pieuse chrétienne avait « planté dans le jardin du Seigneur une plante de choix. »

C'était une femme de foi robuste et d'ardente ferveur que cette Hortulane. Peu d'années avant la naissance de Claire, comme pour se préparer à une aussi glorieuse maternité, elle avait vaillamment entrepris le saint voyage de Palestine, visitant Bethléem, Nazareth, Jérusalem, au prix de fatigues inouïes, sans songer à rien qu'au bonheur de suivre les vestiges sacrés du Sauveur. Prise d'une sainte ardeur et, comme dit naïvement un vieil auteur, « mise en goût » par un pèlerinage aux Lieux Saints, elle gravit les pentes escarpées du mont Gargan, pour prier là où l'archange Michel apparut, puis à Rome, où souffrirent et moururent les apôtres Pierre et Paul.

La foi de cette femme se mêlait de quelque rudesse, comme nous le constaterons un peu plus tard dans une circonstance douloureuse de la vie de sa sainte fille. Du moins, elle présentait une base solide, sur laquelle la grâce de Dieu édifiera finalement une rare sainteté.

Son mari, un peu dur, lui aussi, continuait les traditions de la famille des Scefi, où le courage était héréditaire, famille de soldats souvent mêlés aux aventures et aux expéditions guerrières de cette époque batailleuse qui marqua les périodes des XIe et XIIe siècles en Italie. Il s'appelait Favorino. Lui et ses deux frères, Paolo et Monaldo, s'illustrèrent plus d'une fois sur le champ de bataille. Nous les retrouverons à l'assaut dans une entreprise moins glorieuse, où Dieu se réservait d'avoir le dernier mot.

Tous deux, Favorino et Hortulane, dans l'intervalle des expéditions de l'un et des pèlerinages de l'autre, habitèrent aux environs d'Assise, sur le versant méridional du mont Subasio, un château-fort, Sasso-Rosso, d'où le regard plonge sur l'un des plus merveilleux panoramas du monde.

Les yeux de Claire, en s'ouvrant à la lumière du jour, jouiront de ce

Ruines du château-fort, Sasso-Rosso, où naquit sainte Claire.
(D'après une photographie.)

tableau qui repose l'âme en l'élevant. Ce n'est pas trop s'avancer que d'affirmer qu'elle lui dut plus d'une des tendances surnaturalisées par la grâce que nous rencontrerons dans l'étude de cette organisation délicate et forte, poétique et judicieuse, tendre et austère, qui va se montrer à nous, tout le long de ce récit. C'est donc aussi entrer dans le dessein de ce livre que d'arrêter tout d'abord notre regard sur le cadre où va se mouvoir l'existence que nous entreprenons de raconter.

Vue d'Assise au temps de sainte Claire.
(Estampe tirée des *Collis Paradisi Amoenitates*, etc., 1704.)

« Quand[1] on a quitté Rome, en se dirigeant vers le nord, après avoir traversé l'admirable désert de la campagne romaine, et passé le Tibre un peu au-delà de Cività-Castellana, on s'engage dans un pays montueux qui va, s'élevant comme un amphithéâtre, des bords du Tibre jusqu'aux crêtes de l'Apennin. Cette contrée retirée, pittoresque, salubre, s'appelle l'Ombrie. Elle a les agrestes beautés des Alpes, les cimes sourcilleuses, les forêts, les ravins où se précipitent les cascades retentissantes, mais avec un climat qui ne souffre point de neiges éternelles, avec toute la richesse d'une végétation méridionale qui mêle au chêne et au sapin l'olivier et la vigne. La nature y paraît aussi douce qu'elle est grande ; elle n'inspire qu'une admiration sans terreur ; et, si tout y fait sentir la puissance du Créateur, tout y parle de sa bonté. La main de l'homme n'a point gâté ces tableaux. De vieilles villes comme Narni, Terni, Amelia, Spoleto, se suspendent aux rochers ou se reposent dans les vallons, encore toutes crénelées, toutes pleines de souvenirs classiques et religieux, fières de quelques saints dont elles conservent les restes, de quelque grand artiste chrétien dont elles gardent les ouvrages. Il y a bien peu de sommets, si âpres et si nus, qui n'aient leur ermitage, leur sanctuaire visité des pèlerins. Au cœur du pays s'ouvre une vallée plus large que les autres ; l'horizon y a plus d'étendue ; les montagnes environnantes dessinent des courbes plus harmonieuses ; des eaux abondantes sillonnent une terre savamment cultivée. Les deux entrées de ce paradis terrestre sont gardées par les deux villes de Pérouse au nord et de Foligno au midi. Du côté de l'occident, est la petite cité de Bevogna, où naquit Properce, le poète des plaisirs délicats ; à l'orient, et sur un coteau qui domine tout le paysage, s'élève Assise, où devait naître le chantre « d'un meilleur amour, » le poète immortel de la Pauvreté.

Si gracieuse à voir dans son doux paysage, Assise ouvrait aux visiteurs de longues rues pleines d'herbe, de soleil et de solitude. « Rien, dit le plus récent historien de notre sainte[2], rien n'est admirable aux yeux du voyageur chrétien comme la vieille cité d'Assise, si douce, si calme, si religieuse. A chaque pas vous trouvez un sanctuaire. Ici, c'est l'église

---

1. OZANAM, *Les Poètes franciscains*, p. 51.
2. F. DEMORE, *Vie de sainte Claire d'Assise*, liv. Ier, chap. XII. Puisque l'occasion nous en est fournie par cette citation, rendons hommage à ce beau livre, qui nous a rendu plus d'un service signalé, et à la mémoire de son pieux auteur, notre ami vénéré, dont les vertus et l'humble existence, retracées par un pinceau habile, vivent toujours, à Marseille, dans le souvenir reconnaissant de tant d'âmes religieuses, spécialement au monastère des pauvres Clarisses, où repose son cœur.

gothique de Sainte-Claire, qui s'élève où l'on ne voyait autrefois que le modeste hospice et la chapelle de Saint-Georges; là, c'est le monastère de Saint-Apollinaire, dont celui de Saint-Paul faisait naguère partie. Ici, c'est la cathédrale de Saint-Rufin, avec sa grande tour et son curieux portail ; là, c'est l'église neuve bâtie sur l'emplacement de la maison paternelle du chantre de la Pauvreté. A l'extrémité orientale, près des vieilles murailles flanquées de tours crénelées, c'est l'humble couvent des Capucins, dont on reconnaît partout l'austère simplicité. Plus loin, c'est le fameux ermitage *delle Carceri*, où demeura longtemps le bienheureux André de Spello, ce parfait modèle d'obéissance. Plus bas, c'est le monastère de Rivo-Torto, où l'on voit encore les cellules des premiers disciples de l'humble patriarche de l'Ordre séraphique. Ici, c'est Sainte-Marie-des-Anges, ce lieu qui est véritablement la porte du Ciel, avec ses murs en marbre blanc, en l'honneur de la pureté de Marie et des esprits célestes, et ses douze tourelles de marbre rouge, en mémoire du sang répandu des apôtres ; là, c'est l'antique monastère de Saint-Damien, qui possède tant de reliques et d'où s'exhale encore une odeur de pénitence et de componction qui vous saisit et vous pénètre. Plus loin encore, c'est l'aspect imposant du *Sagro Convento*, c'est-à-dire du couvent par excellence, dont la triple église s'élève sur *la colline du Paradis*, où reposent les restes précieux du saint protecteur d'Assise. »

De là, ajoute l'abbé Chavin de Malan, on voit toute la vallée de l'Ombrie, avec l'horizon bleu des hautes montagnes de l'Apennin. La plaine est admirablement cultivée ; elle apparaît comme un jardin séparé du monde et préparé pour le bonheur de ceux qui l'habitent. La vigne est suspendue en guirlandes au tronc des ormeaux ; le pâle olivier adoucit partout les teintes : son feuillage léger donne à la campagne quelque chose de transparent, d'aérien. Autour des habitations champêtres, des bouquets de peupliers et de cyprès, l'eau des petites rivières qui tombent des montagnes coule rapide dans son lit.

C'est dans ce cadre charmant que naquit et que devait se mouvoir l'enfant prédestinée à une des plus hautes missions régénératrices de l'histoire ecclésiastique.

III.

ELLE naquit le 11 juillet 1194, douze ans après l'homme qu'elle devait seconder dans son merveilleux apostolat, et fut baptisée aux mêmes fonts, aujourd'hui encore conservés à la vénération des peuples et visités des pèlerins comme l'un des plus sacrés entre les souvenirs de ces deux grandes vies inséparables l'une de l'autre.

Les Fonts baptismaux de la cathédrale d'Assise, où Ste Claire fut baptisée.

La tradition rapporte que la naissance de Claire fut une joie universelle à Assise et dans la campagne environnante. Sans qu'ils pussent s'en endre compte, les heureux compatriotes de cette enfant bénie se sentirent transportés d'une allégresse irrésistible, et tous s'abordaient joyeux et contents, se demandant, comme à la naissance de Jean-Baptiste :

— Quel pensez-vous donc que sera cet enfant ?

On disait que, en venant au monde, la fille d'Hortulane n'avait laissé voir aucune douleur, pas une larme, pas un cri. Quand sa mère la pressa sur son cœur, un sourire de joie céleste sembla illuminer le visage de l'enfant ; elle apparut avec une auréole de béatitude anticipée, présage des consolations qu'elle apportait à sa famille, à la ville d'Assise, à l'Église tout entière.

Hortulane entendit retentir de nouveau à l'oreille de son cœur la parole qui l'avait consolée au moment où, pleurant au pied du crucifix, elle s'interrogeait anxieuse sur le sort de sa première maternité :

— Ne crains point, tu donneras à cette terre une pure lumière !

— Sainte Claire comptant ses prières avec des pierres. —
(D'après une gravure d'Adrien Collaert. Anvers, 1609.)

Quel malheur si, par sa faute, la lumière prédite venait à pâlir au sein des ténèbres qu'elle était chargée d'illuminer ! Aussi, la pieuse chrétienne veillait avec un soin jaloux sur ses moindres vacillements. Nul autre lait que le sien ne nourrit l'enfant, nul autre guide ne surveilla ses premiers pas, et c'est des lèvres maternelles que Claire apprit à balbutier les prières où elle devait tant exceller plus tard.

Sainte Claire d'Assise.

La petite fille d'Hortulane prenait un goût singulier à cet exercice. Des historiens de sa vie nous en ont conservé un touchant témoignage. On sait que les anciens moines de la Thébaïde avaient coutume de se servir de petites pierres, qu'ils portaient toujours sur eux, et au moyen desquelles ils comptaient les oraisons et les psaumes attribués par la Règle aux diverses heures du jour.

La petite Claire fit comme eux. Souvent on la surprenait comptant avec des pierres ses prières, jusqu'à ce qu'elle eût épuisé le petit monceau entassé devant elle. Plus tard, quand saint Dominique eut établi la dévotion du Rosaire, les grains du chapelet purent sans doute remplacer les petites pierres ; il n'est pas sans intérêt de savoir comment elle y suppléait dans sa pieuse et naïve enfance.

A la maison paternelle, régnait l'abondance des biens de la terre. L'enfant, prédestinée au culte de la pauvreté, ne parut vouloir en jouir que pour les répandre autour d'elle sur les indigents, objets de ses tendres prédilections.

Un des premiers biographes de la sainte, Marc de Lisbonne, résume l'impression unanime des habitants d'Assise en disant que, déjà, dès sa première enfance, Claire resplendissait comme une étoile du matin dans l'obscure nuit du monde. C'était une réalisation précoce de la prophétie faite à Hortulane.

A douze ans, une dure épreuve traversa les élans de ce cœur virginal. Fiers de la beauté naissante de leur fille, Hortulane et Favorino exigèrent qu'elle se parât somptueusement, selon les exigences de leur rang et les ressources d'une belle fortune. Peu de jeunes âmes résistent à cette tentation et beaucoup y succombent. Claire avait déjà son cœur trop haut pour fléchir. Avec une complaisance édifiante, elle obéissait aux volontés des siens et se parait pour leur complaire. Mais, ce que les parents, heureux de la voir si belle, ne savaient point, c'est que, sous les vêtements somptueux de leur fille, l'innocente enfant cachait des instruments de pénitence et un dur cilice. Ainsi, dit gracieusement le vieil historien dont nous suivons les données, « sous les fleurs qui parent les dehors de sa jeunesse, elle est au-dedans revêtue uniquement des livrées du Seigneur Jésus. »

On ne saurait plus s'étonner dès lors que les contemporains lui appliquent le mot si élogieux de saint Jérôme louant la vierge Démétriade : « Elle s'éleva par l'ardeur de sa foi au-dessus de la faiblesse de son âge, et commença par où la vertu, parfaite et consommée, s'estimerait heureuse de finir. »

Toute la ville parlait de Claire. Modeste et bonne, elle accueillait chacun avec une aimable simplicité, sans songer à se targuer de ses dons ou de sa position sociale, sans craindre non plus de rendre sa vertu trop aimable. C'est une remarque sur laquelle insistent à bon droit les auteurs qui ont raconté la vie de la jeune prédestinée. « Bien différente, disent-ils, de tant de jeunes personnes qui, se formant de la piété une idée fausse et singulière, s'imaginent qu'elle est incompatible avec une modeste gaieté, et qui, sous prétexte d'aimer et de servir Dieu, ne font que s'aimer et travailler pour elles-mêmes, Claire avait une conversation aussi agréable que solide, en cet extérieur affable qui est si propre à faire chérir la dévotion. »

Le plus grand de ses frères en religion après le séraphique fondateur de deux familles religieuses, saint Bonaventure, arrivé au point où nous en sommes de la vie de son illustre sœur, Claire d'Assise, ne sait contenir son enthousiasme, et c'est sur le ton lyrique qu'il s'écrie :

« Cette nouvelle vigne de Jésus-Christ commença à étendre ses branches, à pousser des fleurs d'une odeur très agréable et à produire en abondance des fruits de gloire. Claire apparut alors au monde comme la plus belle plante du jardin de l'Époux céleste et comme la plus brillante étoile de l'aurore de notre sainte institution. »

Mais le monde ne juge pas comme l'Église de Jésus-Christ. Il se méprit sur la destinée de la gracieuse et virginale enfant d'Assise.

C'était un sujet de conversation, fréquent dans la ville et les environs, que de savoir à quel heureux époux écherrait ce trésor. Les familles nobles et opulentes de l'Ombrie rivalisaient d'empressement autour de Claire et de ses parents, pour l'emporter dans les délibérations de ces derniers.

Deux jeunes sœurs partageaient les sollicitudes de la famille, mais Claire était l'aînée. Belle à ravir, elle venait d'atteindre sa seizième année, et Favorino, au retour d'une expédition militaire où il s'était couvert de gloire aux yeux de ses concitoyens, songea sérieusement à l'établir.

Claire n'ignorait rien des desseins de son père. Souvent, elle avait surpris l'expression très vive de son plus ardent désir, dans les conversations où il en entretenait la pieuse mère de sa fille préférée. Elle ne s'en troubla point. Le divin Bien-Aimé avait parlé à son cœur. Elle lui avait fié sa foi, elle savait qu'il n'aurait pas de peine à aplanir les obstacles et à incliner des volontés opposées à son virginal dessein.

Lors donc que sa mère lui en fit ouvertement la proposition, Claire se contenta de sourire, comme elle avait souri à sa première entrée dans ce monde. C'était décliner la proposition, d'ailleurs fort brillante, que ses parents venaient de recevoir et d'agréer, sauf l'adhésion de leur fille. Hortulane ne le comprit point.

L'assaut devait être terrible. L'Enfer, qui prévoyait la grande action

Sainte Claire faisant l'aumône.
(D'après une gravure d'Adrien Collaert. Anvers, 1609.)

de la jeune vierge dans l'Église de DIEU, ne négligera rien pour l'enrayer au début. Mais le Ciel veillait et, à l'heure même où les parents de Claire délibéraient sur ses noces prochaines, arrivait à Assise l'élu du Seigneur, l'Ananie sublime qui allait décider de l'avenir.

Chapitre Deuxième.

LA POSTULANTE.

SOMMAIRE :

Qui es-tu ? — Naissance, éducation, jeunesse et conversion de François. — Chez l'évêque d'Assise. — Rudes initiations. — Premiers compagnons. — Les trois réponses de l'Évangile. — Le Carême de 1212 à la cathédrale d'Assise. — Le regard du prédicateur s'arrête sur la jeune prédestinée. — Ce qu'on disait à Assise et dans l'Ombrie de la manière de vivre du nouveau prêcheur. — Ce qui attira Claire. — Comment elle put aborder saint François. — A Sainte-Marie-des-Anges. — La Portioncule. — Pourquoi François aima toujours de prédilection ce berceau de sa vie religieuse. — Comme les fleurs les âmes ont leur parfum. — La joie du patriarche à la vue de Claire. — Récit de leur premier entretien d'après les contemporains. — Allez mendier de porte en porte. — Nouvelles entrevues. — François prend une détermination.

I.

EN l'an 1206, un jeune homme de la ville d'Assise, âgé de vingt-quatre ans, habitué jusque-là aux douceurs de l'opulence et aux amusements de la jeunesse, maintenant dénué de tout et couvert d'un manteau de pauvre, traversait les forêts et les montagnes et chantait en français les louanges du Créateur de l'univers. Des voleurs le rencontrèrent qui lui demandèrent :

— Qui es-tu ?

Sans s'émouvoir, le jeune homme répondit :

— Je suis le héraut du grand Roi.

Les voleurs, ricanant, lui enlevèrent son manteau, et, après l'avoir roué de coups, le jetèrent dans un trou plein de neige, en disant :

— Tiens, vilain paysan, voilà pour toi, faux héraut de Dieu !

Le jeune homme, mal garanti contre le froid par les haillons qui lui restaient, se remit à chanter avec plus d'allégresse encore les louanges du Créateur.

Un citoyen de la ville d'Engubbio, qui avait connu et aimé ce jeune homme dans le monde, lui donna, comme à un pauvre du Christ, quelques chétifs vêtements, avec une tunique ou blouse par-dessus. C'était le vêtement des ermites du pays.

Ainsi vêtu, le jeune homme, autrefois le chef et l'ordonnateur des parties de plaisir de sa ville natale, se prit à suivre les pauvres et les lépreux. Il avait eu jusque-là une si grande répugnance pour les lépreux, que, quand il apercevait une léproserie, d'une demi-lieue il commençait à se boucher les narines : maintenant, il nettoie leur pourriture et lave leurs ulcères avec grande affection pour l'amour de Dieu.

Il était né à Assise, en Ombrie, l'an 1182. Son père se nommait Bernardone et sa mère Pica. Bernardone, originaire de Florence, descendait d'une noble famille, mais il faisait le commerce, spécialement avec la France. C'est même en France que le riche négociant se trouvait lorsque l'enfant naquit. Au baptême, sa mère lui fit donner le nom de Jean. Au retour de son voyage, le père ajouta le nom de Français ou François, comme on disait alors, et c'est ce nom qui prévalut, à cause du goût que l'enfant manifesta de bonne heure pour la France et la langue de cette nation.

Nous l'avons rencontré à Rome au début de ce récit, et nous l'avons entendu déjà chanter les gloires de la pauvreté, sa passion et son amour. Mais nous ne l'avions point encore nommé.

François d'Assise — c'est le nom que tous les échos de l'Ombrie répétaient déjà à l'envi — se montra d'abord aussi compatissant pour les malheureux et aussi prodigue des biens de famille, que son père était dur et avare. Au début, et avant d'avoir entendu la Voix mystérieuse, il se livrait à toute l'exubérance de ses qualités, chantant, jouant, donnant de grands festins, le boute-en-train de ses compagnons ; on l'appelait « la fleur de la jeunesse d'Assise. »

C'est à Spolète, pendant une maladie, qu'il entendit la Voix :

— François, lui fut-il dit durant une nuit de pénible insomnie, François, lequel des deux peut faire le plus de bien : le serviteur ou le maître?

— Le maître, répondit-il vivement.

— Eh bien alors, reprit la Voix, pourquoi donc abandonnes-tu le maître pour le serviteur, le seigneur pour le vassal ?

— O mon Dieu ! s'écria l'ardent jeune homme, que voulez-vous que je fasse ?

— Retourne dans ta ville : là, il te sera dit ce que tu dois faire.

A Assise, François se mit à vivre en anachorète, toujours occupé des pauvres au grand désespoir de Bernardone, qui s'adressa à l'évêque d'Assise, pour arrêter les prodigalités et les sublimes folies de son fils.

L'évêque reçut François avec une grande bonté et lui dit :

— Votre père est gravement irrité contre vous. Si vous voulez servir Dieu, rendez-lui l'argent que vous avez. Peut-être a-t-il été injustement acquis. Or, Dieu ne veut pas que vous employiez au profit de l'Église ce qui peut calmer la fureur de votre père. Mon fils, ayez confiance en Dieu, agissez franchement, ne craignez pas ; il sera votre aide, et, pour le bien de son Église, il vous donnera tout ce qui vous est nécessaire.

Ravi de ces paroles et comme enivré de joie, François se leva et dit :

— Seigneur, je lui rendrai tout ce qui est à lui, et même mes vêtements.

Aussitôt il entra dans le cabinet voisin, se dépouilla des vêtements qu'il tenait de son père, puis, déposant le tout devant l'évêque :

— Écoutez, dit-il, et comprenez. Jusqu'à présent, j'ai appelé Pierre Bernardone mon père ; désormais je puis dire hardiment : Notre Père qui êtes aux Cieux, en qui j'ai mis mon trésor et la foi de mon espérance.

Tous les assistants pleuraient et maudissaient la rapacité de Bernardone.

L'évêque, ravi d'admiration, ouvrit son cœur et ses bras à François, et le couvrit de son manteau. Il comprenait que ce dépouillement renfermait un grand mystère ; aussi se montra-t-il toujours son protecteur déclaré et son ami dévoué. François revêtit le pauvre habit d'un serviteur de l'évêque.

Il était dans sa vingt-quatrième année lorsque, en 1206, il renonça ainsi publiquement à toutes les choses de la terre.

Dieu lui dit alors :

— François, si tu veux connaître ma volonté, il faut que tu méprises et que tu haïsses tout ce que tu as aimé et désiré selon la nature. Que ce nouveau métier ne t'effraie point ; car, si les choses qui te plaisaient te doivent devenir amères, celles qui te déplaisaient te deviendront douces et agréables.

Puis, l'esprit de Dieu lui fit comprendre que la vie de l'âme, sous l'idée d'un trafic, commence par le mépris du monde, et, sous l'idée d'une milice, par la victoire sur soi-même.

Deux années se passèrent dans ce rude exercice. En 1208, un jour qu'il assistait à la messe des apôtres, ces paroles de l'Évangile frappèrent particulièrement son esprit : « Ne portez ni or, ni argent, ni aucune monnaie dans votre bourse, ni sac, ni deux vêtements, ni souliers, ni bâton. »

Ce fut pour lui comme une apparition de la belle et riche pauvreté évangélique :

— Voilà, s'écria-t-il, voilà ce que je cherche ; voilà ce que je souhaite de tout mon cœur !

Et aussitôt il jeta sa bourse et son bâton, quitta ses souliers, prit une tunique grossière et rude, et une corde pour ceinture. Puis, il alla prêcher la pénitence à ses concitoyens.

Dès ce jour, l'Ordre des Frères Mineurs était fondé. Cette innombrable famille franciscaine, qui a renouvelé la face de l'Église et du monde, est née de l'union intime de François avec la Pauvreté.

Bernard de Quintavalle et Pierre de Catane furent ses premiers compagnons.

Il y avait alors dans le peuple une manière fort en usage de consulter la volonté divine. En l'honneur des trois Personnes de la Très-Sainte Trinité, on ouvrait trois fois de suite le livre des saints Évangiles sur l'autel, et le premier verset qui tombait sous les yeux devenait comme un oracle. Dieu, d'après le témoignage de saint Thomas d'Aquin lui-même, se plaisait souvent à bénir cette naïve confiance.

Or, à la première ouverture du livre, François lut :

« Si vous voulez être parfait, allez, vendez ce que vous avez et don-
» nez-le aux pauvres. »

A la seconde, il lut :

« Ne portez rien en voyage. »

Et enfin à la troisième :

« Si quelqu'un veut venir après moi, qu'il renonce à soi-même, qu'il
» prenne sa croix et qu'il me suive. »

— Voilà, s'écria aussitôt François, voilà la règle que nous devons suivre, voilà le conseil de Dieu. Allez, dit-il à ses compagnons, et exécutez ce que vous venez d'entendre.

Ils allèrent, vendirent leurs biens et en distribuèrent le prix aux pauvres.

Nous ne saurions raconter par le détail ce qui suit. Les disciples accouraient de partout, les couvents surgissaient sur tous les points de la région : c'était un enchantement. Pour François, toujours humble, simple et bon, il prêchait, et, sur son passage, les âmes s'élevaient rapidement à une haute perfection.

Il vint à Assise, en 1212, prêcher le Carême, attiré par l'esprit de

DIEU, ayant appris par révélation le grand mystère dont il allait y devenir l'instrument.

II.

ON ne parlait à Assise que des prédications de François. Claire eut un vif désir de l'entendre. C'était, on s'en souvient, au moment où ses parents délibéraient du prochain établissement de leur fille. Elle obtint sans peine d'Hortulane qu'on la mènerait aux sermons du célèbre pénitent d'Assise, et, un jour, la mère, accompagnée de ses deux filles, Claire et Agnès, se trouva mêlée à la foule qui se pressait autour du saint prédicateur de la Pauvreté.

Claire écoutait, profondément remuée par cette parole neuve, imagée, ardente, qui pénétrait jusqu'à la division de son âme. Jamais homme n'avait parlé devant elle comme parlait le séraphique apôtre. Tout à coup, est-ce une illusion? il semble que le regard pénétrant du prêcheur s'est arrêté sur la jeune fille et veut sonder dans les profondeurs de cette âme virginale.

« Le saint, disent les histoires des premières origines des deux Ordres,
» le saint avait appris par révélation la vie si extraordinaire de la jeune
» vierge. Il savait qu'elle devait être un jour la principale coadjutrice de
» ses travaux, le fondement du nouvel Ordre qu'il se proposait d'établir,
» et que c'était lui qui enlèverait au monde une si noble dépouille pour la
» consacrer à JÉSUS-CHRIST, le souverain Roi. Convaincu donc de l'impor-
» tante mission de Claire, il désirait la voir et parler à son cœur; il pensait
» déjà à enlever au Prince des ténèbres une proie qui devait n'appartenir
» qu'au Monarque de la lumière, et il ne cessait de conjurer la bonté
» divine de venir à son secours et d'abriter au plus tôt dans son sanctuaire
» un trésor si précieux. »

Or, tout le monde, à Assise, s'entretenait du prédicateur de Saint-Rufin, et de l'étrange vie qu'il menait avec ses compagnons. Les historiens remarquent que, à ce moment, l'amour divin était à peu près anéanti dans les âmes, qu'on ne savait plus ce que c'était que faire pénitence, et que le monde était tout entier livré à la cupidité, aux voluptés de la chair, à l'orgueil de la vie. On se demandait quel pouvait être le but de ces hommes qui venaient ainsi mal vêtus, marchant nu-pieds et mangeant à peine. « Ce sont des fous, » disaient les uns. D'autres faisaient remarquer que la folie ne sait guère trouver d'aussi sages paroles.

Les plus réfléchis disaient : « C'est une vie de désespérés [1] que leur vie ; il faut donc ou qu'ils soient fous, ou qu'ils aspirent à une perfection bien haute. » Presque tous éprouvaient ce trouble douloureux qu'apporte aux âmes simples la vue de ce qui est extraordinaire. Les femmes surtout, et les jeunes plus encore que les autres, s'enfuyaient après les avoir aperçus, ou, dès les premiers mots qu'elles entendaient, elles avaient peur d'être tentées par ce qui semblait une folie si manifeste.

Le dernier biographe [2] du saint, qui a recueilli ces indices de l'opinion publique au début des prédications de François d'Assise, s'empresse de noter que la vive intelligence de Claire et son ardeur éclairée pour la vie spirituelle ne la laissèrent point partager les défiances de ses contemporaines [3].

« Le nom de François était un de ceux qu'elle avait de bonne heure
» entendu prononcer avec respect. L'éloge du serviteur de Dieu était
» sur toutes les lèvres. On disait que c'était un homme nouveau, extraor-
» dinaire. On devançait l'histoire et on affirmait qu'il serait le restaurateur
» de la vertu et le réformateur d'une époque engagée dans des voies
» dangereuses. » Tel du moins était le sentiment des âmes sérieuses et qui tendait à réagir contre les préventions dont nous venons de parler. « Comment Claire, intelligente et, par don céleste, attentive aux choses
» de Dieu, n'eût-elle pas partagé cette admiration ? Non seulement elle le
» protégea, mais encore, après que, comme tous ses compatriotes, elle l'eut
» entendu dans la cathédrale, elle devint très émue de la grandeur de ses
» pensées et de l'étendue de son dessein. Elle croyait voir avec évidence
» qu'il y avait là une œuvre dont le succès importait au monde. Parfois

---

1. Bossuet appelait François « le plus ardent, le plus transporté, et, si j'ose parler de la sorte, le plus désespéré amateur de la pauvreté qui ait peut-être été dans l'Église. » Bossuet n'avait pas les Vies originales ; son génie retrouvait, d'instinct, après plus de quatre siècles, l'impression et les termes mêmes des contemporains.

2. L'ABBÉ LE MONNIER, *Hist. de saint François d'Assise*, 2 vol. Nous aurons bientôt l'occasion de parler d'un biographe plus récent encore, et dont le travail, puisé à des sources nouvelles, attire en ce moment l'attention publique.

3. M. Le Monnier a remarqué, comme nous au début de ce livre, le rôle providentiel de cette collaboration désirée par le séraphique patriarche de l'Ordre franciscain. « C'est la gloire de la femme, dit-il, de s'être activement associée à tous les grands mouvements qui ont honoré la société chrétienne. « Donnons à l'homme une aide semblable à lui, » avait dit Dieu quand il la créa. Elle a tenu, depuis Jésus-Christ au moins, ce qu'avait attendu son auteur. Actes héroïques, saintes entreprises, réformes difficiles, elle s'est trouvée prête à tout. Elle a été, aux côtés de l'homme, son émule et souvent son égale, l'encourageant de ses sympathies et le soutenant, au besoin, de ses exemples ; tel était le secours que la divine bonté ménageait à François. » (*Op. cit.*, t. Ier, p. 222.)

» même, lorsqu'elle y réfléchissait, il lui semblait qu'un rôle lui serait

Cathédrale de Saint-Rufin, à Assise.

» donné, elle ne savait comment, dans le progrès de cette œuvre.
» D'abord elle nourrit ces pensées en secret, osant à peine leur attribuer

» quelque importance ; puis, son âme étant sans cesse et comme malgré
» elle ramenée de ce côté, elle crut à une action divine et désira entretenir
» celui qui lui apparaissait comme un guide naturel dans ces circonstances.
» Elle ne devait pas trouver de difficulté à aborder François. Outre
» que le bruit public avait prévenu celui-ci de son mérite, elle avait
» auprès de lui un de ses cousins, le frère Rufin [1], que François
» tenait, pour sa grande distinction de manières, en particulière estime.
» Sous le prétexte, facile à faire accepter, d'une visite à ce parent, elle
» alla en réalité trouver François, suivie d'une personne de sa famille. »

C'était une sainte veuve, Bonna Guelfuccio, alliée aux Scefi et qui aimait la jeune vierge comme sa propre fille. Claire s'ouvrit d'abord à cette parente de ce dessein ; et la pieuse veuve, qui était aussi prudente que bonne, ménagea à sa confidente le moyen de voir François, auprès de qui elle la conduisit.

L'entrevue eut lieu à Sainte-Marie-des-Anges.

III.

En 352, des ermites venus de Palestine bâtirent là une chapelle appelée d'abord Sainte-Marie de Josaphat, parce qu'ils y déposèrent une pierre du sépulcre de la Sainte Vierge. Elle fut plus tard surnommée Sainte-Marie-des-Anges, à cause des fréquentes apparitions qu'y faisaient ces esprits bienheureux. La mère de François y venait souvent prier, et c'était là, dit-on, qu'elle avait obtenu de la Sainte Vierge ce fils qu'attendaient de si grandes destinées. La même tradition rapporte qu'au moment de la naissance du saint des chants mystérieux s'élevèrent en ce lieu pour glorifier DIEU, comme à la naissance du Sauveur, et promettre la paix aux hommes de bonne volonté.

La chapelle était située à environ trois quarts de lieue d'Assise, en un lieu appelé *la Portioncule*, appartenant aux Bénédictins, et ainsi

---

1. Frère Rufin appartenait à la noble famille des Scefi, anciens possesseurs de la citadelle de Sasso-Rosso, qui dominait Assise. Sa vocation, tout à fait inattendue, émut la ville. Elle émut plus profondément encore une de ses jeunes parentes du nom de Claire, dès lors toute livrée à de saintes pensées et qui devait, deux ans plus tard, marcher joyeusement sur ses traces. Dès son entrée dans l'Ordre, Rufin se fit remarquer par le courage qu'il mit à en accepter tous les devoirs ; quoique mal préparé à une vie austère, il en supportait mieux que personne et les pratiques et les privations. François en était dans l'admiration. « J'ai appris par révélation, disait-il, que c'est une des trois plus saintes âmes de ce temps. Aussi n'hésité-je pas à lui donner le nom de saint : il est, dès maintenant, canonisé dans le Ciel. » (LE MONNIER, *op. cit.*, p. 173.)

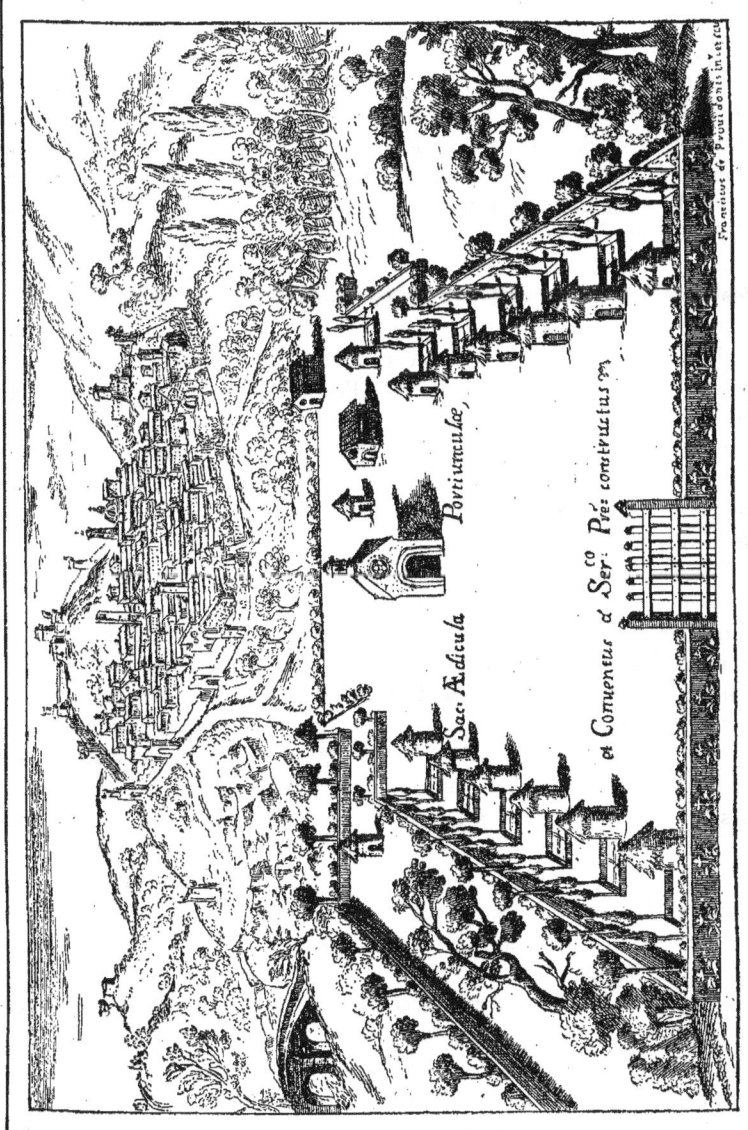

La Portioncule au temps de sainte Claire.
(Estampe tirée du *Collis Paradisi Amoenitates*, etc., 1704.)

nommé de quelques petits terrains dont ces religieux étaient propriétaires.

La dévotion de François à la Reine des Anges l'avait porté à relever ce sanctuaire, qui tombait en ruines quand il le répara et en fit son oratoire habituel. Cette même dévotion l'y fixa tout à fait. Là, dit saint Bonaventure, il jeta les fondements d'une vie parfaite, là il s'avança merveilleusement dans la vertu, là il consomma sa course par une mort bienheureuse ; et, en mourant, il recommanda ce lieu à ses frères comme vraiment cher à la Vierge. Sainte-Marie-des-Anges est aujourd'hui une des églises les plus célèbres de l'univers, le temple le plus saint de l'Ordre des Frères Mineurs : là cet Ordre a pris naissance, là il a grandi, de là il s'est étendu à toutes les contrées de la terre.

Les Bénédictins avaient cédé la Portioncule à François après l'approbation de son Ordre. En signe de reconnaissance, François envoyait aux Bénédictins un petit panier de « muges, » espèce de petits poissons qu'on trouve en abondance dans la rivière de Chiascio, qui coule auprès de Sainte-Marie-des-Anges. C'était l'offrande de la pauvreté et le tribut de la reconnaissance.

C'est à Sainte-Marie-des-Anges que, quelques années après la scène que nous allons raconter, par une nuit de juillet 1216, François, priant dans l'église qu'il avait relevée de ses mains, et versant des torrents de larmes, demandait à Dieu la conversion des pécheurs, quand Jésus-Christ lui apparut avec sa Très-Sainte Mère, et, sur la prière de l' « avocate du genre humain, » lui accorda les grâces extraordinaires qu'il demandait, pourvu qu'il en obtînt la confirmation de celui auquel seul il a été donné de lier souverainement et de délier ici-bas. François aussitôt vola à Rome, aux pieds du pape Honorius III, et lui demanda de grandes indulgences.

— Je désire, dit-il, s'il agrée ainsi à Votre Sainteté, que quiconque visitera notre église contrit, confessé et absous, soit également absous de toute faute et de toute peine au Ciel et sur la terre, et recouvre son innocence baptismale.

— Mais, s'écrie le Pape, c'est là une grande affaire et tout à fait étrange que demande François, la Cour de Rome n'ayant point l'usage d'accorder de semblable indulgence.

— Seigneur, reprit le bienheureux, ce que je demande ne vient pas de moi, mais du commandement de Celui qui m'a envoyé vers vous, Notre-Seigneur Jésus-Christ.

Aussitôt le Pontife, qui connaissait la sainteté du serviteur de Dieu, dit et répéta par trois fois :

— Il nous plaît que tu aies une telle indulgence.

Les cardinaux présents ayant fait quelques observations, Honorius répondit :

— La concession est faite, nous ne la révoquerons pas ; mais nous n'accordons l'indulgence qu'une fois par an, et seulement pendant la durée d'un jour naturel, depuis les premières vêpres jusqu'aux vêpres du jour suivant.

La célèbre indulgence connue depuis sous le nom d'indulgence de la Portioncule, acheva de faire de Sainte-Marie-des-Anges un des centres de pèlerinage les plus aimés de la piété chrétienne, et de lui attacher le cœur de François.

Claire vint donc à Sainte-Marie-des-Anges trouver le saint, qui l'y attendait, et tressaillit en l'apercevant.

Elle avait seize ans, dit un récent historien du Séraphin d'Assise [1], lorsqu'eurent lieu les premières prédications du saint à la cathédrale, et qu'il apparut tout à coup comme l'ange de la paix dans cette cité déchirée par les dissensions intestines. Ses appels avaient été pour elle une révélation. Il lui sembla que François parlait pour elle, qu'il devinait ses secrètes tristesses, ses préoccupations les plus intimes ; et tout ce qu'il y avait de saintes ardeurs dans cette âme de jeune fille se précipitait, comme un torrent qui trouve soudain son issue, dans la voie indiquée par lui.

Claire alla donc trouver l'envoyé de Dieu, qui avait pour elle les paroles de la vie, et lui ouvrit son cœur. Avec cet abandon, tout empreint de candeur et de délicatesse, qui est le plus beau don de la femme, qui donne un libre cours à ses effusions lorsqu'elle n'a à craindre ni les dédains sceptiques, ni les dangers des passions grossières, Claire offrit à François de se charger de son âme et de lui ouvrir la voie royale de l'amour de la pauvreté.

---

1. PAUL SABATIER, *Vie de saint François d'Assise*, p. 170 et suiv. Ce livre, à côté de documents précieux, d'observations quelquefois profondes et d'une admiration sincère pour le héros, renferme malheureusement beaucoup d'erreurs doctrinales, d'appréciations rationalistes et d'attaques même violentes contre les personnes et les choses les plus vénérables. Il est à regretter que, au lieu de s'inspirer des enthousiasmes peu orthodoxes de Renan pour le même sujet, le nouveau biographe du patriarche de la famille franciscaine n'ait pas pris son guide dans les données sûres de la théologie que rien ne remplace, pas même un don merveilleux d'observations psychologiques. L'ouvrage de M. Sabatier a été mis à l'Index.

Comme les fleurs, ajoute l'historien, les âmes ont leur parfum qui ne trompe jamais. Un regard suffit à François pour plonger jusqu'au fond de ce cœur virginal, qui s'offrait ainsi à sa conduite. Un des privilèges des saints est de souffrir plus que tous les autres hommes, car ils sentent en leur cœur plus aimant l'écho de toutes les douleurs de la terre ; mais ils connaissent aussi des joies et des délices auxquelles l'homme ordinaire ne goûte jamais. Quel indicible chant d'allégresse dut éclater dans le cœur de François en voyant Claire à genoux à ses pieds, attendant avec sa bénédiction la parole qui allait consacrer sa vie à l'idéal évangélique !

Les anciens chroniqueurs de l'Ordre nous ont conservé la physionomie de cette touchante et décisive entrevue.

Claire, écrivent-ils, obtenait donc enfin ce qu'elle désirait depuis si longtemps ; l'illustre patriarche voyait ses prières exaucées. L'un trouvait l'occasion de parler à notre sainte ; l'autre pouvait lui dévoiler jusqu'aux derniers replis de son cœur. Aux premières paroles qui lui furent adressées par François, Claire éprouva de nouveau que le Seigneur s'exprimait par sa bouche ; le glorieux Père, versé comme il l'était dans les choses spirituelles, l'eut à peine entendue, qu'il connut pleinement le fond de son âme. Il la reçut avec cet air de douceur et de bonté qui lui était ordinaire ; il lui parla du Ciel, il lui inspira un plus profond mépris pour le monde, il fit résonner à ses oreilles la douce voix du divin Maître, l'appelant à conserver intacte la perle précieuse de sa pureté virginale ; il lui parla des bontés ravissantes du céleste Époux, qui, tout Dieu qu'il est, se fit homme pour notre amour, daigna naître d'une vierge, se soumit aux coups les plus cruels de la flagellation, aux épines les plus poignantes, à l'agonie la plus douloureuse et à la mort la plus infâme.

On raconte même que, afin de s'assurer mieux encore des dispositions de la jeune vierge, d'éprouver davantage sa vocation et surtout de l'affermir dans l'abnégation d'elle-même, il feignit un instant d'hésiter et de lui demander des faits, non des paroles :

— Si vous voulez que je vous croie, lui dit-il, dépouillez-vous de ces riches habits, couvrez-vous d'un sac et parcourez la ville, en demandant l'aumône de porte en porte.

Claire obéit, mais, ajoutent les chroniqueurs, personne ne la reconnut sous ces livrées de la misère, excepté François, qui, à la vue d'une abnégation si empressée, demeura encore plus convaincu des desseins de Dieu sur cette âme extraordinaire.

C'était du reste une des pratiques habituelles du saint en pareille occurrence. Il commençait toujours par exiger un acte de générosité magnanime de tous ceux qui s'offraient à lui : tantôt, la distribution

✣ —— Sainte Claire à genoux aux pieds de saint François. —— ✣
(D'après une gravure d'Adrien Collaert. 1609.)

immédiate de tous les biens aux pauvres ; tantôt, un acte héroïque au service des lépreux ; tantôt, comme pour Claire, une humiliation profonde.

Après l'avoir accueillie, entendue et éprouvée, François, dit M. Le Monnier; « lui rendit visite au château paternel, en compagnie sans » doute du même Frère Rufin. Ils se virent ainsi à plusieurs reprises.

» A mesure qu'ils le faisaient, ils étaient l'un et l'autre plus convaincus
» qu'une providence attentive avait présidé à leur rencontre. Claire ne
» se lassait pas d'entendre la parole de François, aussi éloquente dans
» le tête-à-tête qu'en présence de la foule, et qui, en la révélant à elle-
» même, la remplissait d'une lumière et d'une douceur divines. De son
» côté, François était ravi de ce qu'il découvrait dans son interlocutrice ;
» cet accent si sincère, ce courage simple et décidé à tous les sacrifices,
» plus encore cette foi à un appel venant du Ciel, c'étaient tous les
» caractères des âmes conviées aux noces de l'Époux divin. Claire était
» manifestement de ces âmes. Il fallait se hâter de l'offrir au Seigneur
» comme une belle proie que le monde commençait à convoiter. »

LA PROFESSE.

SOMMAIRE :

Perplexités. — On consulte l'évêque d'Assise. — Résolution. — Le dimanche des Rameaux 1212 à la cathédrale d'Assise. — Fuite nocturne. — Les obstacles vaincus. — L'heure du sacrifice. — Paroles de François. — Consécration religieuse de Claire. — Fondation des Pauvres Clarisses. — A Sainte-Marie-des-Anges. — Claire est placée chez les Bénédictines de Saint-Paul — Colère au château de Sasso-Rosso. — Les plaintes d'une mère. — Comment Claire y répond. — Chez les Bénédictines de Saint-Ange. — L'opinion à Assise. — Agnès rejoint sa sœur aînée. — Les pensées de l'homme ne sont pas comme les pensées de Dieu. — Une page de Montalembert. — Assauts furieux des parents d'Agnès. — Délivrance miraculeuse. — François consacre la seconde vierge de l'Ordre séraphique.

I.

François estimait le moment venu de soustraire la virginale enfant aux séductions du siècle. De son côté, dit un vieil historien, la jeune vierge ne soupirait qu'après l'instant où elle pourrait aller se cacher dans la solitude. Les délais ne servaient qu'à exciter davantage les célestes ardeurs qui dévoraient son âme avide de sacrifices ; un jour lui paraissait un siècle, et tous les tourments de la terre lui semblaient peu de chose, comparés à la peine qu'elle éprouvait en voyant qu'il ne lui était pas encore permis de mettre à exécution ses généreux desseins.

Mais, comment s'y prendre ? « La mère de Claire était bien d'une
» ardente piété, qui l'avait successivement conduite aux pèlerinages de
» Terre-Sainte et du mont Gargan. Claire ne croyait pourtant pas que,
» même aidée de son appui, elle pût jamais obtenir l'assentiment de son
» père. Or, François se souvenait trop des rudes assauts qu'il avait dû
» livrer, pour exposer une jeune fille aux émotions d'une lutte directe avec
» sa famille. La situation était donc des plus délicates. Après y avoir
» réfléchi, il ne vit qu'une ressource, celle dont il avait usé lui-même, un
» parti hardi qui, en l'éloignant de son père, lui donnerait contre lui la

» force d'un événement en partie accompli. Claire déclarait que pour
» Dieu elle irait jusque-là ; mais François semble avoir hésité à assumer
» seul une responsabilité aussi grave. Il jugea très sagement que l'inter-
» vention de l'évêque d'Assise était nécessaire. » L'évêque entendit les
raisons pour et contre, et donna son autorisation.

✢ —— Sainte Claire reçoit la palme des mains de l'évêque. —— ✢
(D'après une gravure d'Adrien Collaert. 1609.)

Un jour donc, à la fin du carême, que Claire, toujours accompagnée de sa fidèle amie, était allée trouver de nouveau son guide et lui exposait les saintes impatiences de son cœur, François lui répondit qu'il avait choisi, pour recevoir son immolation, le jour où l'Église célèbre le triomphe du Maître entrant à Jérusalem.

Il fut convenu que Claire quitterait secrètement la maison paternelle dans la nuit du dimanche des Rameaux, 19 mars 1212.

Sur le conseil de son directeur vénéré, elle avait revêtu, ce jour-là, ses plus beaux habits et se rendit à la cathédrale, où l'évêque d'Assise officiait. Mais, quand le moment d'aller prendre le rameau bénit des mains du pontife fut arrivé, Claire, obéissant à un sentiment d'humilité, ou peut-être perdue en DIEU qui ravissait son âme, demeura à sa place. L'évêque le remarqua. Il eut soudain l'inspiration de faire une démarche insolite qui couvrirait d'avance celle que sa généreuse diocésaine allait accomplir la nuit suivante. Quittant le sanctuaire, il se dirigea, à la grande surprise de ses assistants, vers la jeune fille agenouillée dans la nef, et vint déposer entre les mains de Claire la palme triomphale.

C'était un symbole en même temps qu'une exhortation muette. Claire le comprit, et, rentrant chez ses parents au sortir de la cérémonie, elle attendit, le cœur ému, mais pleine d'un saint enthousiasme, que la nuit arrivât.

II.

Tout le monde s'était retiré, chacun dans son appartement, lorsque Claire, toujours parée de ses plus beaux habits, accompagnée de la fidèle parente qui était dans la confidence, voulut sortir par une porte dérobée du château paternel. O déception ! la porte, d'ordinaire facile à ouvrir, se trouva solidement barricadée avec de fortes étanches et de grosses pierres. L'héroïque enfant leva les yeux au Ciel, et, après avoir conjuré le Seigneur d'achever ce que sa grâce avait si bien commencé, elle sentit une force extraordinaire se glisser dans ses membres. Armée d'un courage qu'elle ne se supposait point, elle arracha sans peine les pieux et roula comme des fétus de paille les énormes pavés accumulés derrière la porte, qui s'ouvrit sans bruit, et la fugitive se trouva en pleine campagne, libre de voler là où son cœur l'attirait. La nuit est sombre, la campagne déserte, le sentier difficile. Claire ne se rend compte d'aucun de ces périls, les anges guident sa course, et elle courait vers la Portioncule, quand, au détour de la voie, elle vit venir à elle son bienheureux Père, qui, inquiet du retard, accourait de son côté à sa rencontre avec ses disciples, portant des flambeaux à la main.

Ils l'introduisirent, au chant des cantiques, dans leur pauvre sanctuaire.

François, qui connaissait les voies de Dieu, jugea à propos de laisser quelques instants à l'héroïque vierge pour se recueillir et reprendre haleine. Claire s'était jetée au pied de l'autel de Notre-Dame-des-Anges.

D'abord, dit un de ses premiers biographes, elle éprouve tant de consolations, de douceurs, de si pures délices, qu'elle croit déjà jouir du bonheur de l'éternité. Il est vrai que son humilité profonde lui représente, d'un côté, sa propre faiblesse, de l'autre, la grandeur incompréhensible du bonheur auquel elle aspire ; mais le trouble involontaire où cette vue la jette s'évanouit bientôt. Elle met de nouveau toute sa confiance dans la puissante intercession de l'auguste Vierge Marie, qu'elle a toujours aimée avec une filiale tendresse. A genoux au pied de son autel, elle repasse devant sa sainte image la longue série des grâces dont Dieu l'a comblée jusqu'alors ; elle en espère de nouvelles, et conjure la Reine des anges de daigner elle-même recevoir ses engagements.

L'heure de l'immolation venait de sonner.

La messe commença, à ce même autel où, trois ans auparavant, François avait entendu l'appel décisif du Seigneur Jésus. L'humble diacre était agenouillé à la même place, mais cette fois toute une famille spirituelle l'entourait et il allait en inaugurer une nouvelle. « Il est facile, dit
» l'écrivain peu suspect que nous avons déjà cité, d'imaginer l'émotion
» de Claire. La démarche qu'elle venait de faire était simplement
» héroïque, car elle savait à quelles persécutions elle s'exposait de la part
» de sa famille, et ce qu'elle avait vu de la vie des Frères Mineurs lui
» présageait assez à quelle détresse on s'expose en épousant la Pauvreté. »

François parla. Les historiens ne nous ont pas conservé le texte de cette exhortation, que la famille spirituelle de sainte Claire eût soigneusement encadrée en lieu d'honneur au centre même de ses cloîtres. Tout ce que nous savons, c'est que le séraphique Père de la vierge d'Assise évoqua devant sa fille agenouillée le souvenir de la Passion du Sauveur. Or, toutes les fois que cette image de Jésus en croix passait devant ses yeux, son âme semblait se fondre en lui, et la Passion du Christ s'imprimer si profondément dans ses entrailles et dans la moelle de ses os, qu'il ne pouvait plus y arrêter sa pensée sans être inondé de douleur. On le rencontrait souvent errant dans la campagne, donnant un libre cours à ses larmes et à ses sanglots, et quand on lui demandait s'il souffrait quelque mal :

— Ah ! s'écriait-il, je pleure la Passion de Jésus-Christ, mon Maître, pour laquelle je ne devrais pas avoir honte d'aller pleurant par tout le monde.

On s'imagine dès lors aisément ce que dut être le discours enflammé de François s'adressant à l'héroïque fiancée du Sauveur, de ce Jésus dont il ne pouvait prononcer le nom sans s'arrêter et sans que sa voix s'altérât, selon l'admirable expression de saint Bonaventure, comme s'il eût entendu une mélodie intérieure dont il aurait voulu ressaisir les notes.

Tous étaient sous l'impression de cette parole, ardente comme une hymne et vibrante comme un chant de l'âme, quand, saisi d'un saint enthousiasme, l'incomparable orateur prit entre ses mains la blonde chevelure de la jeune vierge et la coupa en signe de renoncement aux vanités du siècle. Puis, il la revêtit d'une tunique et d'un manteau de drap gris cendré [1], la ceignit d'une corde grossière et couvrit cette tête, désormais consacrée, avec un voile épais. Puis, Claire, toujours agenouillée aux pieds de son Père en Dieu, leva ses beaux yeux tout rayonnants d'un virginal enthousiasme vers l'image de la Reine des Anges, et, d'une voix ferme, bien timbrée, où résonnait cet accent du cœur qui ne trompe point, elle prononça les trois vœux de chasteté, d'obéissance et de pauvreté.

Maintenant tout est consommé. Quoi qu'il advienne, Claire est une vierge consacrée, elle appartient à Dieu et à l'Église. Sa profession, sa bure même, en ont fait l'humble fille, la sœur de l'apôtre qu'elle vénérait.

Pendant qu'elle répandait son âme devant Dieu et que tout son intérieur chantait le cantique de son inexprimable reconnaissance, ses frères en religion, les disciples de François, mettaient en réserve les riches habits, les bijoux et les objets précieux que leur nouvelle sœur venait de quitter, afin, le jour venu, d'en faire la distribution aux pauvres, selon la pratique constante que leur avait enseignée l'homme de Dieu.

Ainsi fut fondé, voilà bientôt sept siècles, l'institut béni des Pauvres-Dames, qui va maintenant se répandre et s'étendre sur le monde entier, pour la glorification de la vertu évangélique chère au divin fondateur de l'Église et depuis longtemps méconnue des hommes, qui avaient perdu la notion des sublimités de la Pauvreté.

Il n'eût pas été à propos, dit Marc de Lisbonne, que l'Ordre de la florissante virginité eût commencé ailleurs qu'au palais angélique de cette grande Reine, qui avait été auparavant seule Mère et Vierge, et par conséquent la plus pure des créatures.

---

1. On conserve encore, au monastère de Sainte-Claire, à Assise, la tunique et le manteau de la sainte, ainsi que les cheveux que saint François lui coupa dans la cérémonie de la profession.

C'est en ce lieu, ajoute le premier des historiens de Claire, que la noble chevalerie des pauvres de Jésus-Christ, les Frères Mineurs, avait eu ses commencements sous le valeureux capitaine saint François ; c'est là aussi que notre auguste vierge devait poser les fondements de son Ordre, afin que l'on connût avec évidence que la Mère de miséricorde

Vêture de sainte Claire.
(D'après une gravure d'Adrien Collaert. 1609.)

avait engendré successivement l'une et l'autre religion, et que du haut du Ciel elle étendait également sur elles le manteau de sa protection bienveillante.

III.

Le temps pressait. Cette nuit de grâces et de félicité ne pouvait ainsi se prolonger. François donna le signal du départ. Prenant avec lui quelques-uns de ses Frères, il conduisit Sœur Claire à deux milles de la Portioncule, sur les berges du Chiascio, au couvent des Bénédictines de Saint-Paul.

Ainsi, l'Ordre de Saint-Benoît, qui avait abrité les premiers essais du patriarche franciscain, donnait asile à la première élue de l'Ordre nouveau qui allait ressusciter la ferveur monastique dans l'Église de Dieu.

Au château paternel cependant, on s'apercevait enfin de l'absence de Claire.

Favorino entra dans une violente colère. Selon l'expression d'un vieil historien, Joseph de Madrid, il écumait de rage comme un lion furieux. Il se trouvait déshonoré, car, il le devinait bien, sa fille, la noble fille des Scefi, aura couru se ranger sous la conduite du pauvre d'Assise, peut-être partager sa folie. Oui, c'était une folie à ses yeux, comme au regard de beaucoup, dans la vallée de Spolète, que de voir mendier le bien d'autrui à des gens qui avaient volontairement abandonné le leur. Les parents des quêteurs surtout étaient durs pour eux ; ils se regardaient comme déshonorés et remplissaient la ville de leurs plaintes. Sans doute, à Assise, où François était plus connu, les rebuts étaient mêlés de quelque commisération. Mais le châtelain de Sasso-Rosso avait ouï conter l'accueil fait ailleurs, dans les grandes villes surtout, aux premiers compagnons de son étrange compatriote. A leur costume, on les prenait pour des sauvages et l'on s'assemblait autour d'eux. Comme ils n'opposaient aucune résistance, on ne tardait pas à s'en amuser. Les uns leur mettaient des dés dans les mains et les invitaient ironiquement à jouer avec eux ; d'autres leur jetaient des pierres, ou, pour les mettre dans l'embarras, dérobaient leurs vêtements. Les enfants se suspendaient à leur capuchon pour se faire porter. La première apparition des amis de la Pauvreté avait excité cette surprise et ces moqueries, dont Favorino, le noble Assisiate, se sentit si profondément atteint que, au lever du jour, réunissant ses proches, il courut avec eux au monastère de Saint-Paul.

Le vieilles chroniques ont raconté par le détail la « chaude bataille de paroles, » comme parle saint Antonin, qui s'engagea entre la jeune recluse et les siens. Le père parla raison, autorité méconnue, honneur du nom, respect du rang. La mère fit entendre le langage du cœur. Joseph de Madrid l'a recueilli, sans doute d'après les souvenirs de l'héroïque fondatrice, dont la piété filiale fut mise en ce moment à rude épreuve.

— Ma fille, disait Hortulane, vous nous quittez ?... Quoi !... c'est au moment où vous pourriez nous dédommager des soins que nous avons pris, votre père et moi, de votre enfance !... vous nous laissez ! Ai-je donc été pour vous une mère dure et cruelle ?... Ma fille, vous le savez, si je vous aimais ! vous étiez ma consolation et ma joie ; c'était presque en vous seule que je mettais mes plus douces espérances, et cependant vous m'abandonnez sans m'avertir !... et c'est la nuit que vous choisissez pour vous éloigner de moi !.,. Vous délaissez la plus tendre de toutes les mères pour vous ensevelir dans une retraite obscure, au milieu de personnes que vous ne connaissez point, de tout âge, de toute condition, de tout caractère !... O Claire, mon enfant, si le doux nom de mère peut vous toucher encore, vous reviendrez sans doute avec moi, et vous n'avancerez point par une opiniâtre résistance la mort de celle qui vous donna la vie.

Mais l'œuvre de Dieu venait d'être accomplie dans le sang et les larmes. En entendant ainsi parler sa mère bien-aimée, Claire sentait son cœur se briser. Elle marcha sur son cœur.

« Déjà intimement unie au divin Maître, dit la bulle de sa canonisation, elle ne supporte pas l'idée d'être arrachée à son service. » Tout à coup elle se lève, et, comme son père fait mine de s'avancer pour l'arracher aux religieuses qui l'entourent, elle s'élance vers l'autel, l'embrasse des deux mains comme pour implorer cet inviolable asile, puis, arrachant son voile d'un mouvement brusque, elle montre aux siens épouvantés sa tête rasée en signe de sa consécration définitive au Sauveur, — cet « Époux de sang, » comme l'appelle la sainte amante des cantiques, — qui veut s'unir les grandes âmes au prix d'une sanglante immolation.

A la suite de cette scène, François décida que la généreuse vierge passerait dans un autre monastère, plus voisin de la Portioncule, où il veillerait de plus près sur la colombe, arrachée aux filets des chasseurs. Accompagné de Bernard et de Philippe, deux de ses plus chers disciples, le saint conduisit Claire au couvent de Saint-Ange-du-Panso.

La ville d'Assise s'agitait en sens très divers. Peu à peu cependant, les critiques tombèrent et firent place à l'admiration. Ainsi, dit Montalembert, on en vient jusqu'à s'incliner avec un tendre respect devant ces mystérieuses opérations de l'amour divin, jusqu'à abaisser l'orgueil de sa raison devant cette obéissance absolue aux solennelles paroles du Sau-

Sainte Claire résiste aux sollicitations de sa famille.
(D'après une gravure d'Adrien Collaert. 1609.)

veur : « Celui qui vient à moi, et qui ne hait pas son père, sa mère, sa femme, ses enfants, ses frères, ses sœurs, et même encore son âme, ne saurait être mon disciple. »

Un événement inattendu remit subitement tout en question.

IV.

Un jour, c'était deux semaines après son entrée au couvent de Saint-Ange, Claire était absorbée dans l'oraison. Elle priait pour les siens, qu'elle aimait d'autant plus qu'elle avait dû s'en séparer sur l'ordre du Maître des cœurs, quand elle fut tirée de sa prière par l'apparition d'une jeune fille de quatorze ans, qui se jetait à son cou en l'inondant de larmes.

C'était Agnès, sa sœur cadette, plus jeune qu'elle de quatre ans, une enfant pure et candide, jusque-là compagne des œuvres et docile imitatrice des vertus de son aînée. Claire avait beaucoup prié pour cette petite sœur, qu'elle aimait de prédilection, pleurant d'avoir dû l'abandonner aux séductions du monde, si dangereux à une époque tout imprégnée de sensualisme et dans une ville où tout, jusqu'au climat amollissant, invitait la jeunesse au plaisir.

Que venait faire Agnès à cette heure? La jeune épousée du Christ Jésus craignit-elle que sa sœur lui fût envoyée pour reprendre l'assaut de son cœur? Agnès sembla avoir pressenti cette angoisse, car elle s'écria aussitôt :

— O Claire! je ne viens point fatiguer votre patience par d'inutiles reproches, au contraire, car me voici prête à demeurer pour toujours avec vous au service du même Maître.

Claire n'en pouvait croire ses oreilles. Son bonheur était complet. Aussi, levant au ciel ses yeux pleins de douces larmes, elle s'écria, dans un transport que ses biographes ont pieusement recueilli :

— O ma très douce sœur! bénie soit à jamais la miséricorde de Dieu qui a daigné si tôt me délivrer de mes angoisses et exaucer mes prières!

Comme les pensées de l'homme sont différentes des pensées de Dieu!... Peut-être, en lisant ces récits d'héroïsme surnaturel, un lecteur peu familiarisé avec les principes de la foi sentira, du fond de son cœur, monter à son esprit et peut-être à ses lèvres une parole de murmure. Nous ne nous attarderons point à discuter. Il vaut mieux se borner à invoquer le témoignage d'un grand chrétien, notre contemporain, qui venait de passer par l'épreuve à laquelle Dieu soumit, pour leur bonheur vrai et leur salut éternel, — la seule chose nécessaire, — les parents de Claire et d'Agnès, quand il écrivit cette page incomparable, souvent citée, mais si belle qu'on nous pardonnera de l'avoir citée une fois de plus.

« Ce spectacle quotidien, écrivait Montalembert au jour du Vendredi-
» Saint 1866, nous-même qui en parlons, nous l'avons vu et subi. Ce que
» nous n'avions entrevu qu'à travers les âges et à travers les livres, s'est
» dressé un jour devant nos yeux baignés des larmes d'une angoisse
» paternelle... Combien d'autres n'ont pas, eux aussi, traversé cette
» angoisse et contemplé d'un regard éperdu la dernière apparition mon-
» daine d'une fille ou d'une sœur bien-aimée !

» Un matin, elle se lève et s'en vient dire à son père et à sa mère :
« Adieu, tout est fini, je vais mourir ! mourir à vous, mourir à tout ! Je
» ne serai jamais ni épouse ni mère ; je ne serai plus même votre fille.
» Je ne suis plus qu'à Dieu. » Rien ne la retient. *Statim, relictis retibus et
» patre, secuta est eum.* La voilà déjà parée pour le sacrifice, étincelante
» et charmante, avec un sourire angélique, avec une ardeur sereine,
» rayonnante de grâce et de fraîcheur, le vrai chef-d'œuvre de la création !
» Fière de sa riante et dernière parure, vaillante et radieuse, elle marche
» à l'autel, ou plutôt elle y court, elle y vole comme un soldat à l'assaut,
» contenant à peine la passion qui la dévore, pour y courber la tête sous
» ce voile qui sera un joug pour le reste de sa vie, mais qui sera la
» couronne de son éternité.

» C'en est fini : elle a franchi l'abîme avec cet élan, cet essor, ce magna-
» nime oubli de soi qui est la gloire de la jeunesse, avec cet enthousiasme
» invincible et pur que rien ici-bas ne saura plus ni éteindre ni égaler.

» Mais quel est donc cet amant invisible, mort sur un gibet, il y a
» dix-huit siècles, et qui attire ainsi à lui la jeunesse, la beauté et l'amour ?
» qui apparaît aux âmes avec un éclat et un attrait auxquels elles ne peu-
» vent résister ? qui fond tout à coup sur elles et en fait sa proie ? qui prend
» toute vivante la chair de notre chair et s'abreuve du plus pur de notre
» sang ? Est-ce un homme ? Non : c'est un Dieu. Voilà le grand secret,
» la clef de ce sublime et douloureux mystère ! Un Dieu seul peut
» remporter de tels triomphes et mériter de tels abandons. Ce Jésus,
» dont la divinité est tous les jours insultée ou niée, la prouve tous les
» jours, entre mille autres preuves, par ces miracles de désintéressement
» et de courage qui s'appellent des vocations. Des cœurs jeunes et
» innocents se donnent à lui pour le récompenser du don qu'il nous a
» fait de lui-même ; et ce sacrifice qui nous crucifie n'est que la réponse
» de l'amour humain à l'amour d'un Dieu qui s'est fait crucifier pour
» nous. »

V.

L'HISTOIRE ne le dit pas, mais il nous est bien permis de soupçonner que François n'ignorait point la détermination d'Agnès, et peut-être, à l'insu de Claire et de tous, conseilla-t-il le coup de surprise qui venait de consoler jusqu'au fond de son cœur la première-née de l'Ordre franciscain.

Quoi qu'il en soit, ce qui est certain, c'est que, soit à cause de l'extrême jeunesse de la sœur de Claire, soit parce qu'il prévoyait un nouvel orage bien plus terrible que le premier, François ajourna toute vêture et ne consentit pas à recevoir la consécration d'Agnès.

L'orage d'ailleurs ne tarda guère à éclater.

Dès qu'il s'aperçut de la fuite de sa seconde fille, Favorino, comprenant ce qui était arrivé, rassembla en toute hâte une sorte de conseil de famille.

— Sa vie elle-même m'importe fort peu! s'écria le gentilhomme humilié; s'il le faut, je sacrifierai la vie corporelle d'une enfant qui n'a pas craint d'arracher à un père la vie mille fois plus précieuse de l'honneur. Tous, vous êtes intéressés à en faire un exemple éclatant et terrible. C'est votre cause commune à vous tous, vous les membres de la famille Scefi.

Le vieux chroniqueur a fait de la scène qui suivit cette assemblée une peinture où la rudessse du temps est exprimée au vif. Nous nous bornons à la reproduire [1].

« A la nouvelle, dit-il, qu'Agnès était auprès de sa sœur, douze hom-
» mes de sa famille se rendirent au monastère. Ils avaient la fureur dans
» l'âme, mais ils dissimulaient leurs méchants désirs sous des dehors
» pacifiques. Bientôt cependant, s'adressant à Agnès (ils n'espéraient
» rien de Claire) :

» — Pourquoi êtes-vous venue ici? lui dirent-ils. Apprêtez-vous à
» rentrer chez votre père avec nous.

» Et, sur sa réponse qu'elle ne consentirait jamais à s'éloigner de
» Claire, un chevalier, ne se possédant déjà plus, fondit sur elle à coups
» de pied et de poing. Il la prit par les cheveux et il essayait de la tirer
» dehors, les autres la poussant et l'enlevant dans leurs bras. Arrachée

---

1. *Vie de sainte Claire*, Bollandistes, t. 2 d'août. Nous suivons la traduction de M. l'abbé Le Monnier.

» par ces lions des mains du Seigneur, la pauvre jeune fille s'écriait :
» — Ah ! très chère sœur, venez à mon secours ; ne me laissez pas
» enlever au Seigneur !

» Et, pendant que les ravisseurs l'entraînaient par les pentes de la
» montagne, déchirant ses habits dans la lutte et semant la route de ses
» cheveux arrachés, Claire se prosternait, les yeux baignés de larmes,
» devant l'autel du Seigneur. Elle demandait pour sa sœur l'intrépidité
» de l'âme ; elle demandait que la violence des hommes fût arrêtée par
» une puissance plus forte que la leur.

» Et voilà que tout à coup le corps de la jeune fille devint si lourd,
» qu'il semblait ne faire qu'un avec la terre, et que plusieurs hommes,
» unissant leurs efforts, ne purent jamais la porter au-delà d'un certain
» ruisseau. Des paysans, qui travaillaient à la terre et aux vignes, accou-
» rus à leur aide, ne purent pas plus qu'eux la soulever de terre. S'épui-
» sant en de vains efforts, ils plaisantèrent sur le miracle :

» — Elle aura mangé du plomb toute la nuit, disaient-ils ; c'est pour
» cela qu'elle est si lourde !

» Un de ses oncles paternels, du nom de Monaldo, enflammé d'une
» sorte de rage, voulut en finir. Il levait la main pour la frapper, lors-
» qu'il fut saisi d'une douleur aiguë qui l'arrêta net et le fit souffrir
» longtemps dans la suite.

» Cette lutte avait trop duré. Claire survint. Elle fit honte à ses pa-
» rents de s'acharner ainsi sur une enfant à demi morte, et les conjura
» de la remettre à ses soins et à sa sollicitude. Ne sachant plus que
» faire, ceux-ci se rendirent à ses paroles et se retirèrent, assez confus
» de leur insuccès.

» Agnès se releva aussitôt, toute joyeuse de cette première victoire
» remportée pour Jésus-Christ et plus décidée que jamais à se consacrer
» au service de cet Époux divin. »

Joseph de Madrid ajoute au naïf récit dont on vient de lire la traduction, que « les deux illustres vierges s'embrassèrent en se félicitant
» mutuellement, l'une d'avoir combattu avec gloire, et l'autre d'avoir
» été témoin d'un si beau triomphe. » C'était un spectacle digne de la majesté divine que celui de la jeune sainte, fière des outrages qui l'avaient accueillie à son entrée dans la vie religieuse, et de sa sœur chérie, uniquement sensible au regret de n'avoir point subi les mêmes épreuves.

François, averti aussitôt, accourait, et il louait Dieu, en versant des larmes d'attendrissement et d'admiration, de ce que ses filles avaient été jugées dignes de souffrir pour l'amour de Jésus crucifié. Mais, en même temps, le miracle de la délivrance d'Agnès fit trancher toutes les hésitations. Le Ciel se prononçait, il obéit. D'une main tremblante de paternelle émotion, il promena le ciseau dans la chevelure de l'enfant, la revêtit de la bure franciscaine et lui imposa pour la seconde fois le doux

Vêture d'Agnès, sœur de sainte Claire.
(D'après une gravure d'Adrien Collaert. 1609.)

nom d'Agnès, en mémoire, dit Marc de Lisbonne, « de l'innocent Agneau
» qui a été immolé pour tous les péchés du monde et dont elle imitait si
» bien le généreux sacrifice. »

Chapitre Quatrième.

A SAINT-DAMIEN.

SOMMAIRE :

La chapelle. — François à Saint-Damien. — Le crucifix miraculeux. — François restaure la chapelle en ruines. — Prédiction. — L'ancre des âmes de Claire et d'Agnès. — Salut, antique monastère ! — Les compagnons de saint François à Saint-Damien. — Simplicité des premières règles. — En quoi elles consistaient. — Il se fait, à Assise et dans l'Ombrie, une émulation de sacrifices. — Une ruche bénie du Ciel. — De quoi l'on vivait là dans les premières années. — Les sœurs quêteuses. — Claire baise les pieds de l'une d'elles. — Pour l'intégrité et pour l'honneur de la Pauvreté. — La situation de l'Église à la fin du XIIe siècle. — Les manichéens en Italie et en France. — Tableau des ravages de cette hérésie. — Le rôle social de sainte Claire.

I.

Armi les nombreuses chapelles des alentours d'Assise, François en affectionnait particulièrement une, celle de Saint-Damien. « On y arrive, dit M. Sabatier, en
» quelques minutes, en suivant un sentier caillouteux,
» à peine frayé sous les oliviers, au milieu des senteurs
» de lavande et de romarin. Elle occupe le sommet
» d'un monticule, d'où l'on découvre la plaine tout
» entière, mais à travers un rideau de cyprès et de pins, qui semblent
» vouloir dérober au regard l'humble ermitage, et établir entre le monde
» et lui une idéale barrière.

» Desservi par un pauvre prêtre qui avait à peine de quoi se nourrir,
» le sanctuaire tombait en ruines. Il n'y avait à l'intérieur qu'un simple
» autel en maçonnerie, et en guise de retable un de ces crucifix byzantins
» comme on en voit encore beaucoup en Italie. D'ordinaire le Crucifié,
» qui y est affreusement lacéré de blessures sanglantes, semble ne vou-
» loir inspirer que la douleur et la componction. Celui de Saint-Damien,
» au contraire, — il existe encore et les Sœurs le conservent précieuse-
» ment dans la sacristie de Santa-Chiara, — a une expression de calme
» et de douceur inexprimable ; il regarde, il s'oublie lui-même, et son

» regard pur et clair ne dit pas : « Je souffre, » il dit : « Venez à moi. »

François priait un jour devant le pauvre autel :

— O Dieu grand et glorieux, Jésus-Christ, mon Seigneur, faites jaillir, je vous prie, votre lumière dans les ténèbres de mon esprit. Faites-vous trouver de moi, Seigneur, afin qu'en toutes choses je n'agisse que suivant votre sainte volonté.

Tout à coup, tandis qu'il priait ainsi dans son cœur, il vit distinctement le Crucifix s'animer, et, dans le silence de l'humble chapelle, il perçut une voix douce et pénétrante, qui lui disait :

— Va, François, répare ma maison ; elle tombe en ruines, comme tu le vois !

Par trois fois, les lèvres du divin Crucifié s'agitèrent et laissèrent tomber sur l'âme de son serviteur les mêmes paroles.

L'humble François les entendit d'abord de la réparation de la pauvre église de Saint-Damien. Aussitôt, avec cette prompte et ardente obéissance qu'il mettait à exécuter les ordres d'en haut, il retourne chez son père, prend un paquet de riches étoffes, monte à cheval, et court jusqu'à Foligno, où il vend cheval et marchandises. Puis il revient à pied à Saint-Damien, et présente au prêtre qui desservait l'église le produit de cet « heureux négoce, » comme l'appelle saint Bonaventure. Le chapelain, craignant le courroux de l'avare Bernardone, refusa, malgré les instances de François, d'accepter une aumône si considérable. Le saint jette alors avec mépris cet or inutile sur une des fenêtres du sanctuaire, qu'on montre encore aux pèlerins (et où le père de François retrouva et reprit son trésor). Bernardone, furieux, vient chercher son fils. François, pour éviter le premier emportement de sa colère, se cacha dans la chambre du prêtre. Une pieuse tradition rapporte qu'au moment où Bernardone entrait, le saint s'enfonça miraculeusement dans la muraille, comme dans une niche profonde, en sorte qu'il ne fut point vu de celui qui le cherchait. Cette muraille fut conservée, comme une relique, dans le couvent qu'on bâtit plus tard en cet endroit, et l'enfoncement miraculeux s'y voit encore.

Nous avons déjà raconté les événements qui suivirent, et comment François renonça solennellement à son patrimoine, pour se vouer à la pauvreté et au soin des pauvres.

Il sortait de la léproserie, où il avait surmonté la nature et fixé la boussole de sa vie nouvelle, quand il revint à Saint-Damien, « le cœur aussi » ensoleillé que la plaine d'Ombrie en ce beau mois de mai ». Il s'était confectionné un costume d'ermite et se mit à aller sur les places et dans les carrefours de la ville. Là, après avoir chanté quelques cantiques, il annonçait aux gens rassemblés autour de lui son projet de restaurer la chapelle.

— Celui qui me donnera une pierre, ajoutait-il avec un sourire, aura une récompense ; celui qui m'en donnera deux, aura deux récompenses ; celui qui m'en donnera trois, aura trois récompenses.

Beaucoup le traitaient d'insensé, mais d'autres se laissaient émouvoir en souvenir du passé. Quant à lui, sourd aux moqueries, il ne s'épargnait aucune peine, emportant sur ses épaules, si peu faites pour un dur labeur, les pierres qu'on lui donnait.

« Au printemps de 1208, il avait terminé la restauration de Saint-Damien ; il s'était fait aider de tous les gens de bonne volonté, égayant tout le monde par ses chants et ses récits. Il parlait avec enthousiasme de sa chère chapelle, et des grâces que Dieu y accorderait à ceux qui viendraient y prier. »

— Venez, mes frères, répétait-il souvent à ses aides bénévoles, venez et donnons-nous la main pour travailler enfin à terminer ce bâtiment ; car, un jour, ici même, il y aura un monastère de pauvres dames, qui glorifieront le Père céleste dans toute la sainte Église.

« Ainsi, dit gracieusement Émile Chavin, il avait mis à son œuvre
» l'amour et la douce joie de l'oiseau qui prépare à ses petits un nid
» dans la solitude. »

II.

MALGRÉ les soins dont on les entourait au couvent des Bénédictines des Saints-Anges, Claire et Agnès se trouvaient comme des hôtes dans une maison étrangère ; elles appelaient de tous leurs vœux le moment où, définitivement fixées, elles pourraient en liberté développer et répandre leur propre esprit. François partageait d'autant plus leur désir, qu'il connaissait bien l'endroit que leur réservaient les vues de la Providence. C'était ce cher petit sanctuaire de Saint-Damien que, au début de sa conversion, il avait pieusement restauré de ses mains.

Mais, avant de les établir à Saint-Damien, François avait besoin d'obtenir l'assentiment des chanoines d'Assise, qui en étaient restés les propriétaires. Il s'empressa de solliciter cet assentiment, l'obtint sans peine, fit à la hâte quelques appropriations et y conduisit Claire et Agnès.

« Aussitôt, dit le naïf biographe cité par les Bollandistes, les deux
» sœurs jetèrent en cet endroit « l'ancre de leur âme », comme dans le
» sol qui leur avait été préparé, et, à partir de ce moment, elles ne con-
» nurent plus ni inquiétude, ni désir de changement. »

C'est là que Claire va passer le reste de son existence, et c'est de là qu'elle s'élance, comme une colombe pure et ardente, dans le sein de Celui qu'elle y servit durant près de quarante années, au milieu d'entreprises héroïques et sublimes, auxquelles nous allons bientôt assister.

Mais, auparavant, comment résister au besoin qui s'empare du cœur chrétien, à la vue du pauvre asile où le séraphique Père vient d'enfermer les colombes, dont il a préparé lui-même le nid, sur l'ordre de Jésus crucifié, avant d'entreprendre, de par le monde, cette autre restauration spirituelle dont celle de Saint-Damien n'était que le prélude et le symbole ?

Le plus pieux et le plus récent des historiens de notre sainte, le doux et bon abbé Demore, s'est, lui aussi, arrêté à ce moment où Claire franchit pour la première fois le seuil de la pauvre et sainte demeure, et, dans un transport d'allégresse filiale, il s'écrie :

« Salut donc, antique monastère de Saint-Damien, bâti non par la
» main d'un homme, mais par un séraphin ; auguste sanctuaire dont on
» ne peut approcher, même aujourd'hui, sans éprouver une indicible
» émotion !....

» Salut, terre bénie où vont bientôt germer les plus belles fleurs,
» jardin fermé d'où s'exhalent encore les plus doux parfums !...

» Salut, pauvres cellules, si basses, si étroites, si recueillies, d'où tant
» d'anges terrestres vont s'élever au Ciel !....

» Avec quels transports on baise ce sol foulé par les pieds nus de tant
» de saintes, arrosé de tant de larmes et souvent de leur sang ! Comme
» le pèlerin reçoit avec bonheur le pain de l'hospitalité dans ce petit
» réfectoire et sur la même table où Claire et ses compagnes rompaient
» celui de la très haute pauvreté et où s'opérèrent tant de prodiges !...

» O Saint-Damien, sois à jamais la gloire et le modèle des âmes que
» Dieu a jugées dignes de renouveler tes merveilles ! [1] »

Saint-Damien est encore aujourd'hui à peu près tel que le virent Claire

---

[1]. On y a conservé avec un soin religieux les moindres dispositions, la grille de communion en fer ouvragé, le chœur avec ses stalles grossières, l'infirmerie, le réfectoire et même ses pauvres tables. On y ressent encore une odeur céleste dans le petit jardin où furent ensevelies les premières compagnes de sainte Claire. (Demore, *op. cit.*, p. 68.).

et Agnès. Les Frères Mineurs ont eu la touchante inspiration de conserver intact ce vénérable et délicieux ermitage.

D'après le récent historien que nous avons déjà cité, en y installant Claire, François lui remit la règle qu'il lui avait préparée, sans aucun doute semblable à celle des Frères, sauf pour les préceptes concernant la vie de missionnaire. Il l'accompagna de l'engagement, pris par lui et ses frères, de subvenir par le travail ou l'aumône à tous les besoins de Claire et de ses futures compagnes. En retour, elles devaient travailler, elles

Saint-Damien, état actuel. (D'après une photographie.)

aussi, et rendre à leurs frères tous les services dont elles seraient capables. Nous avons dit déjà le zèle que François mettait à ce que les églises fussent dignes du culte divin ; il ne pouvait pas souffrir que les linges sacrés fussent malpropres. Claire se mit à filer, pour confectionner des nappes d'autel et des corporaux que les frères se chargeaient de distribuer aux églises pauvres de la contrée...

Un ou deux Frères, qu'on appela « Zélateurs des Pauvres Dames, » furent spécialement chargés du soin des Sœurs, et se firent des huttes à côté de la chapelle, sur le modèle de celles de la Portioncule. Une sorte de terrasse de quatre pas de long domine l'ermitage. Claire s'arrangea là un minuscule jardinet, et quand, au crépuscule, elle venait arroser ses fleurs, elle voyait à peine, à une demi-lieue, la Portioncule tout auréolée des feux du couchant [1].

Nous croyons que les choses n'allèrent point si vite que le dit l'historien cité. Saint François a procédé en tout avec un complet abandon à la Providence. Sa règle fut écrite au cœur de ses disciples avant de l'être sur le parchemin. Ce n'est même que peu à peu qu'elle se concrétisa en formules. Avant la lettre, c'est l'esprit qui gouverna l'Ordre franciscain. Il en fut certainement de même pour le gouvernement de sainte Claire et de ses premières compagnes.

La première règle des Clarisses dut être fort simple, peut-être la seule reproduction des versets que François avait lus d'abord à ses premiers compagnons, avec quelques préceptes sur le travail des mains et les occupations des Sœurs.

Quand les nouvelles venues demandaient à Claire de quelle manière on vivait à Saint-Damien, la digne fille du séraphin d'Assise ouvrait l'Évangile et lisait :

« Si tu veux être parfait, va, vends tout ce que tu as et donne-le aux
» pauvres, et tu auras un trésor dans le Ciel ; puis viens et suis-moi. »

Elle lisait encore :

« Jésus dit à ses disciples : Si quelqu'un veut venir après moi, qu'il
» renonce à lui-même, qu'il prenne sa croix et qu'il me suive. Car celui
» qui veut sauver sa vie la perdra ; mais celui qui perdra sa vie à cause
» de moi la retrouvera. Que servirait-il à un homme de gagner le monde
» entier, s'il perdait son âme ? »

III.

Cependant, dit M. Le Monnier, la vocation de Claire et d'Agnès, même après les merveilles de la vocation de François et de ses premiers compagnons, avait un grand retentissement dans tout le pays. Leur rang, leur jeunesse, le courage qu'elles avaient déployé étaient l'objet d'une admiration universelle.

En même temps, la pauvreté, pour avoir été embrassée par d'aussi délicates natures, sembla perdre quelque chose de ses rigueurs. Elle

---

[1]. SABATIER, *op. cit.*, p. 180.

apparut à un grand nombre de femmes comme la voie royale où, dans l'état de l'Église, Notre-Seigneur appelait les cœurs qui voulaient sincèrement le servir.

Il se fit parmi elles comme une émulation de sacrifice, au dire du biographe de sainte Claire. On eût dit que la vertu venait de leur être montrée pour la première fois. Celles qu'un lien sacré enchaînait au foyer[1] s'appliquaient à vivre plus saintement que par le passé. Les autres quittaient leur famille et venaient se grouper autour de Claire.

Au nombre de celles qui lui furent envoyées dès le commencement, Claire eut la joie de compter plusieurs jeunes filles qu'elle avait aimées dans le monde. Elle eut, après quelques années, la joie encore plus douce de recevoir sa dernière sœur Béatrice, et enfin, ce qui dut lui sembler la justification des voies qu'elle avait suivies, sa mère elle-même, Hortulane, qui, devenue veuve, se hâta de dire adieu au monde et de se réunir à ses filles.

Grâce à cet empressement à suivre le signal donné par les deux sœurs[2], Saint-Damien compta bientôt toute une famille. L'humble monastère allait devenir, en très peu de temps, la ruche bénie du Ciel d'où sortirent, comme autant d'abeilles, les admirables vierges qui portèrent et répan-

[1]. Même dans les liens du mariage et en vertu d'un consentement mutuel, prévu et approuvé par les lois de l'Église, on vit des époux se séparer et la femme entrer à Saint-Damien, tandis que le mari allait se placer sous la conduite de saint François.

[2]. Les contemporains sont remplis de témoignages précis et éloquents à cet égard. M. Demore les a recueillis et résumés dans un excellent tableau. « Bientôt, dit-il, pour nous servir des termes d'un grand pape (Alexandre IV dans sa bulle de canonisation), un parfum délicieux de vertu s'exhala de l'humble monastère où vivaient ces anges. A peine eut-on connu la généreuse fermeté de ces nobles filles qu'aussitôt, selon les expressions de saint Bonaventure, la vigne du Seigneur commença à étendre de nouvelles branches, à pousser des fleurs d'une odeur suave, et à produire en abondance des fruits de gloire. Souvent on vit s'opérer dans Assise les conversions les plus éclatantes ; les femmes surtout parurent se piquer d'une émulation que le temps ne faisait qu'accroître. Les unes, quittant pour toujours des vêtements somptueux, misérables indices de la pauvreté de leurs âmes, demandaient à se renfermer dans les monastères, ou venaient se jeter aux pieds de notre sainte pour se ranger sous ses lois, tandis que leurs maris faisaient profession de la règle des Frères Mineurs ; d'autres, encore retenues par les liens du mariage, changeaient leurs maisons en autant de lieux de retraite où elles se consolaient de leur servitude par les exercices habituels de la perfection. Les jeunes filles surtout, plus libres des embarras du siècle, faisaient pour la plupart vœu de virginité, ou s'arrachaient des bras de leurs familles et venaient s'enrôler dans la nouvelle milice. Que dis-je ? la mère elle-même excitait sa propre fille, la fille appelait sa mère, la sœur attirait ses sœurs, la tante appelait ses petites-nièces aux noces éternelles de Jésus-Christ. En un mot on vit se renouveler dans l'Ombrie le spectacle édifiant que présenta l'Afrique lorsque l'illustre vierge Démétriade, touchée des exhortations de saint Augustin, prit le voile sacré. » (*Op. cit.* p. 80.)

dirent l'esprit de désintéressement et de pauvreté dans toute l'Europe [1].

Le genre de vie tout nouveau qu'on menait à Saint-Damien, après avoir surpris l'opinion, finit par la gagner. C'est encore le savant historien de François qui nous le rappelle [2].

« Comment, dit-il, le Père céleste pourvut-il aux besoins de ses nou-

Nobles dames demandant à sainte Claire leur admission à Saint-Damien.
(D'après une gravure d'Adrien Collaert, 1609.)

» veaux enfants ? La charité spontanée des fidèles sembla avoir été, sur-
» tout dans les commencements, le principal instrument de la Providence.
» La sainte imprévoyance, ou mieux l'abandon confiant de Claire, avait

1. LE MONNIER, *op. cit.*, t. I, p. 233.
2. Ibid., p. 237.

» touché tous les cœurs. Ses concitoyens se faisaient un devoir de lui
» prouver que sa foi en Dieu, et un peu en eux aussi, n'avait pas été sans
» fondement. Ils apportaient joyeusement au petit monastère tout ce qui
» était nécessaire à la vie des religieuses. Bientôt cependant, comme il
» arrive presque toujours, ce beau feu se refroidit, et il fallut aller provoquer
» à domicile une charité qui venait moins s'offrir d'elle-même. Les reli-
» gieuses, jeunes pour la plupart, ne pouvaient guère le faire en personne.
» Elles employaient ce que nous nommons aujourd'hui des Sœurs con-
» verses, et ce que les biographes nomment plus simplement des ser-
» vantes, *famulæ*. L'existence de ces bonnes Sœurs quêteuses nous est
» révélée par un trait plein de grâce. Fidèle à l'esprit de François, Claire
» leur témoignait partout un respect délicat. Elle aimait à les recevoir
» elle-même et à leur laver les pieds lorsqu'elles rentraient au couvent
» chargées de leur précieux fardeau. Un jour qu'elle avait rempli ce
» pieux office à l'égard de l'une d'elles, elle voulut encore baiser les pieds
» qu'elle avait lavés. L'humble femme, qui s'en aperçut à son mou-
» vement, trouva que c'était trop. Elle retira avec brusquerie le pied
» dont Claire approchait déjà les lèvres, et, dit l'historien, elle le fit si
» malheureusement, qu'elle frappa sa dame en plein visage. Claire ne
» témoigna pas la plus légère émotion. Elle reprit doucement le pied qui
» lui avait échappé et le baisa longuement sous la plante [1].

» On voit, conclut l'auteur que nous citons, ce que Claire faisait de
» Saint-Damien. Le souffle divin, qui avait entraîné François, l'entraînait
» à son tour. Les femmes combattaient comme les hommes pour l'intégrité
» et pour l'honneur de la Pauvreté. »

IV.

Pour bien comprendre l'influence de sainte Claire sur son pays et bientôt sur la société de son temps un peu partout dans la chrétienté tout entière, il est indispensable de jeter un coup d'œil sur ce qu'était notre société au début du treizième siècle.

L'écho de la grande voix de saint Bernard, qui semble avoir rempli le douzième siècle, s'était affaibli vers sa fin, et avec lui la force extérieure

---

1. Nous avons dit déjà plus haut que les disciples de saint François regardèrent comme un devoir, dès l'origine, de venir en aide à leurs Sœurs de Saint-Damien et les assistaient de leur mieux. Nous reviendrons plus loin sur ce genre d'assistance et sur le zèle des premiers Frères Mineurs au service des Pauvres Dames.

de la pensée catholique. La funeste bataille de Tibériade, la perte de la vraie Croix, et la prise de Jérusalem par Saladin (1187), avaient montré l'Occident vaincu par l'Orient sur le sol sacré que les croisades avaient racheté. Les débauches et la tyrannie de Henri II d'Angleterre, l'assassinat de saint Thomas Becket, la captivité de Richard Cœur-de-Lion, les violences de Philippe-Auguste contre sa femme Ingelburge, les atroces cruautés de l'empereur Henri VI en Sicile, tous ces triomphes de la force brutale n'indiquaient que trop une certaine diminution de la force catholique, tandis que le progrès des hérésies dont nous allons parler, et les plaintes universelles sur le relâchement des clercs et des Ordres religieux, dévoilaient un mal dangereux au sein même de l'Église [1].

Ce mal s'aggravait des progrès inouïs de l'hérésie albigeoise, qui fut, sans contredit, l'une des plus dangereuses tentatives de l'esprit du mal pour faire reculer l'Occident jusqu'à la barbarie païenne.

On sait qu'au XIIIe siècle, dans le midi de la France, on désigna, sous le nom d'hérésie des Albigeois, les nombreuses sectes manichéennes qui, débordant de l'Orient, vers le Xe ou XIe siècle, envahirent tout à coup l'Église occidentale. Nommés ailleurs Bulgares, Cathares, Patarins, Ribauds, etc., ces hérétiques différaient certainement par quelques points de doctrine ; mais ils redevenaient tous unis pour combattre les enseignements, la discipline, la morale, la hiérarchie de l'Église, « semblables, » disait Innocent III, aux renards de Samson, liés ensemble par la » queue et promenant leur flamme dans la vigne du Seigneur. »

Dès le XIIe siècle, saint Bernard, qui les connaissait, et dont le zèle, la sainteté et l'éloquence avaient souvent échoué contre eux, les représentait à ses frères comme des loups et des renards cachés sous la peau des brebis. « Brebis par l'extérieur, disait-il, renards par l'astuce, loups par la cruauté. »

Le secret le plus absolu était effectivement la première loi imposée aux sectaires. Ils abordaient les maisons des fidèles avec un extérieur grave et modeste, et ne pénétraient que peu à peu dans leur confiance et dans leur cœur. Les femmes et les enfants étaient leurs premiers prosélytes.

Comme tous les hérétiques, ils essayaient de persuader qu'ils faisaient partie de l'Église, et ne différaient d'elle que par des points à peine

---

[1]. Sur cet état de choses au point de vue du pouvoir civil et sur le remède qu'y apporta l'invincible courage d'Innocent III, consulter Montalembert, *Histoire de sainte Élisabeth de Hongrie*, introduction.

perceptibles ; puis ils se hasardaient à insinuer ceux de leurs articles qu'ils supposaient de nature à moins effrayer les consciences chrétiennes; puis enfin ces nouveaux gnostiques développaient leurs maximes secrètes et ne craignaient plus de mettre à nu les plus abominables systèmes. Les hypocrites ténèbres dont ils ont su s'envelopper ont réussi à tromper même l'histoire, et l'on s'étonne qu'il y ait encore aujourd'hui deux opinions et deux jugements sur des hommes dont les infâmes pratiques ne tendirent à rien moins qu'à ruiner de fond en comble la civilisation chrétienne.

Le dogme impie des « deux principes » manichéens était commun à presque toutes les sectes albigeoises. Et déjà on voit à quels désordres devait aboutir une doctrine qui, faisant dériver notre nature d'un principe mauvais, l'inclinait fatalement au mal.

Au point de vue de la morale sociale, on aurait peine à énumérer les hideux enseignements des sectaires. Ils condamnaient le mariage, ils ne se faisaient aucun scrupule du mensonge et du parjure.

Ajoutons, d'après les récits que nous ont laissés les historiens, ces habitudes d'usure qui laissaient loin derrière elles la plus rapace industrie des Juifs.

Ajoutons une facilité prodigieuse à s'approprier le bien d'autrui, et surtout le bien de l'Église, — dont, il faut le dire, les hérétiques du XIIe siècle ne se sont point réservé à eux seuls la convoitise.

Ajoutons enfin des violences sans nombre, qui mirent surtout à l'épreuve la patience des fidèles.

On se persuadera facilement que des sectes qui affichaient une telle morale et une telle conduite, fussent conséquentes en détestant l'Église, ses dogmes, sa dicipline, sa hiérarchie, son culte. Les sectaires niaient la divinité de Jésus-Christ, et ils considéraient son crucifiement comme une honte. Le symbole de la Croix était pour eux un objet d'horreur.

Devançant Luther et Calvin, ils ne nommaient l'Église que l'impure Babylone. « Nous condamnons tout ce que l'Église fait et enseigne, » disaient-ils. Ils profanaient les images, les ornements sacerdotaux, les vases sacrés, l'huile sainte, et, là où ils étaient devenus les maîtres, ils déshonoraient et ravageaient les temples.

Déjà dès le XIIe siècle, le mouvement de l'hérésie manichéenne était devenu menaçant ; il se développa au XIIIe avec d'effrayantes proportions.

Phénomène qui serait étrange, si les siècles suivants ne l'avaient plusieurs fois reproduit. Cette société, toujours secrète, cachant toujours, sous des voiles hypocrites, ses hontes et ses erreurs, d'ailleurs condamnée et proscrite, autant par le sentiment public que par les lois, envahit insensiblement les campagnes et les villes ; elle subjugua les riches comme les pauvres, les grands aussi bien que les petits ; elle trouva même dans certains membres du clergé de nombreux et puissants affidés ; — il ne faut point mettre en doute que cette fatale connivence avec elle n'ait été, à cette époque, la principale source de l'abaissemeut des mœurs sacerdotales.

L'hérésie était partout, elle dominait partout, et de même qu'au IVe siècle, après le conciliabule de Rimini, « le monde, s'écriait saint Jérôme, » avait gémi, s'étonnant d'être arien ! » de même, ne nous serait-il pas permis de dire que, au commencement du XIIIe siècle, en plus d'un point de la chrétienté, spécialement dans nos contrées méridionales, les villes et les campagnes s'éveillèrent dans la stupeur, s'étonnant qu'au milieu d'elles une hérésie impure se fût substituée à l'Église ?

En un siècle aussi hiérarchisé que le XIIIe, le mal n'eût pas fait tant de progrès sans la complicité des princes.

Ceux qui gouvernaient alors le Midi, loin de réprimer les principes subversifs qui, sapant tout à la fois la morale et l'autorité de l'Église, attentaient au bonheur de leurs peuples et à leur propre pouvoir, s'allièrent publiquement avec l'hérésie albigeoise : ils la craignirent et la flattèrent.

En voilà assez pour nous faire entendre le service, social aussi bien que religieux, que l'initiative franciscaine était appelée à rendre au peuple et à l'Église.

Retournons à Saint-Damien, pour assister aux premiers temps de cette famille, que Claire voyait chaque jour grandir autour de sa maternelle autorité.

Chapitre Cinquième.

LES PREMIÈRES COMPAGNES.

SOMMAIRE :

Un bouquet de fleurs. — Simples esquisses. — Sœur Pacifique. — La fontaine des miracles. — Le fiancé de Sœur Aimée. — Elle voit l'Enfant Jésus. — Même faveur échoit à la Sœur Agnès de Spello. — C'est moi qui suis au milieu de vous ! — Une ancienne amie. — La bienheureuse Françoise. — Une parole sublime. — Sœur Angélique. — La Bienvenue — Encore une Bienvenue. — La bienheureuse Balbine. — Celle qui devait succéder à sainte Claire. — Trois autres vierges séraphiques. — Ma mère, vous mourrez ici ! — Une mère obéissante. — Sœur Béatrix.

I.

Il serait, à coup sûr, bien intéressant de rechercher, dans les vieilles annales, les souvenirs des premières compagnes de Claire [1]. Avec les fleurs et les parfums que les chroniqueurs de l'Ordre franciscain ont semés çà et là, dans leurs récits naïfs et sincères, il y aurait de quoi composer un faisceau odorant et fleuri, capable de réjouir la piété chrétienne. Ce travail nous entraînerait bien au-delà des bornes et du but plus limité de cet ouvrage. Il sera fait un jour. Ici, du moins, nous esquisserons quelques-uns des portraits qui tentent le pinceau du biographe de sainte Claire, amené naturellement à voir passer sous ses regards attendris les pures et chastes images des premières-nées de la famille.

II.

Voici l'une des plus généreuses à suivre l'appel du Maître, Sœur Pacifique.

Nous l'avons déjà rencontrée sur notre route bien des fois, lors-

---

1. Wadding nous a conservé un acte qui relate les noms des cinquante religieuses qui vivaient sous le gouvernement de sainte Claire en 1238. Ce sont Claire, Agnès, Philippe, Jacques, Illuminée, Cécile, Egidia, Agnès, Anastasie, Agnès, Christine, Jacomina, Balbine, Mansueta, Aimée, Bienvenue, Bonaventure, Bienreçue, Consolata, Andrée, Anne, Léonarde, Agathe, Félicité, Massariola, Marie, Grégoria, Marie, Jeanne, Benedetta, Jeanne, Benenata, Jeanne, Liccie, Elie, Matthia, Claire, Stella, Léa, Béatrix, Bartolomea, Praxède, Erminie, Daniella, Clarella, Pacifique, Vertera et Patrizia.

que Claire se rendit auprès de François pour l'entretenir de son âme, d'abord, puis, pour se consacrer à la pauvreté franciscaine. C'est Bonna, la tante de la vierge d'Assise, choisie d'en haut pour faciliter à l'ardente prédestinée le moyen de suivre et de faire consacrer sa mission. Elle avait accompagné sa nièce à la Portioncule, elle la suivit bientôt à Saint-Damien, où, l'une des premières parmi les pieuses femmes d'Assise, elle entendit la voix de l'Époux divin, qui l'appelait à la religion nouvelle.

En 1248, Sœur Pacifique fut soumise à une épreuve très dure pour son cœur. Claire demanda à sa toute bien-aimée de renoncer aux douceurs de sa sainte compagnie et l'envoya, à Spello, travailler au délicat labeur de la réformation d'un couvent qui désirait revenir aux primitives ferveurs de sa règle. Elle obéit en immolant son cœur, et Dieu témoigna de sa royale satisfaction en honorant la généreuse réformatrice du don des miracles. Pendant qu'elle présidait le chapitre de ses nouvelles filles, une biche, merveilleusement belle, apparut tout à coup au milieu du cloître, et frappa de son pied gracieux la terre, d'où jaillit aussitôt une source abondante, appelée « la fontaine des miracles, » à cause des guérisons que Dieu accorda à ses eaux miraculeuses.

Ainsi inaugurée, l'œuvre de la réformation fut singulièrement favorisée, et les heureuses sujettes de Sœur Pacifique s'attachaient à leur Mère, quand elle fut rappelée à Saint-Damien, où elle assista sa sainte nièce jusqu'à la mort, et lui survécut cinq ans.

Honorée du titre de bienheureuse, la tante de Claire repose dans l'église dédiée à sa glorieuse nièce, dont elle partage la glorification après en avoir aidé la mission héroïque.

III.

AIMÉE appartenait aussi à la famille de la sainte fondatrice, dont elle était la nièce. Claire l'aimait beaucoup, et, tandis que l'on songeait au château paternel à établir la gracieuse enfant, une lumière d'en haut révélait à la recluse de Saint-Damien la vocation réelle de la jeune fiancée. Un jour donc qu'elle entretenait sa tante des angoisses de son cœur, à la veille de contracter mariage, celle-ci la regarda fixement, avec un de ces regards dont il est dit, dans les récits évangéliques, qu'ils bouleversent une âme et la changent instantanément, vrais coups de foudre de la grâce qui ont converti Madeleine et Pierre et entraîné à la suite de Jésus tant de disciples privilégiés.

Aimée pleura abondamment, tandis que la sainte l'entretenait des douceurs des noces de l'Agneau. Mais sa résolution était prise. On devine les colères qui suivirent. Le fiancé surtout parlait d'incendier le couvent et de reprendre de force celle que le divin Époux disputait à sa tendresse. Aimée parla si ferme et sa sérénité demeura si évidente, que la famille battit en retraite, s'inclinant, comme le jeune homme confus, devant une aussi inébranlable résolution.

Sœur Aimée, heureuse comme l'oiseau échappé aux rêts qui l'emprisonnaient, n'eut plus dès lors que deux préoccupations dans sa vie religieuse : expier les frivolités de son jeune âge et prouver à celle qui l'avait tirée du siècle sa tendre reconnaissance.

Jésus la traita en enfant gâtée. Les douces légendes du monastère en ont conservé un trait naïf et touchant.

« Un jour, raconte Joseph de Madrid, la bienheureuse Aimée, appelée
» ailleurs par la voix de l'obéissance, avait été obligée de laisser seule
» notre sainte, auprès de qui elle se plaisait à passer tout le temps qu'elle
» pouvait, pendant la longue maladie de sa tante. Comme elle la trouva,
» au retour, rayonnante de joie :

» — Qu'avez-vous donc, lui demanda-t-elle, Mère chérie, et quel bon-
» heur mystérieux change en ce moment votre visage, que j'avais vu
» naguère abattu par la violence du mal ?

» — Ma chère fille, répondit la sainte avec cette simplicité qui faisait
» le fond de sa nature, comment voudriez-vous que je ne me réjouisse
» point, lorsque je tiens entre mes bras ce doux Jésus qui fait le bonheur
» de mon âme ?

» Entendant cela, Sœur Aimée, transportée du désir de voir, elle aussi,
» ce Dieu qui fait également tout son amour, mais retenue par les hum-
» bles sentiments qu'elle a d'elle-même, se prosterne et adore ; et aussitôt
» le Seigneur Jésus, qui aime à se laisser trouver pas les âmes humbles,
» à converser familièrement avec elles et à les élever jusqu'à lui, daigne
» lui apparaître, verse dans son cœur innocent les douceurs de sa pré-
» sence sensible, et la bénit pour les soins délicats qu'elle prodigue tous
» les jours à son épouse chérie. »

La bienheureuse Aimée ne survécut que peu de jours à sa tante, assez pour déposer juridiquement en faveur de sa canonisation, puis elle s'envola au Ciel pour la rejoindre.

IV.

Sur la même ligne qu'Assise, s'élèvent en amphithéâtre les cités pittoresques de *Trévi* et de *Spello*. C'est à Spello que vivait le protecteur temporel de Saint-Damien, ami et parent de François, don Opportule Bernard.

C'était un homme très religieux, et, sa digne compagne ayant un jour

SPELLO. (D'après une photographie.)

conduit leur enfant auprès de sainte Claire, la petite Agnès s'attacha à la robe de la sainte, qu'elle ne voulut plus quitter. Il fallut la laisser pour la nuit à Saint-Damien, où elle se trouva si fort à son gré que rien ne l'en put tirer par la suite.

Claire aimait beaucoup la douce fillette, qui s'ingéniait déjà à l'imiter en toute chose, à l'oraison et surtout dans ses pratiques de pénitence. Un jour, elle déroba l'un des trois cilices de la Mère, et s'en revêtit joyeusement.

Candide comme une tourterelle réfugiée loin des bruits et des dangers du siècle, la bienheureuse Agnès de Spello se vit bientôt, sans qu'elle songeât à s'en étonner, l'objet des faveurs du divin Époux, qui lui apparaissait fréquemment. Elle le vit entre les bras de sainte Claire et, plus d'une fois, elle aperçut la pieuse mère tout entourée de rayons lumineux, symbole de la présence de l'Esprit sanctificateur.

Un jour, pendant que le prédicateur parlait de l'avènement du Sauveur dans les âmes, une voix pénétrante, qu'elle connaissait bien, lui dit dans son cœur :

— Ma fille, c'est moi qui suis au milieu de vous !

Elle mourut jeune, et ses reliques reposent auprès du tombeau de celle qu'elle a tant aimée.

V.

Pendant qu'elle vivait dans le monde, la douce inspiratrice de toutes ces âmes privilégiées avait eu pour amie et confidente de ses pensées les plus intimes une jeune Assisiate, nommée Christine ou Chrétienne. Une fois à Saint-Damien, l'amie vint souvent visiter son amie et, à chaque visite, son cœur se déchirait au moment des adieux. La promesse et l'espérance de se revoir ne suffirent bientôt plus à Christine, qui demanda et obtint la permission de se ranger sous la conduite de celle qui avait reçu jadis la confidence de son attrait pour la vie religieuse.

Les historiens ne disent de la bienheureuse Christine autre chose que sa grande pureté de cœur. Elle vécut quarante-trois ans à Saint-Damien et y mourut en 1258, laissant de sa longue vie dans le cloître un souvenir embaumé, qui garde son sépulcre dans l'église de Sainte-Claire à Assise.

VI.

Une autre fille du nouvel Institut, qui avait demandé à prendre le nom de son saint patriarche, attire les complaisantes narrations des chroniqueurs par son amour pour la prière et les prodiges qui l'en récompensèrent.

C'est la bienheureuse Françoise.

Un jour, le 1er mai, tandis qu'elle méditait sur la parole de Jésus à son apôtre :

— Philippe, celui qui me voit, voit aussi mon Père,

Notre-Seigneur lui apparut tout à coup, sous la forme d'un petit enfant tout rayonnant de beauté.

Un autre jour, c'est dans l'hostie eucharistique qu'elle aperçut son divin Époux, tout environné de rayons éclatants. Elle tomba en extase et y demeura fort longtemps.

Pendant six mois, Dieu l'éprouva par de très violentes douleurs de tête, dont la sainte Mère la guérit miraculeusement.

Les historiens ont recueilli d'elle une parole sublime, digne d'être gravée à côté des plus beaux élans de ces cœurs de saints, tout blessés par l'amour divin, que l'histoire a conservés pour l'admiration de nos faibles cœurs, qui ont tant de peine à se hisser à ces hauteurs.

Pendant qu'elle souffrait dans son corps et que son cœur se liquéfiait dans les ardeurs de sa tendresse pour le céleste ravisseur des âmes vierges, on l'entendit plusieurs fois s'écrier :

— O vous qui avez heureusement blessé mon âme, ne la guérissez jamais!

VII.

Sœur Angélique, *Angeluccia*, était la propre sœur de la bienheureuse Françoise. Elle la suivit au couvent, où elle vécut, selon l'heureuse expression des historiens, d'une vie digne de son nom.

Ils ont aussi noté avec complaisance l'amitié dont l'honora toujours sainte Claire. En faut-il davantage pour faire l'éloge de cette bienheureuse? Deux ans après la mort de sa bienheureuse Mère, elle fut envoyée à Marseille, avec la Sœur Béatrice, pour y fonder un monastère de l'Ordre.

VIII.

Voici venir maintenant cette autre compagne à qui la joie qui accueillit son entrée au monastère fit donner le nom charmant de Sœur Bienvenue.

C'est une bénédiction particulière qu'elle y apportait, celle de fournir aux autres religieuses l'occasion d'exercer une charité compatissante, car elle fut longtemps malade et édifia le cloître par sa patience angélique dans la souffrance.

Nous la retrouverons autour du lit de mort de sa Mère. C'est elle qui vit la Reine des Anges descendre, escortée d'une troupe de vierges, au-devant de l'âme de sainte Claire, la recevoir sur son cœur maternel et la remonter au Ciel, où elle la couronna de ses propres mains, après l'avoir placée sur un trône étincelant de lumière.

IX.

Une autre Bienvenue, celle-là arrivant de Pérouse, avait connu Claire dans le monde, à cause des relations amicales qui unissaient sa famille à celle des Scefi. Sa venue à Saint-Damien réjouit vivement le cœur de la sainte Mère, qui savait le trésor qu'elle acquérait en la nouvelle arrivée.

Les annales séraphiques ont cité surtout la scrupuleuse exactitude de la bienheureuse Bienvenue aux moindres prescriptions de la règle.

Comme son homonyme, elle donna au monastère la faveur souhaitée par sainte Thérèse à toutes ses fondations nouvelles, celle d'avoir au moins une malade, pour exercer la patience dans chacun de ses Carmels.

Sœur Bienvenue tomba gravement malade et perdit même l'usage de la parole. Ce fut l'occasion d'un des plus éclatants miracles de sa supérieure. Touchée de compassion à la vue de sa fille toujours si obéissante et réduite à ce triste état, Claire fit sur elle le signe de la croix, et Sœur Bienvenue guérit instantanément.

X.

La bienheureuse Aimée attira sa sœur, la bienheureuse Balbine, autre nièce de sainte Claire, qui devait devenir une de ses aides les plus appréciées pour la réformation ou la fondation de diverses maisons.

Sa vie, disent les annalistes de l'Ordre, fut si pure, elle atteignit un tel degré de perfection, que saint François et sainte Claire la choisirent pour diriger les autres dans les voies de la pauvreté et de la pénitence religieuse, où elle excellait.

Dieu, ajoutent-ils, la favorisa du don des miracles, et le martyrologe franciscain fixe sa mort au 3 février 1340, dans le monastère du Val-de-Gloire, à Spello, qu'elle avait fondé et dont elle était abbesse.

XI.

Celle-ci devait succéder à Claire elle-même dans le gouvernement du couvent d'Assise. C'est faire son panégyrique en un seul mot.

Elle s'appelait Sœur Benoîte, et François, qui l'appréciait hautement, avait souvent prédit à sainte Claire que celle-là lui succéderait, ajoutant qu'elle en était digne.

Lorsque l'élection eut réalisé la prophétie, le Ciel se plut à la confirmer par une série de prodiges. La bienheureuse Benoîte semblait vivre dans une atmosphère surnaturelle. Les miracles naissaient sous chacun de ses pas. On eût dit que, à l'instar de son séraphique Père, elle avait recouvré la puissance royale du premier homme sur la création.

Quand elle mourut, on estima qu'il fallait distinguer son tombeau par une précaution jusque-là inusitée. On la plaça dans un sépulcre de pierre, et Dieu se plut à confirmer la sainteté de sa servante par de nombreuses merveilles.

XII.

Saluons encore, dans l'aimable cortège de notre sainte, trois autres vierges séraphiques, dignes compagnes et humbles disciples d'une telle Mère: Sœur Philippe d'Assise, Sœur Lucie de Rome et Sœur Cécile Gualtieri de Spello, toutes trois insignes par leur amour pour l'oraison et l'éclat des révélations dont elles furent favorisées.

Elles étaient appelées à témoigner des miracles de leur sainte Mère, et toutes trois, ensevelies auprès d'elle, ont été déclarées bienheureuses.

XIII.

Un jour qu'Hortulane se plaignait doucement à sa fille de l'avoir délaissée, Claire lui avait répondu :

— Ma mère, si je vous ai quittée pour embrasser la vie religieuse, c'est pour m'unir ensuite à vous d'une manière plus intime et plus parfaite. Vous aurez la consolation de mourir auprès de vos enfants !...

Favorino était mort, dans les plus beaux sentiments de foi et de piété, bénissant Dieu d'avoir exaucé les prières de sa fille, qui, touchant le cœur de son céleste Époux, avait reporté, comme il arrive toujours, le mérite de son sacrifice sur l'âme des siens. La veuve, déjà Tertiaire franciscaine, alla se jeter aux pieds de l'homme de Dieu, qui lui avait autrefois ravi son enfant, et le conjura de l'admettre au rang des Pauvres Dames. François y consentit, lui fit distribuer tous ses biens personnels aux pauvres et la plaça sous la conduite de Claire. Sublime renversement des lois de la nature ! La mère dès lors appela sa fille ma Mère et la fille appela sa mère ma Fille. Toutes deux versaient des larmes d'attendrissement à cet échange. Hortulane était du reste si obéissante que François et Claire, persuadés de son pouvoir auprès de Dieu, lui adressèrent souvent des malades à guérir.

Le bonheur de la bienheureuse Hortulane fut complet, lorsque sa dernière fille, Béatrix, l'eut rejointe à Saint-Damien, d'où la jeune recrue fut chargée d'essaimer en diverses fondations, comme nous l'allons dire.

La Bienheureuse Hortulane
et ses trois filles, Claire, Agnès et Béatrix.
(D'après une ancienne gravure.)

Toutes deux moururent avant sainte Claire et partagèrent sa gloire dans l'Église, après avoir partagé son tombeau.

Chapitre Sixième.

L'ABBESSE.

SOMMAIRE :

Claire accepte par obéissance le titre d'abbesse. — Le nom qu'elle ambitionne pour ses filles. — L'impression d'Innocent III en recevant la supplique de Claire. — *Primiceria Pauperum*. — Comment elle mérita cette qualification. — Une réflexion d'un éminent penseur contemporain. — Le miracle en confirmation du culte de Claire pour la Pauvreté. — Le pain et l'huile. — Si cet amour de la Pauvreté dégénérait au sein de l'école franciscaine. — Austérités et mortifications. — Les trois cilices. — Les deux tuniques. — Pas comme les Pharisiens. — Suavité dans l'exhortation. — La règle d'une Sœur malade. — Principes du gouvernement de la jeune abbesse. — Comment elle envisageait sa charge. — Quelques traits. — Une tentation délicate. — Conduite de Claire vis-à-vis des âmes qui en étaient l'objet. — Toute une philosophie de l'éducation. — Amour des disciples pour leur sainte institutrice. — Ce qu'elles voyaient dans sa conduite à leur égard, d'après un contemporain.

I.

Laire, d'ordinaire si obéissante, résista longtemps aux instances de son Père en Dieu, qui voulait la placer officiellement à la tête de la jeune famille de Saint-Damien, avec le titre d'abbesse,

L'humble vierge alléguait sa jeunesse, ses imperfections. La communauté joignit ses prières à celles du Père, elle résistait toujours. François finit par ordonner, Claire se soumit.

C'était trois ans après l'entrée des deux Sœurs au paradis de Saint-Damien. La jeune abbesse débuta dans son gouvernement par une affirmation solennelle.

A l'école du séraphin d'Assise, elle avait appris que « le grand » ennemi de l'âme, c'est l'avarice entendue dans son sens le plus large, » c'est-à-dire cet aveuglement qui entraîne l'homme à consacrer son » cœur à des préoccupations matérielles, en fait l'esclave de quelques » pièces d'or ou de quelques arpents de terre, le rend insensible aux » beautés de l'au-delà, et le prive des joies infinies que savourent seuls » les disciples de la Pauvreté embrassée par amour. »

Claire avait appris tout cela à l'école de François, qui l'avait appris à l'école de Jésus-Christ. L'évangile des Béatitudes devenait le code de l'Ordre nouveau et la grande leçon du siècle. C'était toute une révolution sociale. « Le premier soin de l'abbesse de Saint-Damien, dit le » dernier historien de saint François d'Assise, fut de bien remarquer le » but qu'elle entendait poursuivre avec ses compagnes. Elle désira que, » jusque dans le nom par lequel on les désignerait, tout le monde pût » voir qu'elles étendaient à leur sexe la réforme que François avait » préparée aux hommes. »

Le titre de « Pauvres Dames » lui semblait tout à fait convenir à cet objet, mais, à l'école de François d'Assise encore, quoi qu'en ait dit un récent biographe, elle avait appris l'obéissance et la soumission à la sainte Église. Les sectes et les hérésies, à ce moment en faveur autour d'elle, se targuaient de leur empressement à se soustraire aux droits de la hiérarchie. Claire avait mission de réagir, et elle protesta qu'elle ne se croyait pas permis de s'arroger le titre ambitionné sans une autorisation du Siège Apostolique.

S. CLARA ASSISIAS.

(D'après une ancienne gravure de C. Mallery, XVIIIe siècle.)

Or, il ne lui était pas possible de se rendre en personne à Rome, comme l'avait fait François ; mais elle écrivit au Souverain-Pontife une lettre pleine de décision et d'élan, dans laquelle elle exposait son dessein, et demandait comme un privilège à prendre le nom en même temps que les livrées de la Pauvreté.

Un pape dont les protestants eux-mêmes ont vengé la mémoire calomniée par les ennemis qu'il terrassa, Innocent III, bien que ses forces déclinassent vers la tombe, gouvernait l'Église avec un invincible courage contre tous les ennemis de la justice et de la société chrétienne, qui en a fait le modèle peut-être le plus accompli d'un Souverain-Pontife, le type par excellence du Vicaire de Dieu.

En lisant cette supplique, dont le ton contrastait si vivement avec les suppliques ordinaires, Innocent III reconnut bien vite l'esprit de François.

— Ah ! s'écria-t-il, voilà un privilège qu'on n'avait pas encore sollicité du Saint-Siège !

Et, dans un vif mouvement de joie, il saisit une plume, et, pour qu'une faveur inaccoutumée répondît à une demande inaccoutumée, il écrivit de ses propres mains les premiers mots du Bref Apostolique par lequel il accordait le privilège sollicité.

« Claire, d'ailleurs, » ajoute l'historien que » nous citons, eut » bientôt une occasion » de montrer que le » titre qu'elle avait » ambitionné n'était » pas un vain titre.

» Elle était l'aînée » de ses sœurs. La » mort prématurée de » leur père la mit, à » défaut d'héritier » mâle, en possession » de tous ses biens. » C'était un très riche » héritage. Claire ne » souffrit pas qu'il en » entrât la plus petite » partie dans le monastère. Tout fut » vendu à l'encan par ses ordres, et les sommes considérables qui provinrent de ces ventes furent intégralement distribuées aux pauvres.

» Une nouvelle leçon était donnée à cette société féodale où tout » reposait sur la richesse. Elle était avertie par un éclatant exemple » que, parmi ses membres le plus haut placés, il y en avait qui, loin de

Innocent III.
(D'après une estampe de la *Vie des Pontifs*, gravée par J.-B. de Cavallieri, XVIIe siècle.)

» mettre leur confiance dans
» ces supériorités et ces ga-
» ranties, étaient prêts, par
» amour pour Dieu, à se ré-
» duire jusqu'à l'abandon si
» bien comparé par Notre-
» Seigneur à celui des oiseaux
» du Ciel [1]. »

La Bulle de canonisation décerna à la sainte abbesse un titre inconnu et qui dut sembler bien étrange à la société de ce temps. Alexandre IV l'appela *Primiceria pauperum*, Princesse des pauvres !

« Princesse des pauvres !...
» s'écrie le pieux abbé Demore,
» elle le fut : son cœur était
» trop vaste, trop noble, trop
» chrétien, pour s'abaisser jus-
» qu'aux misérables satisfac-
» tions qu'il faut aller fouiller
» dans les biens de la terre ;
» l'immensité de Dieu était
» seule capable de la remplir.
» Persuadée que l'on n'est
» jamais plus riche que lors-
» qu'on a tout laissé, elle aurait
» craint de souiller la pureté
» de son âme par le moindre
» regard jeté sur ce qui passe
» avec le siècle. Elle ne trou-
» vait de consolation et de
» bonheur que dans la pensée
» qu'elle avait tout quitté pour
» Celui qui s'est fait si pauvre,
» afin de nous enrichir par son

1. Le Monnier, *op. cit*, p. 235.

Ste Claire de Giotto. (Florence, église Santa-Croce.)

» indigence. Devient-elle la fondatrice d'un nouvel Ordre ? Elle veut que
» tout, jusqu'à leur propre nom, rappelle à ses filles spirituelles la réso-
» lution qu'elles ont prise de vivre et de mourir « Pauvres. » Adresse-t-elle
» à ses religieuses quelques-uns de ces discours brûlants qui en faisaient
» autant de saintes ? C'est de la « très haute pauvreté » qu'elle fait l'éloge.
» Écrit-elle quelqu'une de ces délicieuses lettres que nous citons ailleurs ?
» C'est l'amour de la « sainte et admirable Pauvreté » qui l'inspire. Son
» Institut se propage-t-il au loin ? « La bienheureuse Pauvreté » est
» toujours la richesse impérissable qui doit attirer sur ses monastères les
» regards de complaisance du Ciel, la muraille impénétrable qui doit les
» défendre, la tour qui doit les protéger. Un Souverain Pontife, aussi
» grand par le génie que par le cœur, la presse-t-il d'accepter au moins
» quelques biens-fonds, quelques revenus ? Elle ne veut d'autres fonds
» que les trésors inépuisables de la Providence, d'autres revenus que
» les privations de tout genre qui la feront marcher de plus près sur les
» traces de Jésus-Christ. Si on lui donne en aumône de simples mor-
» ceaux de pain, elle les reçoit avec joie ; si, au contraire, on lui donne
» des pains entiers, elle s'afflige, elle tremble, de peur de violer, en les
» acceptant, le vœu qu'elle a fait de n'avoir jamais rien en propre. Les
» vêtements les plus grossiers sont ceux qu'elle choisit de préférence ;
» les aliments les plus insipides, ceux qu'elle se réserve ; la cellule la
» plus étroite et la plus incommode, celle qu'elle envie à ses Sœurs...
» Oh ! oui, digne fille de saint François d'Assise, vous êtes véritable-
» ment la Princesse des pauvres [1] ! »

Ce culte, cet amour, cette passion de « Madame la Pauvreté, » comme on disait à l'école de François, ont frappé l'attention des hommes que préoccupe ce qu'on appelle aujourd'hui la question sociale. L'un d'eux, un penseur éminent et sincère [2], l'écrivait ces jours derniers :

« L'Église ne s'est pas contentée de renvoyer le pauvre aux conso-
» lations du Ciel. Sur la terre, elle a été elle-même une bienfaitrice
» infatigable. Elle a multiplié les écoles, les hôpitaux, et il n'est aucune
» des plages sur lesquelles ses apôtres ont posé le pied, où ne subsis-
» tent les impérissables monuments de sa sollicitude. L'Église a fait
» plus encore. C'est d'elle que sont sorties ces âmes de feu, dévorées de
» l'amour de Dieu, auquel elles espéraient arriver par l'amour du pro-
» chain, qui, non contentes de donner leur aumône, se sont données

1. Demore, *op. cit.*, p. 212.
2. Émile Ollivier, *Solutions politiques et sociales*, p. 8.

» elles-mêmes, « épousant la Pauvreté [1], » afin qu'elle parût moins
» méprisable aux yeux de tous et moins dure à ceux qui la subissaient,
» soulagés ainsi de ce qui leur semble le plus insupportable, l'opprobre
» moral [2]. »

La pauvreté est une des prédilections du Sauveur des hommes. Comment s'étonner que, du Ciel où il veille sur son Église, Jésus ait béni et couvert de sa sollicitude ces généreux disciples de son Évangile qui en faisaient revivre l'idéale perfection !

Le miracle confirme souvent l'inspiration de François et de Claire.

Un jour, tandis que l'invasion sacrilège de Frédéric II ravageait les États de l'Église, la vallée de Spolète se trouva en proie à une affreuse disette. La charité du pourvoyeur de Saint-Damien se refroidit et Sœur Cécile de Spello, l'économe du monastère, vint montrer à l'abbesse, au moment de se rendre au réfectoire, le seul pain qui restait pour alimenter le repas de cinquante religieuses.

— Partagez le pain en deux, dit Claire. Envoyez-en la moitié aux Frères qui habitent hors du couvent, puis, faites de l'autre moitié cinquante parts, une pour chaque Sœur. Sonnez ensuite le dîner.

— Mais, répliqua l'économe étonnée, ma Mère, pour faire tant de parts d'un morceau de pain, il faudrait que la main puissante du Seigneur renouvelât à notre égard les merveilles qu'il opéra jadis en faveur de son peuple !

---

1. L'homme d'État qui a écrit cette belle page, et qui professe pour François d'Assise une admiration réfléchie, ne pouvait manquer de saluer cette grande figure et de produire un exemple à propos de cette constatation historique. « Deux hommes surtout, dit-il, ont professé avec
» passion ce culte extatique de la pauvreté : François d'Assise et Vincent de Paul... François
» astreint son Ordre à la plus stricte pauvreté : pas d'or ni d'argent, pas de propriété immobi-
» lière ; on vivra du travail des mains ou de mendicité... »

2. M. Émile Ollivier ajoute : « Que d'actes sublimes et de mots pathétiques n'a pas inspirés
» cet amour de la pauvreté ! « Eh ! qu'avez-vous, mes filles ? demandait sainte Thérèse à ses com-
» pagnes, établies presque confortablement après de dures privations ; vous êtes tristes ! — Ma
» Mère, répondirent-elles, comment ne le serions-nous pas, maintenant que nous ne sommes
» plus pauvres ? »

Puisque cette citation nous amène à parler de sainte Thérèse, citons un trait de sa vie qui montre comment la grande séraphique d'Espagne s'inspirait des leçons de la vierge d'Assise. « C'était en 1551, lorsque Thérèse travaillait à prendre, « sans revenus, » le couvent de saint
» Joseph d'Aquila. « Le jour de fête de sainte Claire, écrit-elle, cette sainte m'apparut tout
» éclatante de beauté et me dit de poursuivre avec courage ce que j'avais commencé, et qu'elle
» m'assisterait. » Je conçus une grande dévotion pour elle, et j'ai vu par ses effets la vérité de
» sa promesse, car un monastère qui est proche du nôtre nous aide à vivre, et, ce qui est beau-
» coup plus important, elle a peu à peu si bien contribué à l'accomplissement de mon désir, que
» l'on pratique dans cette nouvelle maison la pauvreté qui s'observe dans les miennes. »

(BOUIX, *Vie de sainte Thérèse, écrite par elle-même*, p. 434.)

Claire regarda la Sœur avec un doux sourire et dit :

— Pourquoi douter, ma fille ? Allez et faites avec foi ce que je viens de vous dire.

Puis, la sainte abbesse convia ses compagnes à prier avec elle, et, pendant leur oraison, le pain se multiplia entre les mains de Sœur Cécile,

Le miracle de la multiplication des pains au monastère de St-Damien.
(D'après une gravure d'Adrien Collaert. 1609.)

et il y en eut assez pour rassasier pleinement la communauté, qui bénissait le DIEU des pauvres.

Une autre fois, il n'y avait plus d'huile au couvent. Claire, toujours confiante, prend simplement une petite jarre, la lave elle-même par humilité, puis la remet à l'un des Frères quêteurs pour qu'il aille demander l'aumône d'un peu d'huile dans le pays. Mais voilà que le Frère, prenant le vase qu'il croyait vide, le trouve rempli d'huile jusqu'au bord.

— Ces dames, murmura-t-il, ne m'ont appelé que pour se moquer de moi.

Il regarde l'abbesse, et, à son ravissement, comprend le miracle qui vient de s'opérer, comme autrefois pour la veuve de Sarephta.

II.

La pauvreté, embrassée volontairement par amour, ne pouvait être un lâche et mol abandon à une indifférence à la Diogène, telle qu'essayèrent de la pratiquer par orgueil les rares sectateurs du cynique Grec.

Si l'amour divin adoucissait les privations de Claire et de ses compagnes, celles-ci ne s'en faisaient pas moins rudement sentir à ces filles délicates, élevées la plupart dans le luxe et même l'orgueil. La pauvreté fut, à leurs yeux, la forme la plus crucifiante de l'esprit de pénitence que François, le crucifié perpétuel, leur avait tant recommandé.

Claire, comme en tout le reste, marchait à la tête de ses généreuses compagnes. Les annales de l'Ordre ont gardé le souvenir de trois cilices qu'elle portait alternativement. L'un, en poils de chameau tressés avec des nœuds, étonne la piété des fidèles marseillais par son admirable conservation, chaque année, durant l'octave de la fête du 12 août, tandis que les Clarisses de Marseille l'exposent à leur vénération. L'autre, en cuir de sanglier, était armé de soies courtes et piquantes qui pénétraient dans les chairs. Le dernier, en cuir de cheval entremêlé de nœuds fort durs, se conserve au monastère d'Assise ; c'est celui que la petite Agnès de Stello déroba pieusement un jour et ne put supporter.

L'abstinence était à l'unisson de ces instruments de pénitence.

La chair, même la plus virginale, réclame trop souvent ses prétendus droits ; il faut la mater, et, comme disent les saints, la mortifier. Claire mortifia la sienne, au point d'obliger François à modérer ses ardeurs pénitentielles. Quelques herbes suffisaient à sa pauvre nourriture. En Carême et durant le long Avent franciscain, elle vivait uniquement de pain et d'eau. Trois jours par semaine même, durant ces saintes périodes, elle s'abstenait de tout aliment ; c'est cette dernière austérité que saint François et l'évêque d'Assise durent lui interdire, parce qu'elle tendait à ruiner ses forces.

Toujours nu-pieds, sans sandales, même au cours de l'hiver, elle était vêtue d'une simple tunique et d'un manteau, dont la lourdeur à elle seule constituait déjà une grande pénitence. « J'ai vu, écrit Barthélemy de
» Pise, la tunique de saint François et celle de sainte Claire ; je les ai
» comparées l'une à l'autre, et j'ai pu me convaincre que celle de la
» pieuse vierge était plus lourde et plus grossière encore que l'habit
» si lourd et si grossier de son bienheureux Père. »

Longtemps elle coucha sur la terre nue ou sur un fagot de sarments, avec un billot d'arbre pour oreiller. Ses directeurs l'obligèrent à accepter une natte de cuir avec un peu de paille, jusqu'à ce qu'enfin les infirmités la contraignirent à s'étendre sur la paillasse, qu'elle se reprochait si fort comme un excès de délicatesse, imposée cependant par l'obéissance, qu'elle fit toujours passer avant le sacrifice.

Avec cela, toujours gaie, contente, le visage rayonnant d'une aimable joie. « Jamais, dit son premier biographe, on n'aperçut en elle rien de
» sombre ni de triste. Parmi ces mortifications de tout genre, elle
» conservait un visage riant, un front serein, un air « de fête » et de
» joie qui révélait pour ainsi dire malgré elle les douceurs intérieures
» qu'elle y goûtait. A la voir, ajoute ce témoin contemporain, on eût dit
» que son âme, déjà en possession de la béatitude céleste, ne sentait
» pas les maux corporels. Ce n'est pas d'elle qu'on aurait jamais dit,
» comme des Pharisiens flétris par le Sauveur et de certaines âmes que
» Jésus avait en vue dans la suite des siècles, qu'elles ont le visage
» triste quand elles jeûnent, voulant être vues des hommes et louées
» de leur austérité orgueilleuse. »

III.

Les historiens ont remarqué avec une admiration bien légitime que cet amour pour la pénitence n'altérait jamais la touchante suavité de ses exhortations maternelles. Si sévère pour elle-même, elle avait pour les autres des trésors d'inépuisable tendresse. Elle ne voulait point que ses fidèles compagnes pratiquassent des austérités semblables aux siennes. Dès qu'elle en voyait une dont la santé faible et délicate n'aurait supporté qu'avec peine les rigueurs de la règle commune, elle la conjurait de modérer ses privations et ses veilles.

L'hiver est quelquefois assez rude à Assise. Elle se levait par les nuits les plus froides, parcourait les dortoirs et, comme une mère eût fait pour ses enfants, étendait une couverture plus chaude sur celles de ses Sœurs qui lui semblaient mal protégées contre la rigueur de la saison. Sa bonté s'alarmait plus facilement encore lorsque la santé ébranlée de quelque Sœur lui semblait demander des ménagements. Elle ne souffrait pas qu'il fût plus longtemps question des exigences de la vie commune.

« La vraie règle d'une Sœur malade, aimait-elle à dire, est celle qui lui est imposée par l'état où elle se trouve. »

Ceci nous amène à suivre la bonne Mère de Saint-Damien dans le secret de son gouvernement intérieur, tel que les historiens [1] se sont plu à nous le peindre.

Élevée si jeune encore à la charge si délicate d'abbesse, fondatrice d'un Ordre si nouveau, et dès lors obligée de veiller sur sa conduite comme sur le futur exemplaire de toutes celles qui la suivront dans ces sentiers difficiles, il lui fallait chaque jour conduire à la perfection la plus éminente des caractères souvent bien différents, instruire les ignorantes, consoler les affligées, stimuler et soutenir celles qui auraient pu s'abandonner à ce dégoût involontaire qui naît quelquefois même de l'uniformité de la règle, arrêter la ferveur indiscrète de celles que le zèle aurait pu entraîner trop loin, rassurer les âmes timorées qui, s'inquiétant de tout, croient toujours n'en pas assez faire, dissiper ces scrupules désolants qui les crucifient et leur laissent douter si elles sont à Dieu ou à leur ennemi.

L'auteur de la première vie de la sainte abbesse, écrite par ordre du pape Alexandre IV, nous a conservé d'elle un mot qui suffit à révéler l'esprit de son gouvernement.

Elle se considérait, disait-elle, comme une institutrice chargée, dans le palais d'un grand roi, de l'éducation des princesses.

Son enseignement, dit l'abbé Le Monnier, paraît avoir été abondant et varié [2].

Elle leur apprenait à faire taire le tumulte dissipant du dehors et les bruits distrayants du dedans :

« L'union à la vérité est à ce prix, disait-elle ; il n'est donné qu'aux
» âmes recueillies et silencieuses de pénétrer jusqu'au sanctuaire où Dieu
» réside et se fait entendre. »

---

1. Démore et Le Monnier, d'après la Bulle de canonisation et la *Vita Sanctae Clarae*, écrite par ordre du pape qui la canonisa.

2. Nous en citerons plus loin des traits caractéristiques, tirés de ses admirables lettres de direction.

Elle parlait en termes angéliques de l'état d'une âme gouvernée par la sagesse et la raison :

« Elle seule est affranchie, disait-elle, elle seule est reine ; auparavant
» elle obéissait servilement aux exigences du corps et aux caprices enfan-
» tins de la chair. »

Enfin, elle les mettait en garde contre les pièges que le démon réserve aux âmes qui s'essaient à la vie extérieure :

« Autres sont les tentations des mondains, disait-elle, autres les tenta-
» tions des saints. »

Parmi les plus délicates tentations de ceux-ci, elle signalait les défaillances subites de la volonté, l'évaporation intérieure des sentiments et des pensées, les fausses complaisances en soi-même, les tristesses sans objet.

C'était peut-être cette dernière tentation qu'elle redoutait le plus. Elle ne connaissait pas de repos, lorsqu'elle savait qu'une de ses filles en était atteinte. Prenant la pauvre malade à part, elle entrait d'abord dans ses pensées et mêlait ses larmes à ses larmes. Elle allait plus loin, s'il le fallait, et ne craignait pas de se mettre à ses genoux, et de la couvrir des caresses les plus tendres et les plus maternelles. A tout prix elle voulait attendrir ce cœur que la douleur tendait à fermer, afin que l'espérance y rentrât à la suite de l'attendrissement et que, par la vertu qui lui est propre, l'espérance ramenât cette douce chaleur sans laquelle il n'y a ni vertu, ni énergie, ni action.

« N'entrevoit-on pas dans ces indications qu'on voudrait plus détaillées,
» — conclut M. l'abbé Le Monnier en achevant cette fine analyse des
» principes qui guidaient Claire dans son gouvernement, — toute une
» philosophie de l'éducation ? » La sainte abbesse retrouvait, dans les inspirations de son cœur, les secrets des maîtres les plus autorisés. Elle se rendait compte qu'il n'y a d'éducation que par l'amour.

On ne sera dès lors point surpris, observe encore notre guide, qu'un tel gouvernement ait donné les plus heureux résultats. Ce mélange exquis d'énergie et de discrétion, de force et de bonté, tenait toutes les Sœurs dans une douce dépendance. Elles étaient convaincues que la sagesse résidait dans leur Supérieure, inspirait ses démarches et parlait par sa bouche. Aussi était-ce à qui entendrait sa voix et mettrait ses pas dans ses pas. Les volontés lui faisaient cortège.

Le biographe contemporain décrit en termes excellents cet empire exercé par la sainte.

« Comblées de ses bienfaits, dit-il, ses enfants n'étaient pas ingrates.
» Elles donnaient tendresse pour tendresse. Elles admiraient dans leur

Clochette avec laquelle sainte Claire appelait ses filles aux exercices ordinaires de la Communauté.

(Conservée au monastère d'Assise. — D'après une photographie.)

» Mère la sollicitude la plus affectueuse, dans leur abbesse une vigilance
» sans défaillance, dans leur institutrice un enseignement plein de recti-
» tude, dans l'épouse du Seigneur une sainteté qui s'étendait à tout. »

Chapitre Septième.

L'ESSAIMAGE.

SOMMAIRE :

L'Orient du monde nouveau. — Les essaims. — Un cruel sacrifice entre les deux sœurs. — Douleur d'Agnès. — Une lettre admirable. — Pourquoi nous insistons sur ce point. — Comme les fleurs dans un herbier. — Le nid dans la tempête. — Réclamation de Lacordaire. — Le Ciel approuve les tendresses d'Agnès. — Le sentiment de la nature aux origines franciscaines. — La nostalgie des montagnes natales. — L'Ombrie dans la vie de sainte Claire. — Une branche de palmier fleurie. — Comment fut bâti le monastère de Maréria. — La bienheureuse Philippe. — Le cantique de la mort. — La poésie et le chant dans l'œuvre de saint François. — Nous sommes les musiciens de Dieu. — Frère Pacifique, le Roi des vers. — Une bienheureuse paralytique. — Visions sublimes. — L'alphabet des muets au cloître des Pauvres Dames.

I.

ANTE l'a chanté :

« Une côte fertile descend de la haute montagne
» d'où Pérouse reçoit le froid et le chaud par la porte
» du soleil, tandis que Nocera et Gualdo pleurent
» derrière la montagne sous leur joug pesant.
» Sur cette côte, au point où la pente s'adoucit,
» naquit au monde un soleil comparable à celui du
» firmament, quand il sort des eaux du Gange ;
» Et que ceux qui veulent parler de ce lieu ne l'appellent point Assise,
» ce nom dirait trop peu ; mais qu'ils l'appellent Orient, s'ils veulent
» employer le mot propre [1]. »

De cet Orient, qu'a chanté le grand poète théologien, on vit bientôt s'envoler, vers des ruches nouvelles, de diligentes abeilles, dont Claire, sur le conseil et avec la bénédiction du séraphique d'Assise, dirigea successivement les essaims sur des points très divers d'Italie, en attendant que l'essaimage atteignît par-delà les monts, et fît connaître le nouvel élan de l'âme de l'Église un peu partout dans le monde.

San-Severino où François avait converti le Frère Pacifique, Spello où

---

[1]. *Paradiso*, XI.

fut envoyée la nièce de la sainte abbesse, Arezzo où vécut ensuite la même Sœur Balbine en qui les fondateurs avaient reconnu une rare prudence, Pérouse en deux endroits, précédèrent la fondation de Florence, celle-là demeurée célèbre dans les annales franciscaines.

C'était en 1219, deux ans après le grand Chapitre des Nattes. François, pressé par l'esprit de Dieu, vint à Saint-Damien demander un grand sacrifice à sa fille bien-aimée. Claire avait le cœur trop haut pour hésiter, mais celle qui allait partager l'holocauste, tout en s'y résignant avec une admirable docilité, va nous montrer que, pour s'immoler quand cela plaît à Dieu, le cœur des saints demeure tendre et sensible, alors que le monde serait tenté de l'accuser de dureté inhumaine.

On n'a pas oublié la joie de Claire, lorsque sa sœur Agnès vint la rejoindre dans le cloître. Docile et aimante comme l'agneau, dont François voulut qu'elle gardât le nom, Agnès vivait auprès de son aînée dans une douce émulation de sainteté, heureuse de suivre l'exemple de celle dont elle aimait tant à partager les privations et la vie. Mais, voilà que François a parlé. Au nom de l'obéissance, il commande aux deux sœurs de se séparer et à Agnès de partir pour Florence, où elle prendra le gouvernement d'une fondation nouvelle dont il lui confie la création et le soin.

Les chroniques de l'Ordre, malheureusement trop discrètes en fait de renoncements de ce genre, ont gardé la lettre que Sœur Agnès écrivit de Florence à la chère ruche de Saint-Damien. C'est un pur chef-d'œuvre de sentiment contenu, et Montalembert y eût retrouvé l'accent de ces lettres délicieuses qu'échangeaient, aux siècles réputés barbares, les religieuses anglo-saxonnes, de couvent en couvent.

« A sa vénérable Mère et à sa maîtresse en Jésus-Christ, la bien-
» aimée Claire, et à toute la communauté, Agnès, humble servante de
» Jésus.

» La condition des choses créées est de ne jamais demeurer dans le
» même état ; aussi, lorsqu'on se croit dans le bonheur, on est plongé
» dans un abîme de maux. Sachez donc, ma Mère, qu'il y a au fond de
» mon cœur une grande tribulation et une immense tristesse. Combien
» je souffre d'être séparée de vous, de vous auprès de qui je croyais vivre
» et mourir ! Ce malheur commencé, je ne sais quand il finira. Il est une
» de ces choses qui se dévoilent sans cesse, et dont on ne voit pas le
» terme ; il est comme une grande ombre qui croît indéfiniment sans
» décliner ; il est comme un poids sur mon âme, et je ne puis l'écarter,

» Je croyais que ceux qui étaient unis dans le Ciel par la même foi et la
» même vie auraient sur la terre la même vie et la même mort, qu'un
» même tombeau renfermerait le même sang et la même nature ; mais
» je m'abusais, je suis abandonnée et mon âme déborde de tristesse.

» O mes très douces Sœurs ! ayez pitié de moi, pleurez sur moi, et
» priez Dieu de ne pas vous faire souffrir ainsi ! Comprenez qu'il n'est
» pas de douleur semblable à cette douleur,
» une douleur qui me sacrifie sans cesse,
» une langueur qui toujours me torture,
» une ardeur qui me dévore toujours. Les
» afflictions me pressent de toutes parts.
» De grâce, aidez-moi par vos pieuses
» prières, afin que Dieu me donne la force
» de les supporter.

✢ —— Sainte Agnès. —— ✢
(D'après une fresque de Benozzo Gozzoli,
église de Saint-François à Montefalco.)

» Ah ! ma Mère, que ferai-je ? que dirai-
» je ? moi qui n'espère revoir ni vous, ni
» mes Sœurs. Ah ! si je pouvais vous expri-
» mer ma pensée comme je le voudrais !
» Ah ! si je pouvais ouvrir là, devant vous,
» dans cette lettre, ma longue douleur !
» Mon cœur est brûlé intérieurement par
» le feu de l'affliction, je gémis et je pleure,
» je cherche une consolation et je n'en
» trouve plus, j'enfante douleur sur dou-
» leur, et je succombe sous le poids de la
» pensée que jamais je ne vous reverrai.
» Personne ici ne pourrait comprendre ma
» peine !...

» Une seule chose me console, et vous
» pouvez vous en réjouir avec moi, c'est
» la parfaite union qui règne dans notre
» communauté. On m'y a reçue avec un
» grand plaisir et une grande joie ; on m'y a promis obéissance avec
» respect et dévoûment. Toutes se recommandent à Dieu et à vous.
» Pensez à nous, et regardez-les, ainsi que moi, comme des filles et des
» sœurs qui toujours seront sincèrement disposées à suivre vos avis et
» à exécuter vos ordres. Le Seigneur Pape a daigné acquiescer à mes
» désirs, relativement à l'affaire que vous savez. Priez le Frère Élie, de

» ma part, de nous visiter et de nous consoler très souvent. Adieu! »

Quel dommage pour nous que les annalistes aient négligé de nous conserver la réponse de Claire à sa sœur, la généreuse et tendre Agnès! On a écrit un livre sur la bonté du cœur et les sentiments de la nature sanctifiés par la grâce chez les saints. La réponse de Claire nous en eût donné un chapitre merveilleux, qui malheureusement demeurera toujours inédit.

Qu'on ne s'étonne point de nous voir insister sur ce point de vue, trop souvent négligé par les biographes. « Pour moi, » disait Montalembert, après avoir cité abondamment les témoignages des cœurs qui battaient dans les cloîtres du moyen-âge à un moment où l'expression manquait souvent aux pieuses moniales, mais non cet accent de l'âme qui ne trompe point, « pour moi, je prête
» l'oreille, le long des siècles, à ces cris
» du cœur, à ces voix de l'âme, avec
» plus d'intérêt mille fois qu'aux victoi-
» res et aux conquêtes qui ont absorbé
» l'attention des historiens; et je remer-
» cie mille fois les biographes des saints
» et les compilateurs de leurs œuvres
» d'avoir admis et enclos dans leurs
» in-folio, comme des fleurs dans un
» herbier, ces vestiges rudimentaires du
» cœur de l'homme et de ses orages. »

Avec nos idées modernes, funeste héritage de la théologie à la Saint-Cyran et de la vie du cloître telle qu'on la comprenait à Port-Royal, nous serions portés à nous scandaliser, quand il faut redire avec le même historien des Moines d'Occident : « On a raison de représenter le cloître
» comme un nid suspendu dans les branches d'un grand arbre secoué
» par le vent, ou comme la chambre intérieure d'une barque battue par
» les flots. On est au milieu de la tempête, mais on y est à l'abri ; dans
» un abri toujours menacé, toujours fragile, toujours périssable, mais
» enfin un abri. On entend du dehors le bruit des vagues, de la pluie, du
» tonnerre ; on sent bien qu'à chaque instant la perte est possible, ou
» même prochaine ; mais en attendant on se met à couvert, on est tran-
» quille, protégé, préservé, et on vogue avec une humble confiance vers

Sainte Agnès.
(D'après une ancienne gravure du XVIIe siècle.)

» le port [1]. » Mais, même dans cet abri, le cœur, pour être rassuré, ne saurait mourir.

« Il serait singulier, a dit l'austère et tendre Lacordaire [2], que le chris-
» tianisme, fondé sur l'amour de Dieu et des hommes, n'aboutît qu'à la
» sécheresse de l'âme à l'égard de tout ce qui n'est pas Dieu... Le déta-
» chement de soi-même, loin de diminuer l'amour, l'entretient et l'aug-
» mente. Ce qui ruine l'amour, c'est l'égoïsme, ce n'est pas l'amour de
» Dieu ; et il n'y eut jamais sur la terre d'ardeurs plus durables, plus
» pures, plus tendres que celles auxquelles les saints livraient leur cœur,
» à la fois dépouillés d'eux-mêmes et remplis de Dieu. »

Pour en revenir à notre sujet, dont cette digression ne nous a éloigné qu'en apparence, il convient d'ajouter que Dieu se plut à confirmer ces théories, en récompensant la bonté et les tendresses d'Agnès par d'éclatants miracles. Les chroniques de l'Ordre en sont remplies. Toujours bonne, compatissante, autant qu'elle était dure et sévère pour elle-même, elle obtenait du Ciel d'incessants prodiges, toutes les fois que son cœur, ému par les misères du prochain, en sollicitait le soulagement. Le Cœur du divin Époux s'inclinait alors vers celui de la charitable Agnès. Les voies d'oraison où ce Cœur sacré éleva son humble et douce servante faisaient l'admiration de François et de Claire, deux bons juges, comme on sait. Ils souriaient tous deux, quand la renommée, de Florence, de Padoue, de Mantoue, de Venise, où la bienheureuse Agnès conduisit successivement les essaims divers qu'ils l'avaient chargée d'y mener, portait aux deux saints fondateurs le récit des extases qui ravissaient en Dieu la pieuse abbesse de Florence. Un jour, écrivait-on à Claire, on l'avait vue élevée de terre, le front nimbé d'une triple couronne. Claire l'attendit pour mourir, nous le verrons à la fin de cette histoire.

II.

Toute cette exposition des origines de l'Ordre des Clarisses, à côté des austérités qui effraient, apparaît souriante des plus délicats sentiments qui font battre le cœur de l'homme. François demeure, dans les annales humaines, l'un des amis les plus vrais de la création. Il a le goût, l'intelligence, disons le mot exact, le sentiment de la nature affiné jusqu'à un degré incomparable. Claire partageait ce privilège des âmes supé-

---
1. Montalembert, *Les Moines d'Occident*, t. V, p. 336.
2. *Lettres à un jeune homme sur la vie chrétienne*. Toulouse, 9 novembre 1852.

rieures que la grâce, loin de détruire, épure, perfectionne et consomme, en sorte que la sainteté sur la terre est une poésie idéale qui révèle déjà ce que sera le Ciel, où rien, de ce que Dieu a mis de grand et de bon en nous, ne sera aboli, mais où tous ces dons, qui se heurtent douloureusement ici-bas aux vulgarités de la vie bornée au sein de laquelle nous nous agitons avec tant de gêne, seront livrés à l'expansion bienheureuse.

Entre ces dons, nul ne s'étonnera de rencontrer la mention de cet instinct qui faisait pousser à Job un de ses cris les plus pénétrants. L'amour du pays natal est un besoin auquel les primitifs de la famille franciscaine n'ont pas manqué. Les historiens ont raconté la joie enfantine des premiers compagnons de François, quand, leur règle approuvée, leur Père les ramena aux chères montagnes ombriennes, dont ils avaient la nostalgie.

L'Ombrie demeura toujours chère à la digne fille, à la première née de François. C'est là qu'elle avait fixé sa demeure, là que François lui bâtit le nid où elle mourut. C'est là dès lors, on ne saurait s'en étonner, qu'elle fut la plus heureuse de fonder ses monastères, d'arrêter les premiers et peut-être les préférés essaims de la grande ruche d'Assise.

L'histoire de la fondation d'une de ces créations ombriennes mérite d'être racontée.

C'est au petit village de Maréria, dans cette vallée de Riéti où tout parle encore des miracles et des vertus de saint François. Là, naquit au commencement du XIIIᵉ siècle une enfant prédestinée, que sa mère annonçait devoir être une âme d'élite, même avant qu'elle l'eût mise au monde, car, disait-elle, un pèlerin merveilleusement beau lui était apparu en songe et lui avait présenté une branche de palmier fleurie. Ce serait, ajoutait l'heureuse mère, l'image de la vie tout entière de l'enfant qui allait naître d'elle. Il en fut ainsi, disent les annales franciscaines, « ce
» vert rameau conserva la fraîcheur de l'innocence, même dans les
» blanches allées du siècle, puis, transplanté dans le jardin séraphique,
» il y produisit les fruits les plus beaux. »

L'enfant naquit, on la nomma Philippe. Souvent François s'arrêta chez ses parents, et on remarquait avec quelle prédilection sensible il posait sa main bénie sur la tête de Philippe, comme pour la sacrer de son élection. La jeune fille fut docile à l'action de cette grâce de choix, et, quand le Père revenait à Maréria, elle ouvrait son âme au souffle de cette sainte contagion qui marquait le passage du séraphin dans les montagnes natales. Un jour, son père lui ayant fait connaître sa volonté de l'établir avec un fiancé digne en tout point d'elle et de leur noble famille, Philippe s'enfuit de la maison paternelle. On la chercha et, après quelques jours d'investigations, on la retrouva sur une hauteur voisine,

Sainte Claire en adoration devant le St-Sacrement.
(D'après une ancienne estampe gravée par G. Mellan, XVIIe siècle.)

où elle avait coupé elle-même ses beaux cheveux et se livrait, avec quelques vierges ses compagnes du bourg de Maréria, aux exercices de la pénitence et de la vie religieuse. La désolation fut grande au logis, mais la détermination de Philippe était réfléchie, elle demeura inébranlable. Un de ses frères, Thomas, imagina une solution. Il s'en vint trouver sa généreuse sœur sur la montagne où elle s'exerçait au noviciat du cloître, en face des splendides spectacles de la nature, en des sites enchanteurs, et lui proposa de bâtir pour elle un petit monastère près de l'église paroissiale, au sein même du bourg natal. Philippe tressaillit de joie. Peut-être reconnut-elle, dans l'offre de son frère, la réalisation d'une prophétie du saint patriarche. Quoi qu'il en soit, l'humble couvent bâti, elle y vint avec ses compagnes, et toutes y embrassèrent la règle des Pauvres Dames d'Assise.

Le récit des actes de la bienheureuse fondatrice est une suite de petites merveilles. Quand elle songeait aux voies de la Providence sur elle et sur son œuvre, indigne fille de sainte Claire et de saint François, elle chantait sa reconnaissance en d'ineffables transports. Parfois, en traversant l'humble cloître, on l'entendait qui redisait, avec le Psalmiste, ce verset favori :

— O Dieu! vous êtes notre refuge, notre force et notre aide dans les tribulations qui viennent nous assaillir !

C'est en chantant qu'elle mourut. Ayant reçu les derniers sacrements avec une ferveur extraordinaire, le 13 février 1236, elle entonna une hymne joyeuse, les Sœurs chantèrent avec elle. Quand le cantique fut fini, on s'aperçut qu'elle était morte.

Selon la remarque de Montalembert [1], ce siècle fut le siècle de la poésie, des chantres des plus saintes causes. Mais tous avaient été devancés et surpassés par saint François d'Assise : son influence avait vivifié l'art, son exemple devait enflammer les poètes. Tout en réformant le monde, Dieu lui permet d'user le premier de cette poésie qui allait produire le Dante et Pétrarque. Comme c'était son âme seule qui lui inspirait ses vers et qu'il ne suivait aucune règle, il les faisait corriger par le Frère Pacifique, qui était devenu son disciple, après avoir été le poète lauréat de Frédéric II ; et puis tous deux s'en allaient, le long des chemins, chantant au peuple ces hymnes nouveaux, et lui disant qu'ils étaient les musiciens de Dieu, qui ne voulaient d'autre salaire que la pénitence des pécheurs. Nous les avons encore, ces chants radieux où le pauvre mendiant célébrait les merveilles de l'amour d'en haut dans la langue du peuple, et avec une passion qu'il craignait lui-même de voir accuser de folie [2]. Non, jamais cet amour, qui était toute sa vie, n'a poussé un

---
1. *Histoire de sainte Élisabeth de Hongrie*, introduction, p. 108.
2. Dans ces temps héroïques de l'Ordre franciscain, on peut dire que la poésie est partout.

cri si enthousiaste, si vraiment céleste, si pleinement détaché de la terre... On connaît ce célèbre cantique à son frère le Soleil, composé après une extase où il avait reçu la certitude de son salut. A peine échappé de son cœur, il va le chanter sur la place publique d'Assise, où l'on allait en venir aux mains. Mais, aux accents de cette lyre divine, la haine s'éteint dans les cœurs, les ennemis s'embrassent en pleurant, et la concorde renaît, ramenée par la poésie et la sainteté.

III.

UNE autre fleur du cloître justifiait à cette même époque, en Ombrie, les prédilections de Claire pour les ruches diligentes et parfumées que ses premières filles venaient d'édifier.

Celle-là devait sa création à François lui-même, et l'un de ses plus illustres premiers-nés, saint Antoine de Padoue, veillait sur elle. On l'avait

---

Il fallait cependant qu'elle prît corps, pour ainsi dire, et qu'elle produisît des poètes... Le premier est un déserteur de la littérature profane. On ignore quel nom il portait dans le siècle ; on sait seulement qu'il fut appelé « le Roi des vers, » parce qu'on le considérait comme le prince des poètes contemporains, et qu'il excellait dans ces chants voluptueux que l'Italie a toujours trop aimés. On ajoute que l'empereur, renouvelant pour lui l'ancienne coutume romaine, lui avait décerné la couronne poétique, celle qui plus tard devait ceindre le front de Pétrarque et du Tasse. Cet homme n'avait plus rien à attendre de la gloire humaine, lorsqu'un jour il entra dans une église du bourg de San-Severino, où François prêchait. Perdu dans la foule, il considérait ce mendiant, dont il avait entendu railler la folie, et dont l'éloquence le ravissait ; il crut le voir traversé de deux épées en croix : la première descendait de la tête aux pieds, la seconde allait de l'une à l'autre main. En même temps, dit la légende, il se sentait percé lui-même du glaive de la parole divine ; et, renonçant aux pompes du siècle, il alla se jeter aux pieds du bienheureux Père, qui lui donna l'habit et le nom de Frère Pacifique, puisqu'il le voyait « converti de l'inquiétude du monde à la paix du CHRIST. » Mais, en faisant quitter à Frère Pacifique les livrées du siècle, saint François n'avait point exigé de lui l'oubli de sa première profession. Lui qui avait toujours des chants sur les lèvres, et à qui les anges venaient donner des concerts, comment aurait-il songé à bannir les poètes de sa république ? Quand il improvisait ses cantiques, il chargeait le nouveau converti de les réduire à un rhythme plus exact, donnant ainsi un grand exemple de respect pour les règles de l'art, dont les bons esprits ne se dispensent jamais. De son côté, l'ancien troubadour apprenait de lui à chercher les véritables sources de la poésie ailleurs que dans les lieux communs du gai-savoir provençal, ailleurs que dans les réminiscences de la mythologie classique, mais au vif du cœur humain, dans ce vif inépuisable de la conscience remuée par la foi et le repentir. Frère Pacifique devint plus tard ministre provincial en France. Mais, au milieu des plus austères devoirs, on reconnaît le poète, ne fût-ce qu'à l'éclat des visions qui le poursuivaient. Ce fut lui qui vit un jour le Ciel ouvert, et au milieu un siège vide ; et une voix lui dit que ce siège avait été celui d'un ange tombé, mais que Dieu le réservait au pauvre d'Assise. Si donc il ne nous reste rien sous son nom, n'en accusons point les rigueurs du cloître. Sans doute l'ancien « Roi des vers » voulut expier sa gloire, et cacha son génie dans quelques-uns de ces cantiques anonymes si communs au moyen-âge, comme il avait caché son front couronné sous le capuchon de saint François. (OZANAM, *Les poètes franciscains*, p. 109).

placée à l'entrée même de la ville, sous l'invocation de la Reine des Anges. C'est le monastère, rapidement devenu fameux, d'Arcella.

Là vivait, ou, pour parler plus exactement, gisait sur un grabat de souffrance une jeune Sœur, venue de la noble famille des Enselmini dans le cloître pour y souffrir joyeusement, sous le regard de l'Époux, à qui il avait plu de lui assigner cette vocation.

Hélène — c'était son nom de cloître — fut prévenue surnaturellement du privilège étrange qui allait lui être accordé. Le monde ne saurait apprécier un tel privilège, comme Hélène le fit saintement, se disposant à la paralysie annoncée par une sorte de noviciat, durant lequel l'épreuve prédite descendit lentement sur elle. D'abord muette, puis aveugle, elle finit par devenir paralytique, et s'étendit sur la couche qu'elle devait occuper durant seize années de merveilles et d'héroïque allégresse.

Saint Antoine de Padoue.
(D'après un tableau de la basilique de Saint-Antoine, à Padoue, École du Giotto.)

Son visage rayonnait toujours, et on accourait pour la voir, surtout quand elle était en état d'extase. Les chroniques ont relaté quelques-unes de ses visions. « Un jour, disent-elles, comme autrefois le prophète Isaïe, » elle aperçut le temple où réside la Majesté divine, les célestes hiérar- » chies, l'ordre qui règne dans la cour brillante des justes. Un autre » jour, comme Jacob ou Abraham, elle vit des anges qui s'élevaient vers » le séjour de la gloire, ou qui en descendaient pour lui raconter les » perfections infinies de la Trinité sainte. Tantôt une voix surnaturelle, » faisant l'éloge du patriarche d'Assise, lui disait le pouvoir dont il » jouissait dans le Ciel ; tantôt elle voyait les âmes souffrantes du purga- » toire rafraîchies par la rosée de ses prières et tressaillant de joie à » l'approche de leur délivrance. »

Toutes ces visions miraculeuses, la sainte paralytique les faisait entendre à ses compagnes, au moyen de l'alphabet par signes que les premiers monastères des Pauvres Dames paraissent avoir pratiqué, par respect pour le silence tant recommandé par la règle.

La bienheureuse Hélène mourut dix ans après saint Antoine de Padoue, son vrai père en DIEU. Les trois derniers mois de son existence prodigieuse, elle les vécut sans prendre aucun aliment. La vénération des fidèles ne cessa d'entourer son corps, demeuré souple, maniable et admirablement conservé [1].

---

[1]. Outre les cinquante filles contemporaines de la glorieuse Mère sainte Claire qui, presque toutes, d'après les anciens ménologes de l'Ordre, ont le titre de Bienheureuses, nous aimons à mentionner les noms des saintes et des bienheureuses dont on fait l'office :

Sainte Claire d'Assise, 1253 ; sainte Agnès d'Assise, 1253 ; sainte Colette, 1447 ; sainte Catherine de Bologne, 1463 ; sainte Véronique Giuliani, capucine, 1727 ; bienheureuse Philippe Mareri, 1236 ; bienheureuse Hélène de Padoue, 1242 ; bienheureuse Salomé, 1268 ; bienheureuse Isabelle de France, urbaniste, 1270 ; bienheureuse Agnès de Bohême, 1280 ; bienheureuse Marguerite de Colonna, urbaniste, 1284 ; bienheureuse Cunégonde, urbaniste, 1292 ; bienheureuse Yolande, urbaniste, 1298 ; bienheureuse Mathie de Nazzarei, urbaniste, 1300 ; bienheureuse Claire de Rimini, 1346 ; bienheureuse Félicie Méda, 1444 ; bienheureuse Séraphine Sforza, 1478 ; bienheureuse Eustochie de Messine, 1484 ; bienheureuse Louise de Savoie, colettine, 1503 ; bienheureuse Paule Montaldi de Mantoue, urbaniste, 1514 ; bienheureuse Baptiste Varani, 1527.

A la suite de l'illustre famille des Scefi, des phalanges d'âmes héroïques ont dédaigné les grandeurs de la terre pour s'élancer dans la voie du sacrifice, et ont attaché à l'éclat de leur nom les gloires impérissables de la sainteté.

Dans notre pays, c'est la bienheureuse Isabelle, sœur de saint Louis, roi de France. Elle fonda, en 1255, le monastère de Longchamps, sous le titre de l'Humilité de Notre-Dame. Agnès, fille d'Albert Ier, empereur d'Autriche, Blanche, fille de saint Louis, et Blanche, fille de Philippe V, revêtirent dans cette sainte maison les livrées de la très haute Pauvreté. Elles furent imitées par beaucoup d'autres princesses de France.

A côté de ces nobles vierges, il faut placer :

La bienheureuse Louise de Savoie, petite-fille, par sa mère, de Charles VII ; elle mourut saintement chez les colettines d'Orbe ;

La bienheureuse Marguerite de Lorraine, fondatrice de plusieurs monastères ; elle embrassa la règle des clarisses-urbanistes d'Argentan, où Dieu la rendit célèbre par ses vertus et ses miracles ;

La bienheureuse Philippe de Gueldre, veuve de René, roi de Sicile et duc de Lorraine ; elle mourut chez les clarisses-colettines de Pont-à-Mousson ;

Isabeau et Marie de Bourbon, filles de Jacques de Bourbon ; dirigées par les conseils de sainte Colette, elles fondèrent le monastère d'Amiens ;

La bienheureuse Bonne d'Armagnac, leur nièce, imita leurs nobles exemples et mourut au couvent de Lézignan, etc.

En Allemagne et dans les États du Nord, la bienheureuse Agnès de Bohême, fille du roi de Bohême Primislas (Ottocar Ier) ; les bienheureuses Cunégonde et Yolande, filles de Béla IV, roi de Hongrie, et nièces de sainte Elisabeth ; la bienheureuse Salomée, veuve de Coloman, roi de Galicie ; Edwige, veuve de Ladislas III, roi de Pologne ; Agnès, fille de l'empereur Louis IV ; Anne d'Autriche, fille de l'empereur Frédéric III ; Marie, veuve de Charles II, archiduc d'Autriche, etc., se sanctifièrent dans les diverses maisons de l'Ordre de sainte Claire.

L'Espagne et le Portugal ne comptèrent pas de moins illustres imitatrices de la Vierge d'Assise. Ce furent :

Sœur Hélène de Saint-Antoine, fille d'Alphonse III, roi de Portugal ; Constance, veuve de Pierre III, roi d'Aragon ; Béatrix et Catherine, filles de Philippe V, roi de Castille ; les princesses Agnès et Isabelle, filles de Henri II, roi de Castille ; Marguerite d'Autriche, fille de l'empereur Maximilien II, qui mourut en odeur de sainteté au Royal monastère des Pauvres Clarisses de Madrid, etc...

En 1520, le monastère des Clarisses de Gandie était gouverné par Madeleine Xavier, sœur du grand saint François Xavier. Dieu révéla à cette âme virginale les hautes destinées du jeune François, et, au moment où son père allait mettre un terme à ses études, Madeleine le conjura de les lui laisser continuer, en disant : « Il sera un jour l'apôtre des Indes et un grand prédicateur de l'Evangile. »

Dans ce même monastère de Gandie, la grand'mère, la tante, la sœur et la propre fille de saint François de Borgia embrassèrent aussi les saintes privations de la Pauvreté séraphique.

L'Italie ne devait pas rester en arrière. Sans parler des saintes et des bienheureuses clarisses qu'elle a données à l'Eglise, nous mentionnerons :

La bienheureuse Sanche, veuve de Robert, roi de Naples, et belle-sœur de saint Louis d'Anjou ; Catherine, fille de Ferdinand II, roi de Sicile, etc., etc., etc...

On pourrait encore nommer ici les héritières des plus anciennes et des plus illustres familles de l'Europe, des maisons de Lorraine, de Brandebourg, de Bade, de Flandre, de Lancastre, de Médicis, d'Este, de Malatesta, de Gonzague, d'Orsini, de Colonna, etc...

Chapitre Huitième.

LA RÈGLE.

SOMMAIRE :

Ce qu'il en était au début. — Le cardinal Hugolin. — Règle qu'il donne aux Pauvres Dames. — Douleur de Claire. — Les objections. — Retour de saint François. — Plaintes qu'il entend à Saint-Damien. — Il entre en conférence avec le cardinal et l'amène à accepter une règle nouvelle, qu'il rédige lui-même pour les Pauvres Dames. — Un implacable rayon de soleil jeté sur l'infirmité du cœur humain. — Un reliquaire. — Analyse de la règle composée par saint François. — La postulante. — Les petites Oblates. — L'élection des abbesses. — Un vrai libéralisme. — L'originalité de l'Ordre nouveau. — La forme grecque. — Hugolin s'incline devant tant d'abnégation. — Le travail des Sœurs. — Les malades. — Contre le semeur d'ivraie. — Une calomnie réfutée. — Aux pieds de la sainte Église. — Ce qui a survécu aux révolutions modernes. — Pourquoi les Pauvres Dames d'Assise ne craignent rien en cette fin de siècle.

I.

IL en fut, en principe, du second Ordre comme du premier. Les deux d'ailleurs, au commencement, n'en faisaient qu'un. Claire, dans une admirable lettre, que nous lirons un peu plus loin, parle de son Ordre comme ne faisant qu'un avec celui des Frères Mineurs, et elle appelle le Frère Élie « Ministre général de tout l'Ordre. »

En effet, comme on l'a justement remarqué, quiconque était libre intérieurement de toute servitude matérielle, quiconque était décidé à vivre sans thésauriser, tout riche qui voulait travailler de ses mains et distribuer loyalement tout ce qu'il n'aurait pas consommé, pour constituer ainsi le capital commun que saint François appelait « la table du Seigneur, » tout pauvre qui voulait travailler [1], quitte à recourir dans la

---

1. Les légendes franciscaines ont gardé le souvenir d'un paysan qui imitait si bien François, que le saint dut l'en réprimander. Le récit est charmant : « François, donc, balayait une église, quand un paysan, qui avait laissé sa charrue et ses bœufs au champ voisin, survint et lui dit ; « Frère, donnez-moi le balai, je vous aiderai, » et il balaya le reste de l'Église. Quand il eut fini : « Frère, dit-il à François, depuis longtemps j'avais voulu servir Dieu, surtout depuis que j'ai entendu parler de vous, mais je ne savais comment faire pour aller vous trouver. Maintenant, il

stricte ressource de ses besoins à cette table du Seigneur, étaient alors de vrais Franciscains.

On entrait avec la même simplicité dans les monastères des Pauvres Dames que dans les couvents des Frères Mineurs. Or, chez ces derniers, on entrait sans noviciat d'aucune sorte. « Il suffisait de dire à François qu'on voulait mener avec lui la vie de la perfection évangélique, et de le prouver en donnant tout ce qu'on possédait aux pauvres. Plus les néophytes étaient simples, plus il avait de tendresse pour eux. » Cela dit et conclu, tout le reste demeurait libre, spontané. François demeurait le modèle vivant sur lequel, comme autrefois sur la vie et les grâces du Christ, les disciples réglaient leur propre vie [1].

Il en fut longtemps de même pour le second Ordre.

A Saint-Damien, on vivait des leçons de saint François et des traditions que la fidèle abbesse conservait dans son cœur plus que sur le parchemin, où l'on ne songeait point à les écrire. Les fondations diverses, présidées et dirigées par des abbesses venues d'Assise, vivaient du même esprit et du même code écrit « ès-âmes » dès l'origine.

Un jour vint cependant où, ne fût-ce que pour recueillir les fruits d'une expérimentation déjà longue, le besoin se fit sentir d'une règle écrite et d'une constitution codifiée. Ce fut l'œuvre d'un grand ami de l'Ordre naissant, d'une des lumières de l'Église au XIIIe siècle, du futur pape Grégoire IX, le cardinal Hugolin.

II.

Issu de l'illustre famille des comtes Segni et neveu du grand pape Innocent III, Hugolin avait, au rapport des historiens, une beauté de visage peu commune, que rehaussaient encore les qualités à la fois les

---

a plu à Dieu que nous nous rencontrions, et désormais je ferai tout ce qu'il vous plaira de m'ordonner. » François, voyant sa ferveur, en eut une grande joie ; il lui semblait qu'avec sa simplicité et sa pureté il deviendrait un bon religieux. » Mais, dans son zèle à copier le maître, le bon paysan se crut obligé de tousser, cracher, soupirer, toutes les fois que son modèle en faisait autant. François l'en reprit doucement, et Frère Jean devint un parfait religieux, son père en Dieu ne l'appelait que « Frère saint Jean. »

1. Cette obligation du travail des mains mérite d'être mise en lumière, et elle donne à la première génération de l'Ordre une partie de son originalité. (Sabatier, op. cit., p. 142.) Claire garda jusqu'au bout cette règle, qu'elle tenait de son séraphique Père. Dans sa dernière maladie, elle se faisait soulever, et, une fois soutenue par de méchants coussins, elle filait. Elle voulait par cet exemple, disent les Actes de sa sainte vie, montrer aux nonnes qu'elles doivent travailler de leurs mains.

plus brillantes et les plus solides. Doux et affable dans ses manières, d'un esprit vif et pénétrant, d'une mémoire prodigieuse, il avait une éloquence ornée des grâces de la diction antique. A une profonde science des arts et du droit, il joignait la réputation d'exceller dans la connaissance de l'Écriture Sainte, et en parlait en maître. Plein de

Grégoire IX.
(D'après une gravure de la *Vie des Pontifes*, gravée par J.-B. de Cavallieri, XVIIe siècle.)

zèle pour la foi orthodoxe, et d'une force indomptable quand il s'agissait des droits de la vérité et de l'Église, il était en même temps le soutien des faibles, le refuge des pauvres, un modèle de toutes les vertus ; en un mot, l'ami intime de saint François d'Assise, de saint Dominique, de saint Antoine de Padoue, de saint Raymond de

Pennafort et de tous les autres saints personnages qui illustrèrent le treizième siècle : c'est assez dire pour faire son éloge.

Les annales rapportent à l'année 1219 la rédaction de la Règle que le grand cardinal se chargea d'écrire pour les Pauvres Dames.

L'abbé Demore en a fait un excellent résumé, que nous lui empruntons.

« Hugolin, dit-il, prit pour base de la nouvelle règle celle de saint
» Benoît, qui a été de tout temps regardée comme l'une des plus parfaites
» de l'Occident ; il en conserva avec soin tous les points fondamentaux,
» qui sont assez nombreux, mais il y ajouta quelques constitutions parti-
» culières, toutes d'une austérité surprenante. »

Ainsi, il obligea les filles de saint François à jeûner tous les jours de leur vie, à s'abstenir en tout temps, les mercredis et vendredis, non seulement de vin, mais encore de tout ce qui était cuit. Il leur ordonna de se contenter, ces jours-là, de quelques fruits ou de quelques racines, qui devaient toujours être crus.

Il leur enjoignit de jeûner au pain et à l'eau quatre fois la semaine pendant le Carême, et trois fois la semaine pendant l'Avent, qu'on devait commencer le 11 novembre, jour de la fête de saint Martin. Il voulut qu'elles jeûnassent aussi rigoureusement toutes les veilles des fêtes principales.

Il leur prescrivit un silence absolu qu'elles ne devaient jamais rompre, lors même qu'il eût été question de s'entretenir de choses spirituelles, à moins qu'elles en eussent obtenu une permission particulière de l'abbesse, qui ne devait pas se montrer trop facile sur ce point.

Il leur permit d'avoir chacune deux tuniques et un manteau, de porter un scapulaire[1] pour le travail et même une serge, pourvu qu'en dessous elles eussent toujours un cilice.

Leurs lits devaient être en rapport avec leur nourriture et leurs vêtements : il les obligea de coucher sur deux planches, sur lesquelles elles pouvaient mettre tout au plus un morceau d'étoffe ou quelques poignées de foin ; mais, pour l'oreiller, ce devait toujours être un sac rempli de paille ou autre chose semblable.

Cette règle, si austère, si pénitente, souleva des réclamations... parce qu'à Saint-Damien, on la trouva trop douce, au chapitre de la pauvreté.

---

1. Le scapulaire était, dans l'origine, beaucoup plus grand et plus lourd qu'aujourd'hui. Saint Benoît le donna d'abord à ses religieux pour le travail. Il servait, comme l'indique son nom, à garnir les épaules pour les fardeaux qu'on avait à porter, et à conserver la tunique. (DEMORE, *op. cit.*, p. 101.)

Claire connaissait et répétait souvent la prière habituelle de François :
« O très pauvre Jésus ! la grâce que je vous demande est de me don-
» ner le privilège de votre pauvreté. Je souhaite ardemment d'être enrichi
» de ce trésor. Faites que *le propre des miens* et de moi-même soit de ne
» pouvoir jamais rien posséder en propre sous le soleil, pour la gloire de
» votre nom. »

Le lecteur se souvient des luttes que soutint le pauvre d'Assise devant le Pape, pour obtenir que ce « propre des siens » lui fût accordé comme un privilège. Claire, elle aussi, avait sollicité cette étrange faveur du Siège apostolique, qu'il lui fût permis de vivre pauvre, sans ressources, sans biens-fonds, vivant au jour le jour comme de vrais pauvres, pour l'amour de Jésus pauvre et selon la lettre des béatitudes évangéliques promises à la pauvreté.

Dans l'entourage du Pape, on invoquait la vertu de prudence, à l'encontre de cette confiance de la simplicité franciscaine.

François eut beaucoup de peine à l'emporter. Mais, quand il s'agit de la pauvreté chez les disciples de Claire, l'objection se reproduisit, plus vive encore et bien autrement spécieuse [1].

Si cette obligation de vivre au jour le jour de la charité publique avait paru impraticable à des hommes, qui ont bien plus de facilité pour aller et venir, que dire des filles, retirées dans les monastères, bien qu'en ce moment elles n'y fussent pas encore cloîtrées, et réduites par vœu à vivre uniquement du produit si éventuel d'aumônes aléatoires ?

Les temps s'annonçaient très mauvais, la charité se refroidissait de jour en jour : l'observation de ce vœu imprudent ne deviendrait-elle pas bientôt irréalisable ?

Si la communauté pouvait vivre pendant quelques années de cette façon, la lassitude des fidèles aidant, n'arriverait-il pas un jour où il faudrait, au grand scandale de la religion, fermer tel ou tel monastère, faute de pain pour la nourriture des Sœurs ?

D'ailleurs, n'y avait-il pas témérité à rompre ainsi complètement tous les liens qui rattachent l'homme à la vie ? C'était la condition des élus, sans doute, mais dans le Ciel, et non pas sur la terre.

L'enthousiasme, à coup sûr fort beau, qui animait les Pauvres Dames, subsisterait-il toujours, et ne viendrait-il pas un moment, après les temps

---

[1]. Les objections se trouvent relatées dans les annales de l'Ordre. M. Demore en a fait un excellent résumé, que nous suivons.

héroïques, où la nature infirme dans l'humanité réclamerait ses droits violés par trop d'héroïsme ?

N'était-ce pas tenter Dieu et manquer à la grande vertu de Prudence, tant recommandée par le Maître aux enfants de la lumière, que de s'engager inconsidérément dans un genre de vie qui paraît, au premier d'abord, si contraire aux lois ordinaires de la sagesse ?

N'était-ce pas présumer de la Providence que de la tenter ainsi, sous prétexte de l'honorer ?

Claire connaissait les objections. Elles indignaient son âme de croyante, et nous assisterons bientôt aux explosions que sa foi aux promesses faites à la Pauvreté évangélique lui arrachera, avec des cris de lionne blessée à qui l'on tente d'enlever le fruit de ses entrailles. Mais les conseils de la Prudence prévalurent, et François n'était pas là !... A ce moment, il prêchait chez les infidèles. Son esprit allait être méconnu, et la pratique si chère au séraphin d'Assise abolie, au nom même de cette Église pour laquelle il avait tout sacrifié.

Le cardinal Hugolin, sous l'impression des graves difficultés que nous venons d'exposer, tout en prescrivant la pauvreté la plus stricte pour les individualités, introduisit dans la Règle des Pauvres Dames la permission de posséder en commun. L'individu demeurait pauvre, la collectivité ne le serait plus, et ainsi l'avenir serait sauvegardé, sans préjudice de l'esprit évangélique.

Claire obtint, seulement pour Saint-Damien et pour les fondations voisines d'Assise, la grâce de ne rien posséder. Ailleurs, la mitigation au principe fondamental de la création du second Ordre fut acceptée, par ordre du cardinal Hugolin, usant du pouvoir qu'il tenait du Saint-Siège et aussi de la confiance de saint François, qui lui avait cédé le gouvernement général des Pauvres Dames, Saint-Damien excepté.

III.

Pendant ce temps, le Père, absent au moment où sa présence eût été le plus nécessaire à ses filles, continuait sa mission d'Égypte. Mais les infidèles, au lieu de lui donner cette palme du martyre, ardent objet de ses vœux les plus chers, le comblaient d'honneurs et de témoignages de vénération. Les ennemis de son Maître le respectaient et l'honoraient. Bossuet raconte qu'il en fut indigné.

« Sortons d'ici, mon frère, dit-il à son compagnon, fuyons, fuyons

» bien loin de ces barbares trop humains à notre égard, puisque nous ne
» pouvons les obliger ni à adorer Jésus-Christ, ni à nous persécuter,
» nous qui sommes ses serviteurs. Allons au moins achever notre vie
» dans un autre martyre, ou cherchons quelque endroit de la terre où
» nous puissions boire à longs traits l'ignominie de la croix. »

Il rentra à la Portioncule. Claire l'attendait, on devine avec quelle impatience.

Joseph de Madrid raconte les plaintes qu'elle lui fit.

« La règle du cardinal Hugolin contrariait les instructions de son
» vénéré Père en Dieu. Elle portait atteinte à l'esprit de leur fondation.
» Ah! si François avait écouté les supplications de sa fille désolée, et
» dressé lui-même ces constitutions, tant de fois promises et toujours
» ajournées! Ce qui arrivait était un avertissement de la Providence.
» L'avenir s'annonçait gros d'incertitudes. Quand il ne serait plus là,
» quand elle l'aurait rejoint dans la tombe, qui donc garderait leurs enfants
» contre ces changements fatals et contre ces tentations de relâchement
» que les autres familles religieuses ont toutes connus?

» Sans doute, ajoutait l'abbesse de Saint-Damien, Dieu nous a fait
» la grâce de construire un nid, une barque, qui préserve des tempêtes
» du dehors; mais que d'orages, que de périls, que d'écueils intérieurs,
» surtout dans l'avenir! Même au sein de la communauté la plus paisible
» et la mieux réglée, quelle épreuve que cette mort quotidienne de la
» volonté individuelle; que ces longues heures d'obscurité et de silence
» qui succèdent à l'effort et à l'élan du sacrifice; que cette durée perpé-
» tuelle du sacrifice sans cesse subi, sans cesse renouvelé!. »

Comme un maître presque contemporain de la vie spirituelle, le pieux abbé Receveur, l'abbesse de Saint-Damien pouvait faire entendre à son Père vénéré la leçon de l'expérience, hélas! trop fréquente pour quiconque veut juger des choses avec une sévère perspicacité : « La continuité seule des exercices, qui, bien que variés, ont toujours quelque chose de contraire aux penchants humains, dès qu'ils sont réglés et qu'ils se font pour Dieu, fatigue beaucoup. »

Quel implacable rayon de soleil jeté sur l'infirmité du cœur humain ! s'écrie à ce propos l'historien des Moines d'Occident. On se familiarise avec les règlements, avec les habitudes, avec les obligations même onéreuses qui ont un but purement terrestre. Mais, dès qu'il s'agit de Dieu, la répugnance reparaît. Il faut la retrouver et la surmonter sans cesse. C'est là qu'est le labeur, et aussi le mérite infini de la vie du cloître.

S'il en est ainsi pour les âmes de nos contemporaines, depuis si longtemps façonnées à l'éducation et à la discipline chrétiennes, que devait-ce être pour les jeunes recrues de l'idée franciscaine, en un siècle encore si épris d'indépendance et de sensualisme! Et pourtant, c'est de leur cœur que part cette protestation, cette réclamation en faveur de la pauvreté rigide, qui émut le cœur de François. Il se reconnut dans ces vaillantes filles et dans leur héroïque Mère, saintement armées d'un si beau feu pour le maintien intégral de leur étrange privilège.

L'histoire de cette lutte, si nouvelle et sans précédents dans l'histoire religieuse, occupera tout le reste de la vie de François; elle se prolongera bien au-delà de ses adieux à Claire, sur le point de décéder, et c'est sur le lit de mort de celle-ci que viendront expirer les hostilités.

Le premier acte de cette histoire, véritable épopée chevaleresque des amants passionnés de « Madame la Pauvreté, » commença au lendemain de l'entrevue de François et de Claire à Saint-Damien, lorsqu'il fut revenu de chez le Soudan.

IV.

Un récent biographe de saint François a singulièrement interprété la nature des relations qui unissaient le cardinal Hugolin au séraphin d'Assise. Si le grand cardinal, qui fut toujours l'ami, le conseiller écouté, le protecteur révéré de François, a cru devoir réglementer et paru méconnaître en un point l'idéal franciscain, François, cependant, n'eut jamais de meilleur « aide, conseil et appui. » Et M. l'abbé Le Monnier a eu raison d'écrire que « sans le cardinal de Saint-Paul » l'Ordre des Mineurs ne fût peut-être pas né; mais, certes, il ne se fût » pas développé et il eût difficilement subsisté sans le cardinal Hugolin.»

Lorsque, le lendemain du colloque avec l'abbesse de Saint-Damien, le patriarche vint trouver son ami vénéré, il sortait de s'entretenir avec Dieu, et le cardinal fut frappé de ce que son visage avait de particulièrement radieux. D'ordinaire, au rapport de Thomas de Celano, l'aspect de François attirait fort clercs et fidèles. D'une taille un peu au-dessous de la moyenne, il avait la figure gaie et bonne, les yeux noirs, la voix douce et sonore. Jamais, pourtant, le cardinal ne l'avait vu aussi captivant.

Il apportait la première ébauche d'une Règle nouvelle, écrite celle-là dans toute l'ampleur de son idéal parfait. Hugolin écoutait, il sentait ses difficultés se fondre et ses objections s'évanouir au contact de cette générosité surhumaine. A un moment même, disent les chroniques, il se prit à pleurer, frappant sa poitrine et se proclamant indigne de discuter avec une abnégation aussi profonde et un courage aussi haut placé.

De ces conférences souvent répétées naquit une Règle, celle qu'on appelle encore aujourd'hui la première Règle, toute calquée sur les constitutions même des Frères Mineurs, en douze chapitres, donnés comme les douze articles de ce corps immortel, vrai symbole de la foi et de l'amour auquel se reconnaissent les filles de saint François.

Là sont déposés, précieuses reliques, les paroles mêmes du patriarche et ses instructions à sainte Claire, l'abrégé des traditions primitives de l'Ordre, le recueil des pratiques observées depuis douze ans à Saint-Damien. Ce reliquaire a traversé les âges monastiques ; c'est avec un tendre respect et une filiale émotion que nous e rouvrons, pour lui demander un écho des temps héroïques de l'Ordre, comme le son de la voix même de François et de Claire.

Pour bien entendre l'épreuve à laquelle sera soumise la postulante, il faut se reporter aux temps troublés qui l'inspirèrent. L'esprit d'erreur ballottait et tourmentait en tous sens les pauvres âmes. François veut qu'on s'assure tout d'abord de la foi de ses nouvelles filles. Mais écoutons-le. Rien ne vaut les paroles mêmes des saints; il y a une grâce attachée à chacun de leurs dires. « Si quelque personne, dit-il au second chapitre,
» par l'inspiration divine se présente à nous pour prendre cette forme
» de vie, que l'Abbesse soit tenue de demander le consentement de
» toutes les Sœurs, et puis, si la plus grande partie y consent, qu'elle
» puisse la recevoir avec la permission du Cardinal Protecteur. Si
» l'Abbesse croit devoir l'agréer, qu'elle l'examine avec soin, ou la fasse
» examiner sur la Foi catholique et les Sacrements de l'Église. Si, en
» outre, elle n'est point mariée, ou si son mari est déjà entré en religion,
» avec l'autorisation de l'Évêque diocésain, elle, de son côté, ayant fait
» préalablement vœu de continence ; et si elle n'a aucun autre empêche-
» ment qui la détourne de l'observance de cette vie, n'est pas trop âgée,
» sujette à quelque infirmité ou d'un esprit faible, qu'on lui expose fidè-
» lement votre genre de vie. Si elle est trouvée capable, qu'on lui
» propose la parole du saint Évangile, qu'elle aille vendre tous ses biens
» et qu'elle tâche de les distribuer aux pauvres... »

Après ce début, où éclate la belle simplicité sans recherche d'aucune sorte, François semble se complaire au détail de la réception et de l'admission définitive. C'est l'objet du deuxième chapitre.

« Après que ses cheveux (de la postulante) auront été coupés en rond
» et qu'elle aura été dépouillée de ses habits séculiers, qu'on lui donne
» trois tuniques et un manteau ; dès lors, il ne lui sera plus permis de
» sortir sans cause utile, manifeste et qui puisse être approuvée. L'année
» de probation finie, qu'elle soit reçue à l'obédience, promettant de
» garder à jamais votre vie et forme de pauvreté. Nulle ne doit être
» voilée pendant l'année de probation. »

Un usage touchant, qui ne s'est point perdu partout, admettait, dans les cloîtres du moyen-âge, de petites Oblates, futures vierges du CHRIST, élevées, dès leur enfance, à l'ombre du sanctuaire, sous le regard de DIEU et des religieuses. Claire en eut toujours un soin particulier, que son bienheureux Père ne pouvait manquer de consigner dans la Règle :

« Quant aux jeunes filles reçues dans le Monastère au-dessous de l'âge
» convenable, qu'on leur coupe les cheveux en rond, et qu'après leur
» avoir fait quitter l'habit séculier, on les revête d'un drap religieux, selon
» que l'Abbesse le jugera à propos ; qu'ensuite, lorsqu'elles auront atteint
» l'âge convenable, elles soient vêtues comme les autres et fassent leur
» profession. Que l'Abbesse ait soin de leur donner à elles, ainsi qu'aux
» autres novices, une Maîtresse d'entre les plus discrètes du Monastère,
» pour les former soigneusement à une sainte vie et bonnes mœurs,
» selon la règle de votre profession... »

Au chapitre IV, François et Claire ont réglé l'élection des abbesses.

« Que, dans l'élection de l'Abbesse, les Sœurs soient tenues d'observer
» la forme canonique. Qu'elles tâchent d'avoir le Ministre Général ou le
» Provincial des Frères Mineurs, qui, par la parole de DIEU, les porte à
» être parfaitement unies, et à ne chercher que l'avantage commun dans
» l'élection qu'on doit faire.

» Qu'aucune ne soit élue, si elle n'est professe...

» Si jamais, après l'élection de l'Abbesse, l'universalité des Sœurs
» reconnaissait qu'elle ne pût suffire au service du bien commun, qu'elles
» soient tenues d'en élire au plus tôt une autre pour Abbesse et pour
» Mère...

» Que l'Abbesse élue considère avec soin le fardeau qu'elle a assu-
» mé sur elle, et quel est Celui à qui elle doit rendre compte du troupeau
» qui lui est confié. Qu'elle s'applique à commander aux autres plutôt
» par ses vertus et la sainteté de ses mœurs que par sa dignité, afin que

» les Sœurs, animées par son exemple, lui obéissent plus par amour que
» par crainte... Qu'elle console les affligées et soit le dernier refuge de
» celles qui sont dans la tribulation... Qu'elle se conforme à la commu-
» nauté en toutes choses, et surtout à l'église, au dortoir, au réfectoire,
» à l'infirmerie, et dans les vêtements...

» Que la Vicaire soit obligée d'en faire de même...

» Que l'Abbesse délibère, avec toutes ses Sœurs, sur les choses néces-
» saires au bien et à l'avantage spirituel du Monastère, car souvent le
» Seigneur révèle aux plus petits ce qu'il y a de meilleur. »

Après ces règlements, empreints de l'esprit d'humilité aussi bien que de cette largeur d'âme qui caractérise la liberté des enfants de Dieu, le fondateur ajoute :

« Pour conserver l'union de la charité mutuelle et de la paix, que
» l'élection de toutes les Officières du Monastère se fasse du commun
» consentement de toutes les Sœurs, et qu'on choisisse de la même
» manière au moins huit Sœurs des plus discrètes, dont l'Abbesse sera
» toujours tenue de prendre conseil dans ce qui concerne votre forme
» de vie. Les Sœurs pourront également, et même devront déposer les
» Officières indiscrètes et en élire d'autres à leur place, quand elles le
» jugeront utile et avantageux... »

Le lecteur du XIXe siècle demeure frappé de ces dispositions libérales, pour emprunter le terme adopté. Ce n'est donc pas Jean-Jacques ni 1789 qui ont inventé le libéralisme. Le vrai, celui qui est écrit aux pages les plus éclatantes du saint Évangile, celui-là est de Jésus-Christ. Lacordaire a montré comment il ressort de toutes les constitutions des Frères Prêcheurs. Voici que, comme Dominique, François d'Assise s'en montre le fidèle tenant, et les constitutions des Pauvres Clarisses du XIIIe siècle nous apparaissent tout à coup bien plus largement libérales que les plus émancipées des constitutions des temps présents. Le vrai libéralisme n'est donc pas une conquête de 89, c'est le produit de l'Évangile et l'enseignement même du Sauveur.

IV.

Mais là n'était pas l'originalité de l'Ordre nouveau, « la forme de vie » que les saints fondateurs voulaient imprimer à leur Institut. Nous voici en effet au point distinct, au point contesté, et que Claire défendra jusqu'à la mort comme son bien propre, son caractère, l'unique privilège auquel il faut s'attacher, le sceau même des Pauvres Dames.

Cet article fut l'objet de vives contestations entre le Cardinal Protecteur et les fondateurs de Saint-Damien.

— La Règle et forme de vie de l'Ordre des Pauvres Sœurs, répétait François, consiste à garder le Saint Évangile de Notre-Seigneur Jésus-Christ en vivant dans l'obéissance, « sans rien en propre, » et dans la chasteté.

A l'article sixième du chapitre second de la Règle, il avait ajouté, sans que le cardinal y trouvât à redire, au contraire :

« Pour l'amour du très saint et très aimé Enfant Jésus, enveloppé de
» pauvres petits langes, gisant dans la crèche, et de sa très sainte Mère,
» j'avertis mes Sœurs, je les prie et je les conjure de se servir toujours
» de pauvres vêtements. »

Le moment était venu de faire prédominer sa pensée. Elle venait de Dieu, il l'avait prêchée à travers l'Ombrie, à Rome et en Égypte, où cette vision sublime séduisit jusqu'aux infidèles, surpris de tant d'héroïsme et ravis de la beauté de ce privilège méconnu des hommes de ce temps. Il la chantait avec des accents incomparables sur les routes, dans les bourgades, au sein des vallées et sur le sommet des montagnes; à toutes les objections de la prudence du siècle, il répondait par l'affirmation de l'Évangile et les promesses du Christ. Hugolin finit par s'incliner et, plein d'admiration, fit taire ses pensées devant celles de François, qui put écrire aux chapitres VI et VIII de la Règle des Pauvres Dames d'Assise :

« Que les Abbesses futures et toutes leurs Sœurs soient tenues de
» l'observer (la sainte pauvreté) inviolablement jusqu'à la fin, en ne rece-
» vant ou n'ayant aucune possession, propriété, ou quoi que ce soit que
» l'on puisse appeler raisonnablement de ce nom, ni par elles, ni par
» personnes interposées...

» Que les Sœurs ne s'approprient rien, ni maison, ni terrain, ni
» autre chose ; mais, comme pèlerines et étrangères ici-bas, servant le
» Seigneur dans la pauvreté et l'humilité, qu'elles envoient demander
» l'aumône avec confiance. Il ne faut pas qu'elles en aient honte, puisque
» Notre-Seigneur s'est fait pauvre pour nous en ce monde.

» C'est là cette sublimité de la très haute Pauvreté qui vous a établies,
» mes très chères Sœurs, héritières et reines du royaume céleste, vous
» a rendues pauvres des biens temporels pour vous enrichir des plus
» sublimes vertus. Qu'elle soit votre partage ; c'est elle qui vous conduira

» dans la terre des vivants; attachées entièrement à elle, très chères
» Sœurs, ne vous souciez jamais, pour l'amour de Jésus-Christ, d'avoir
» rien autre chose sous le ciel. »

Voilà, dans sa mâle et simple expression, le dernier mot des pensées de François et de sa très digne collaboratrice sainte Claire.

Tout le reste s'inspire des pensées communes aux fondateurs d'Ordres: charité, humilité, esprit de renoncement, obéissance, pureté du cœur et du corps ; mais, au fond de ces recommandations communes à tous, cherchez bien, ou plutôt, il suffit de regarder, pour voir poindre et surgir la donnée fondamentale, l'abnégation héroïque, la sainte Pauvreté. Qu'on en juge.

V.

C'EST au chapitre septième, en traitant du travail et des exercices, que la Règle le laisse entendre clairement :

« Que les Sœurs à qui le Seigneur a fait la grâce de pouvoir travailler
» s'appliquent, après l'heure de Tierce, à des exercices convenables et
» d'une utilité commune, et cela avec fidélité et dévotion, de telle sorte
» qu'en évitant l'oisiveté, ennemie de l'âme, elles ne laissent jamais
» s'éteindre dans leurs cœurs l'esprit de sainte oraison et de dévotion
» auquel doivent être subordonnées toutes les autres affaires temporelles.
» Ce qu'elles auront fait de leurs mains devra être remis par elles dans
» le Chapitre, et en présence de toutes, à l'Abbesse ou à sa Vicaire.
» Que l'on observe la même règle par rapport aux aumônes qui seront
» envoyées pour les besoins des Sœurs, afin qu'on fasse quelque prière
» en commun pour les bienfaiteurs, et que toutes ces aumônes soient
» distribuées, selon le besoin commun, par l'Abbesse ou sa Vicaire, de
» l'avis des Discrètes. »

Le chapitre suivant révèle la tendresse de cœur des deux saints fondateurs. François, toujours si bon et si compatissant pour les malades, qui oubliait jusqu'à son austérité pour les amener à manger comme lui des aliments ou des douceurs nécessaires à leur état, François se trahit dans ces prescriptions faites à l'abbesse :

« Quant aux Sœurs malades, que l'Abbesse soit exactement tenue de
» veiller avec soin, par elle ou par les autres, à ce qui concerne tant les
» objets à leur usage, que leur nourriture et autres choses que requiert
» leur maladie, et d'y pourvoir, selon que le lieu le permettra, avec
» charité et miséricorde. Toutes doivent soigner et servir leurs Sœurs

» infirmes, comme elles voudraient être servies elles-mêmes, si elles
» étaient malades. Qu'elles se manifestent avec confiance l'une à l'autre
» leurs besoins mutuels ; car si une véritable mère aime et nourrit sa
» fille selon la chair, avec combien plus de soin une Sœur doit-elle
» aimer et nourrir sa Sœur spirituelle !

» Que celles qui sont malades couchent sur des sacs et de la paille ;
» qu'elles aient pour leur tête des oreillers de plume... et que celles qui
» ont besoin de matelas puissent également s'en servir... »

N'est-ce pas que tous ces détails sont charmants de délicatesse et de charité ! Mais, il peut arriver que le semeur d'ivraie vienne jeter son grain fatal au milieu du bon grain. Oh ! si cela arrive, vite, qu'on arrête le mal avant qu'il grandisse !

« S'il arrivait jamais, ce qu'à Dieu ne plaise, que quelque occasion de
» trouble ou de scandale s'élevât entre deux Sœurs par paroles ou par
» gestes, celle qui en serait la cause devrait aussitôt, et avant d'offrir à
» Dieu l'hommage de sa prière, non seulement se prosterner en toute
» humilité aux pieds de l'autre et lui demander pardon, mais encore la
» supplier humblement d'intercéder pour elle auprès du Seigneur, afin
» qu'il lui pardonne sa faute. »

Toutes ces choses néanmoins doivent s'accomplir dans un esprit de suavité.

« L'Abbesse doit visiter et avertir ses Sœurs, et les corriger avec
» humilité et charité... Mais aussi les inférieures doivent se souvenir que,
» pour l'amour de Dieu, elles ont renoncé à leur volonté propre...

» Je recommande aussi à toutes nos Sœurs, et je les y exhorte en
» Notre-Seigneur Jésus-Christ, de se préserver de tout orgueil, de la
» vaine gloire, de l'envie, de l'avarice, des soucis et de la sollicitude de
» ce siècle...

» Qu'elles soient attentives à conserver entre elles l'union de la cha-
» rité mutuelle, qui est le lien de la perfection...

» Quant à celles qui ignorent les lettres, qu'elles ne se soucient pas
» d'étudier, mais qu'elles songent qu'elles doivent désirer avant tout
» d'avoir l'esprit du Seigneur et sa sainte opération, de prier toujours
» avec un cœur pur, de pratiquer l'humilité et la patience dans les tribu-
» lations et les infirmités, et enfin d'aimer ceux qui nous reprennent et
» nous corrigent ; car Notre-Seigneur a dit : « Heureux ceux qui souf-
» frent persécution pour la justice, parce que le royaume des Cieux est
» à eux, » et : « Celui qui aura persévéré jusqu'à la fin sera sauvé. »

C'est à regret que nous arrêtons là ces citations. Nous ne saurions cependant omettre une dernière recommandation de cette admirable Règle. Elle répond péremptoirement à une singulière entreprise, qui, ressuscitant une calomnie déjà réfutée cent fois, voudrait trouver, dans l'esprit et les actions des saints fondateurs, une indépendance, vis-à-vis de l'Église, qui n'a jamais existé que dans l'imagination des prétendus réformateurs du XVIe siècle.

« Que les Sœurs, » disent en terminant leur œuvre les rédacteurs des Règles franciscaines des Pauvres Dames, « soient tenues d'avoir tou-
» jours pour gouverneur, protecteur [1] et correcteur, le même Cardinal
» qui aura été désigné par le Pape aux Frères Mineurs, afin que,
» toujours soumises et prosternées aux pieds de la sainte Église
» romaine, inébranlables dans la Foi catholique, nous gardions à jamais
» la pauvreté et l'humilité de Notre-Seigneur JÉSUS-CHRIST et de sa
» Très-Sainte Mère. »

VI.

En terminant cette analyse, où il nous a servi de guide, le pieux abbé Demore éprouvait un saisissement que nous partageons et qui lui faisait s'écrier, en un touchant langage qu'on nous pardonnera de faire nôtre :

« Les vœux du saint furent accomplis, et ils le sont encore.

» Tous les monastères voisins d'Assise, et qui, par leur position, étaient mieux dans le cas de ressentir l'influence salutaire de sa parole, rivalisèrent de zèle pour recevoir sa Règle et embrasser l'étroite pauvreté qu'il regardait comme son plus cher patrimoine. Plusieurs même des communautés qui avaient adopté les constitutions d'Hugolin, ou y renoncèrent aussitôt volontiers pour retourner aux saintes privations auxquelles il avait été dérogé, ou imitèrent plus tard ce noble exemple.

» Deux siècles après la mort de notre sainte, DIEU suscita, pour cimenter et continuer son œuvre, cette admirable fille de Picardie dont le nom se trouvera toujours inséparablement uni à celui de la glorieuse fondatrice. »

Aujourd'hui même, lorsque le souffle brûlant de l'impiété a desséché tant de cœurs, que l'égoïsme a étendu sa main glacée sur presque tous

---

[1]. Actuellement, c'est Notre Très-Saint Père le Pape Léon XIII qui a voulu donner une preuve de son amour à l'Ordre séraphique en acceptant d'en être le Protecteur.

les membres du corps social, qu'on n'a plus de vie ni de pensée que pour les biens grossiers et matériels, que l'ouragan épouvantable des révolutions a renversé tant de précieuses institutions, l'Ordre de sainte Claire, debout sur le roc de la pauvreté la plus austère, demeure inébranlable... Les communautés les plus riches sont tombées en poussière; les maisons fondées par les grands de la terre ont disparu avec eux ; les abbayes dotées par la munificence des rois se sont écroulées avec leurs trônes... et, au milieu de ce désastre universel, on voit encore partout de ces âmes généreuses qui ne vivent que de sacrifices. Partout, en France même, l'œil, attristé de tant de ruines, peut encore se reposer sur l'humble cellule des « Pauvres Clarisses » ou des « Pauvres Capucines. » De toutes les villes qui ont le bonheur d'en posséder au milieu d'elles, s'élève comme un parfum délicieux qui réjouit le Ciel et embaume la terre. Elles ne craignent rien, parce qu'elles ne possèdent rien ! »

Chapitre Neuvième.

HÉSITATIONS ET SACRIFICES.

SOMMAIRE :

L'épreuve dans la vie de saint François. — Entre les deux vies. — Les compagnons se taisent. — François envoie consulter sainte Claire. — Comment il reçoit son avis. — Il espace ses visites à Saint-Damien. — Ce qu'il en était au fond de ses vrais sentiments pour les Pauvres Dames. — L'engagement par écrit. — Sages réserves, pour l'exemple. — Nous allons réciter le *Miserere*. — Comme les Frères encapuchonnés du Dante. — Comment, d'après le récit des *Fioretti*, sainte Claire mangea avec saint François et ses compagnons à Sainte-Marie-des-Anges.

I.

N ce temps-là, Dieu soumit l'âme de François à une dure épreuve. Il se fit tout à coup comme des ténèbres dans son esprit. Un vif attrait pour l'oraison lui donnait à penser que le Seigneur voulait de lui qu'il renonçât à la vie apostolique, pour s'adonner à la contemplation. Hésitant et troublé, il s'en ouvrit à ses compagnons :

« Mes frères, dit-il avec cette aimable simplicité qui faisait le charme de sa conversation et son mérite devant Dieu, qui aime par-dessus tout la droiture, des pensées diverses m'accablent et me consternent. Aidez-moi donc à éclairer mes doutes. Que me conseillez-vous ? Lequel des deux jugez-vous le meilleur, ou que je vaque à l'oraison, ou que j'aille prêcher ? Je suis un homme simple, grossier, et qui ne sait pas bien parler. J'ai reçu le don de la prière plus que celui de la parole. D'ailleurs, on gagne beaucoup en priant. Vous le voyez, l'oraison est la source des grâces, tandis qu'en prêchant, on ne fait que distribuer aux autres ce que Dieu a communiqué. La prière purifie notre cœur et nos affections, en nous unissant au seul vrai et souverain Bien avec une grande vigueur de vertu. La prédication, au contraire, rend poudreux les pieds de l'homme spirituel. C'est un emploi qui distrait, qui dissipe et qui mène au relâchement de la discipline. Enfin, dans l'oraison, nous parlons à Dieu, nous l'écoutons et nous conversons avec les anges comme si nous menions une vie angélique, tandis que, dans la prédication, il faut avoir beaucoup de condescendance pour les hommes, et, vivant avec eux, voir et entendre, parler et penser en quelque sorte comme eux, d'une manière tout humaine. Ce sont là des raisons très sérieuses. Et pourtant, il y a une chose qui paraît l'emporter devant Dieu : c'est que son Fils unique, la Sagesse souveraine, a quitté le sein du Père pour sauver les âmes, pour instruire les hommes par son exemple et par sa parole, pour les racheter de son sang et leur faire de ce sang divin un bain et un breuvage. Tout ce qu'il avait, il l'a donné pour notre salut : il ne s'est rien réservé. Or, c'est pour nous un devoir de faire toutes choses selon le modèle qui nous a été montré en sa personne, comme sur une haute montagne. Il est donc, semble-t-il, plus conforme à la divine volonté que je renonce à un repos tranquille et que j'aille travailler au dehors. Mais, encore une fois, vous, quel est votre avis ? Parlez, que croyez-vous que je doive faire ?... »

Saint Bonaventure, qui nous a conservé cette touchante consultation de François à ses Frères, observe que Dieu permettait cette angoisse dans l'âme du séraphique Père, pour que son serviteur, dont il avait déjà fait et dont il devait faire encore son prophète, apprît par un exemple mémorable qu'aucune inspiration ne vient de nous. Il voulait plus encore, continue le saint historien, il voulait que le mérite et la gloire de la prédication fussent consacrés en cette occasion par une sorte d'oracle qu'on ne saurait attribuer qu'à lui.

L'oracle lui vint d'un humble prêtre solitaire et aussi de sa sainte fille Claire, car, comme ses compagnons n'osaient pas prendre sur eux de trancher la difficulté, il envoya deux d'entre eux, Philippe et Masséo, vers le solitaire et vers la vierge d'Assise, pour les prier de consulter Dieu et de lui transmettre leur avis.

— Quoi! s'écria Claire en recevant le message, quoi! celui dont la voix touchante m'a arrachée du tumulte du siècle, celui dont l'exemple m'a fait embrasser l'Évangile, celui-là doute s'il doit annoncer la parole de Dieu, et c'est moi, faible créature, qu'il daigne consulter ?... Son humilité me confond, elle me semble dépasser encore toutes ses autres vertus... Pourtant, j'obéirai à la voix de mon Père, et je vous dirai ce qu'il plaira à Dieu de m'inspirer.

Claire se mit en prière avec toutes ses filles. Elle reçut la même réponse du Ciel que le pieux solitaire qui priait de son côté.

Philippe et Masséo retournèrent auprès du patriarche angoissé. Du plus loin qu'il les vit venir, il se prosterna, voulut leur laver les pieds, les embrassa et leur fit donner à manger. Puis, il les amena dans un bois voisin, et, se mettant à genoux, tête nue, les yeux baissés, les mains croisées sur la poitrine, il leur demanda :

— Apprenez-moi ce que mon Seigneur Jésus-Christ me commande de faire.

Masséo répondit :

— Mon très cher frère et mon Père, Sylvestre et Claire ont reçu de Notre-Seigneur Jésus-Christ précisément la même réponse : « Allez et prêchez, » car ce n'est pas seulement pour votre salut que Dieu vous a appelé, c'est aussi pour le salut des autres, et, pour eux, il mettra ses paroles dans votre bouche.

Aussitôt, toutes les angoisses du cœur de François s'évanouirent; il se leva, transporté d'un saint enthousiasme, et s'écria :

— Allons au nom du Seigneur !

Claire, par son action sur le serviteur de Dieu, venait de rendre l'apôtre à sa mission et de sauver l'Ordre franciscain d'un grand péril.

II.

Cependant les rapports du saint patriarche et de ses compagnons avec les Pauvres Dames tendaient à s'espacer et à s'empreindre d'une réserve de plus en plus accentuée.

Sans doute, François ne voulait permettre à personne de penser qu'il les aimait moins.

— L'esprit qui les a réunies, disait-il souvent à ses frères, est le même esprit qui nous a réunis nous-mêmes.

Une autre fois, comme s'il répondait à une interrogation de son esprit, il ajoutait :

— Sans doute, nous aurions pu n'être pas mêlés à leur vocation, mais les abandonner après y avoir été mêlés comme nous l'avons été, serait d'une dureté extrême.

Quand quelqu'un des siens, remarquant que ses visites à Saint-Damien devenaient moins fréquentes, témoignait quelque surprise, il se récriait :

— Non, je ne veux pas que vous croyiez que je ne les aime point de toute mon âme !

Mais, à mesure que la fondation s'affermissait, il jugeait bon de les sevrer peu à peu de sa présence. Claire s'en inquiétait, elle tremblait à la pensée que ses filles et elle seraient ainsi insensiblement livrées à leur faiblesse, privées de la direction continue de leur saint fondateur.

François vint les voir, leur exposa ses motifs, les leur fit agréer ; mais, en même temps, les voyant si tristes, il les assura qu'il ne les abandonnerait jamais, ni lui, ni ses frères. Il en prit l'engagement formel, et, pour les rassurer complètement, il le leur donna par écrit. Cet engagement a été conservé, et les filles de sainte Claire le regardent comme l'un des monuments les plus vénérés de leur berceau. On y lit :

« A la très chère Sœur Claire et aux autres Sœurs qui sont à Saint-
» Damien, frère François, salut en Jésus-Christ.

» Puisque, par une inspiration divine, vous vous êtes rendues filles du
» très haut et souverain Roi, le Père céleste, et que vous avez pris
» l'Esprit-Saint pour Époux, en choisissant de vivre selon la perfection
» du saint Évangile, je veux, et je vous le promets, avoir toujours soin
» de vous, par moi et par mes frères, avec une sollicitude et une vigi-
» lance spéciales, comme je le fais d'eux-mêmes. Adieu dans le Seigneur. »

Il en fut ainsi longtemps, jusqu'à ce que le second Ordre se fût tellement dilaté que François, après avoir prié le cardinal Hugolin de se charger du gouvernement des Pauvres Dames, restreignit à peu près au monastère de Saint-Damien et à ses premiers essaims du voisinage ses visites et ses sollicitudes assidues, et encore n'aimait-il pas qu'autour de lui on montrât trop d'empressement pour cela. Touchante réserve, qui coûtait à son cœur, mais que des motifs graves d'ordre supérieur lui imposaient comme un devoir. Le monde est si pervers et la pauvre humanité si faible ! Il fallait se prémunir contre la malignité des interprétations de l'un et les illusions de l'autre.

Pour donner l'exemple à ceux qui viendraient après lui, il éloignait les intervalles de ses visites, et, quand son tour de prêcher à Saint-Damien arrivait, il attendait l'ordre du vicaire général pour s'y rendre.

Un jour qu'il allait commencer son sermon, il crut apercevoir un peu d'empressement naturel dans le pieux auditoire. Aussitôt, il descend de chaire, va s'agenouiller au pied de l'autel et entre en oraison. Puis, ayant demandé un peu de cendres, il en fait un cercle autour de lui, et, s'agenouillant au milieu, il se remet à prier, sans parler. Les Sœurs, saisies du spectacle, gardaient un silence mêlé de crainte, et ce fut au milieu de la stupéfaction générale qu'il prononça d'une voix grave ces seuls mots :

— Nous allons réciter le *Miserere*.

Le psaume récité sur un ton de componction et de tristesse qui augmenta le saisissement, il sortit de l'église et du monastère sans voir personne, pas même l'abbesse.

Grâce à cette prudente réserve, les deux Ordres marchaient côte à côte, suivant la poétique image de Dante, comme « ces frères encapu-
» chonnés que, au dire des contemporains, on voyait souvent, au flanc
» des montagnes, allant silencieusement l'un derrière l'autre. »

III.

CEPENDANT, disent les chroniques légendaires des origines francis-caines, la bonté du saint fondateur ne pouvait se dérober ainsi toujours aux instances de sa fille de prédilection. Une circonstance vint, qui fit voir combien le Ciel approuvait et voulait que François continuât de donner ses soins aux Pauvres Dames.

Le récit nous en a été conservé dans les *Fioretti*. C'est une page suave, qu'on ne saurait relire sans attendrissement. Lorsque Ozanam en donna lecture à la Sorbonne, les auditeurs blasés de la première moitié de ce siècle ne purent s'empêcher d'être émus, et traduisirent leur émotion par de longs applaudissements. Pour nous, c'est avec un respect attendri et dévotement filial que nous allons la reproduire ici :

« Sainte Claire, dit le naïf narrateur, avait un extrême désir de man-
» ger une fois avec saint François, et elle l'en pria bien souvent ; mais il ne
» voulait jamais lui donner cette consolation. C'est pourquoi ses compa-
» gnons, voyant le désir de sainte Claire, dirent à saint François :

» — Père, il nous paraît que cette rigidité n'est pas selon la charité
» divine, de ne pas vouloir exaucer Sœur Claire, vierge sainte et si
» chère à Dieu, dans une aussi petite chose que de manger avec toi,
» surtout si tu considères qu'à ta prédication elle a abandonné les
» richesses et les pompes du monde. En vérité, si elle te demandait une
» plus grande grâce que celle-ci, tu devrais l'accorder à ta fille spiri-
» tuelle.

» Alors saint François répondit :
» Vous paraît-il donc que je la doive exaucer ?
» Ses compagnons répondirent :
» Oui, Père, c'est une chose juste que tu lui accordes cette grâce et
» cette consolation.

» Alors saint François dit :
» Puisqu'il vous paraît ainsi, il me paraît de même. Mais, afin

» qu'elle soit encore plus consolée, je veux que ce repas se fasse à
» Sainte-Marie-des-Anges [1], parce qu'il y a longtemps qu'elle est recluse [2]
» à Saint-Damien. Elle aura une grande joie de voir Sainte-Marie-des-
» Anges, où elle a été voilée et faite épouse de Jésus-Christ ; et nous
» y mangerons ensemble au nom de Dieu.

» Le jour désigné étant arrivé, sainte Claire sortit du monastère avec
» une compagne, suivie des compagnons de saint François, et vint à Sainte-
» Sainte-Marie-des-Anges. Elle salua dévotement la Vierge Marie de-
» vant son autel, où on lui avait coupé les cheveux et donné le voile.
» Ensuite ils la menèrent visiter le couvent, jusqu'à ce qu'il fût l'heure
» du repas ; et pendant ce temps saint François fit servir sur la terre
» nue, comme il avait accoutumé.

» Et, l'heure du repas arrivée, ils s'assirent ensemble, saint François
» et sainte Claire, et un des compagnons de saint François avec la com-
» pagne de sainte Claire ; puis tous les autres compagnons de François
» s'approchèrent humblement.

» Or, pour le premier service, saint François commença à parler de
» Dieu d'une manière si suave, si sublime, si merveilleuse, que la grâce
» divine descendit sur eux en abondance, et tous furent ravis en Dieu.

» Et, pendant qu'ils étaient ainsi ravis, les yeux et les mains levés
» au Ciel, les gens d'Assise et de Bettona, et ceux des environs, virent
» Sainte-Marie-des-Anges tout embrasée, ainsi que le couvent et le bois

---

1. Quoiqu'on ait toujours observé de ne point laisser entrer les femmes dans les couvents de religieux, le Saint-Siège n'a pas laissé d'en donner quelquefois des permissions spéciales. Elles ont été révoquées par le pape saint Pie V (Const. XXXIII), avec défense, sous de grandes peines, de permettre ces entrées. — Mais, dit Chalippe, on ne peut douter que saint François, instituteur et général de son Ordre, n'eût reçu pouvoir d'Honorius III de permettre l'entrée de ses couvents, lorsqu'il le jugeât à propos.

2. Si l'on excepte, en Occident, les religieuses qui suivaient la règle de saint Césaire d'Arles, à qui il était défendu de sortir de leur monastère, et, en Orient, celle de saint Basile, à qui il n'était permis de le faire que dans le cas d'une nécessité pressante, il n'y avait encore, au temps de saint François d'Assise, aucune institution apostolique qui obligeât les religieuses à une clôture perpétuelle. Les supérieures pouvaient alors permettre à leurs inférieures de sortir toutes les fois que des raisons légitimes le demandaient, et même, dans la Règle donnée par le saint patriarche, il y avait un article sur les qualités que devaient avoir les « Sœurs du dehors », et la manière dont elles devaient se comporter dans leurs rapports avec le monde.

M. Demore (*op. cit.*, p. 124), à qui nous empruntons ces lignes, ajoute en note : « Le premier décret général qui ait obligé les religieuses à la clôture perpétuelle, est celui de Boniface VIII, qui vivait à la fin du XIIIe et au commencement du XIVe siècle. Le saint concile de Trente a renouvelé cette constitution par son décret de la session XXVe *de Regul. et Mon.* Et néanmoins, tout en les obligeant à la clôture, il permit aux religieuses de sortir de leur monastère lorsque, pour des raisons graves, elles en auront obtenu la permission de l'évêque. »

CHAPITRE NEUVIÈME.

» qui alors était près du couvent ; et il leur sembla que c'était un grand
» feu qui enveloppait l'église, le couvent et le bois tout ensemble, telle-
» ment que ceux d'Assise coururent de ce côté en grande hâte pour
» éteindre le feu, croyant que tout brûlait. Mais, arrivés au couvent, ils
» trouvèrent que rien ne brûlait. Ils entrèrent, et virent saint François

Le repas miraculeux.
D'après une gravure d'Adrien Collaert. 1609.)

» avec sainte Claire, et toute leur compagnie, ravis en DIEU dans la
» contemplation, et assis autour de cette humble table. A cette vue, ils
» comprirent, sans hésiter, que c'était un feu divin et non matériel que
» DIEU avait fait apparaître miraculeusement, pour montrer et signifier
» le feu du divin amour qui embrasait les âmes de ces saints frères et

» de ces saintes religieuses ; et ils partirent avec une grande consolation
» dans le cœur et une sainte édification.

» Puis, après un long espace de temps, saint François, sainte Claire
» et leurs compagnons, revenant à eux et se sentant fortifiés de la
» nourriture spirituelle, ne songèrent plus guère à la nourriture corpo-
» relle.

» Ainsi se termina ce repas béni, et sainte Claire revint bien accom-
» pagnée à Saint-Damien, où les Sœurs la revirent avec une grande joie,
» parce qu'elles craignaient que saint François ne l'eût envoyée gouver-
» ner quelque autre monastère, comme il avait déjà envoyé Sœur
» Agnès, sœur de la sainte, pour être abbesse au monastère de Monti-
» celli à Florence. »

En effet, saint François avait dit quelquefois à sainte Claire :

— Tenez-vous prête pour le cas où j'aurais à vous envoyer en quelque couvent.

Et elle, comme une véritable fille de la sainte obéissance [1], lui avait répondu :

— Mon Père, je suis toujours prête à me rendre partout où vous m'enverrez.

Voilà pourquoi les Sœurs se réjouirent si fort quand elle leur fut rendue ; et depuis lors, sainte Claire demeura très consolée.

---

[1]. Tout en admettant et en pratiquant une singulière largeur de vues dans son gouvernement, saint François savait, à l'occasion, demander l'obéissance passive.

Le trait suivant semble avoir préludé aux sublimes conceptions de saint Ignace de Loyola sur ce point capital de la vie religieuse.

Un jour, disent les chroniques, il était assis avec ses compagnons, lorsqu'il se mit à gémir et à dire :

— Il y a à peine un religieux sur toute la terre qui obéisse parfaitement à son supérieur.

Ses compagnons, très étonnés, lui dirent :

— Expliquez-nous donc, Père, quelle est la parfaite et souveraine obéissance.

Alors, comparant celui qui obéit à un cadavre, il répondit :

— Prenez un corps mort, et posez-le où vous voudrez, il ne fera aucune résistance ; quand il sera à une place, il ne murmurera pas ; quand vous l'en enlèverez, il ne réclamera pas ; mettez-le sur une chaise, il ne regarde pas au-dessus, mais au-dessous de lui ; enveloppez-le de pourpre, il en pâlira doublement.

Chapitre Dixième.

DERNIERS ÉCHANGES.

SOMMAIRE :

Le mont Alverne. — François reçoit l'impression des stigmates. — Un doux martyre, mais un martyre. — Sainte Claire fabrique de ses mains les chaussures et l'appareil du saint stigmatisé. — Portrait de saint François après les stigmates. — Au sortir de l'extase, il improvise le cantique du Soleil. — Les deux derniers versets du cantique. — Autre chant. — L'amour m'a mis en feu! — Cellule de saint François à Saint-Damien. — Une voix du Ciel. — Le billet aux Pauvres Dames. — Derniers adieux.

I.

L'Alverne domine, svelte, fier, isolé, la vallée supérieure de l'Arno. Un ami de François lui avait donné cette solitude, à laquelle on accède par un seul sentier qui conduit sur le plateau, planté de pins et de hêtres. François le suivit péniblement dans les premiers jours du mois d'août 1224.

Sous l'impression triste et douce de son prochain trépas, il comprit, dit saint Bonaventure, qu'après avoir imité Jésus-Christ dans les travaux de la vie active, il devait, avant de sortir de ce monde, se rendre semblable à lui en embrassant les afflictions et les douleurs de sa passion.

« Un matin, raconte le saint historien, c'était vers la fête de l'Exaltation de la Sainte Croix, pendant qu'il priait sur le versant de la montagne, il vit descendre des hauteurs célestes un séraphin ayant six ailes de feu toutes resplendissantes. Conduit bientôt par la rapidité de son vol vers l'homme de Dieu, l'esprit demeura proche de lui sans toucher la terre. Alors, entre les ailes du séraphin apparut un homme crucifié; ses mains et ses pieds étaient étendus et attachés à une croix. Deux de ces ailes s'élevaient au-dessus de sa tête, deux autres étaient étendues pour voler, et les deux dernières couvraient son corps.

» A cette vue, le saint demeura dans un étonnement indéfinissable, et son cœur éprouva un sentiment de joie mêlé de tristesse. Il se réjouissait d'un aussi admirable spectacle, où le Seigneur, sous la forme d'un séraphin, contemplait son serviteur, et son âme était transpercée d'un glaive de compassion douloureux en le voyant ainsi attaché à la croix.

» Une vision si insondable le jetait dans une anxiété profonde ; car il savait que l'infirmité de la passion n'était aucunement compatible avec l'immortalité d'un esprit séraphique.

» Enfin, il comprit, par une illumination céleste, que la divine Providence l'avait fait jouir d'une telle faveur pour lui apprendre, à lui, l'ami de Jésus-Christ, qu'il devait se transformer, non par le martyre du corps, mais par un embrasement sans réserve de son âme, en la ressemblance du Sauveur crucifié.

» La vision disparaissant le laissa tout rempli d'une ardeur indicible et imprima sur son corps des traces admirables. Soudain, commencèrent à paraître, dans ses mains et dans ses pieds, les marques de clous, telles qu'il les avait vues tout à l'heure dans l'homme crucifié offert à ses regards. Ses mains et ses pieds semblaient transpercés de ces clous ; leurs têtes apparaissaient à l'intérieur des mains et au-dessus des pieds, et l'on voyait sortir leur pointe à la partie opposée. Ces têtes étaient noires et rondes, les pointes longues et comme recourbées avec effort, après avoir traversé la chair ; elles demeuraient tout à fait distinctes. Son côté droit portait aussi l'empreinte d'une cicatrice rouge, comme s'il eût été transpercé d'un coup de lance, et souvent le sang s'échappait de cette plaie avec une abondance telle que tous les vêtements du saint en étaient pénétrés... »

Le séraphin d'Assise venait de recevoir les stigmates de la Passion.

Ce devait être pour lui, durant tout le reste de sa vie, un doux martyre, mais un martyre. Il ne pouvait plus marcher sans que la pointe des clous, dépassant notablement la plante de ses pieds, ne le fît extrêmement souffrir. Claire fabriqua pour son bien-aimé Père, le crucifié vivant, une chaussure, dont un témoin contemporain a écrit : « J'ai vu une chaussure
» faite avec tant de soin par notre sainte, qu'elle couvrait entièrement le
» dessus du pied, de manière qu'on ne pût voir les stigmates, tandis qu'au-
» dessous elle l'élevait suffisamment, pour que saint François pût encore se
» traîner, malgré la grosseur des clous dont il était percé. »

Au couvent d'Assise, on conserve un appareil que la sainte abbesse avait fabriqué pour soulager la douleur de la plaie du côté, et absorber les suintements du sang qu'on y distingue encore facilement.

II.

Il y a quelque confusion, au point de vue chronologique, dans les récits des événements qui suivirent. Sans prétendre trancher les discussions de la critique, nous croyons pouvoir adopter l'ordre qui assigne à Saint-Damien une place bien légitime dans les derniers actes d'une vie que Claire et ses compagnes n'ont cessé de suivre avec une filiale anxiété jusqu'au bout.

François vint donc encore une fois à Saint-Damien.

A ce moment, il était devenu l'homme de douleur que la peinture a immortalisé.

De petite taille, il avait la tête ronde, le visage un peu allongé, le front petit et uni, les yeux de médiocre grandeur, noirs et modestes, les cheveux bruns, les sourcils droits, le nez droit et fin, les oreilles petites et élevées, les tempes aplaties, la langue aiguë et ardente, la voix véhémente, douce et sonore, les dents unies, blanches, égales, les lèvres fines et minces, la barbe noire et rare, le cou grêle, les épaules droites, les bras courts, les mains petites, les doigts effilés et les ongles longs, le pied petit, tout le corps d'une excessive maigreur.

Ce portrait, que nous a conservé Thomas de Celano, fut celui qui apparut aux Pauvres Dames, quand elles revirent leur bienheureux Père après l'impression des stigmates qu'il cachait avec le plus naïf embarras.

Arrivé à Assise, les douleurs devinrent si vives qu'il n'avait plus un instant de repos. Mais les souffrances le laissaient calme et bon. Il les appelait « ses sœurs. » S'il pleurait, c'était d'amour pour son Maître, qui l'unissait à ses douleurs. Les larmes cependant l'avaient rendu presque aveugle.

C'était une apparition diaphane. La peau collée sur les os, toute la chair était consumée. L'extase le faisait vivre au Ciel dans l'intervalle de ses souffrances.

Un jour, en sortant de l'extase, il poussa un grand cri. Claire accourut et l'entendit qui chantait cette merveilleuse improvisation, connue dans la *littérature franciscaine* sous le nom de cantique du Soleil [1]. C'est un écho du *Benedicite* des trois Hébreux dans la fournaise, avec le même souffle, nous osons dire la même inspiration. Claire demeurait

---

1. Ou, selon son titre plus explicite, « cantique des Créatures. »

ravie en l'entendant sortir, pour la première fois, des lèvres et du cœur enflammés du saint poète :

« Très haut, tout-puissant et bon Seigneur, chantait François, à vous
» appartiennent les louanges, la gloire et toute bénédiction. On ne les
» doit qu'à vous, et nul homme n'est digne de vous nommer.

» Loué soit Dieu, mon Seigneur, à cause de toutes les créatures, et
» singulièrement pour notre frère Monseigneur le soleil, qui nous donne

Emplâtre des stigmates de saint François sous un filet métallique, conservé
au couvent de sainte Claire, à Assise. (D'après une photographie.)

» le jour et la lumière ! Il est beau et rayonnant d'une grande splendeur,
» et il rend témoignage à vous, ô mon Dieu !

» Loué soyez-vous, mon Seigneur, pour notre sœur la lune et pour
» les étoiles ! Vous les avez formées dans les cieux, claires et belles.

» Loué soyez-vous, mon Seigneur, pour mon frère le vent, pour l'air

» et le nuage, et la sérénité et tous les temps, quels qu'ils soient ! car
» c'est par eux que vous soutenez toutes les créatures !

» Loué soit mon Seigneur pour notre sœur l'eau, qui est très utile,
» humble, précieuse et chaste !

» Loué soyez-vous, mon Seigneur pour mon frère le feu ! Par lui
» vous illuminez la nuit ; il est beau et agréable à voir, indomptable et
» fort.

» Loué soit mon Seigneur pour notre mère la terre, qui nous soutient,
» nous nourrit, et qui produit toute sorte de fruits, les fleurs diaprées et
» les herbes.

» Louez et bénissez le Seigneur, et rendez-lui grâces et recevez-le
» avec grande humilité. »

Peu de jours après, une grande discussion s'éleva dans la cité d'Assise. François, affligé de ne voir personne qui s'entremît pour rétablir la paix, ajouta un verset à son cantique :

« Loué soyez-vous, mon Seigneur, à cause de ceux qui pardonnent
» pour l'amour de vous, et qui soutiennent patiemment l'infirmité et la
» tribulation ! Heureux ceux qui persévèrent dans la paix ; car c'est le
» Très-Haut qui les couronnera. »

Puis, il envoya deux de ses disciples chanter à deux chœurs, sur la place publique, le verset nouveau. La paix se rétablit aussitôt, à la grande joie de François et de Claire, qui aimaient leurs compatriotes et s'affligeaient de les voir désunis.

C'est à Foligno, où on le conduisit de Saint-Damien pour rétablir par le changement d'air sa santé ruinée, qu'ayant appris par révélation sa mort prochaine, il fut ravi de joie et termina le cantique :

« Soyez loué, mon Seigneur, à cause de notre sœur la mort cor-
» porelle, à qui nul homme vivant ne peut échapper ! Malheur à
» celui qui meurt en péché mortel ! Heureux ceux qui, à l'heure de
» la mort, se trouvent conformes à vos très saintes volontés ! car la
» seconde mort ne pourra leur nuire. »

III.

A Saint-Damien, comme dans tous les couvents des deux Ordres, on chantait souvent le cantique du Soleil. Mais nous ne croyons pas nous aventurer trop en assurant que, après avoir pansé les plaies saignantes du glorieux crucifié à qui, suivant une pieuse tradition, il lui était donné de prodiguer ses soins, la sainte abbesse des Pauvres Dames dût souvent lui demander l'autre chant, celui que les stigmates inspirèrent à François, dans le feu des ravissements divins.

« L'amour m'a mis dans la fournaise, l'amour m'a mis dans la four-
» naise ; il m'a mis dans une fournaise d'amour.

» Mon nouvel Époux, l'amoureux Agneau, m'a remis l'anneau nuptial ;
» puis, m'ayant jeté en prison, il m'a frappé d'une lance, il m'a fendu
» tout le cœur.

» Il m'a fendu le cœur, et mon corps est tombé à terre. Ces flèches,
» que décoche l'arbalète de l'amour, m'ont frappé en m'embrasant. De la
» paix il a fait la guerre ; je me meurs de douceur.

» Je me meurs de douceur, ne vous en étonnez pas. Les coups me sont
» portés par une lance amoureuse. Le fer est long et large de cent brasses,
» sachez-le : il m'a traversé de part en part.

» Puis les traits pleuvaient si serrés, que j'en étais tout agonisant.
» Alors je pris un bouclier ; mais les coups se pressaient si bien, qu'il ne
» me protégea plus ; ils me brisèrent tout le corps, si fort était le bras
» qui les dardait.

» Il les dardait si fortement, que je désespérais de les parer ; et, pour
» échapper à la mort, je criai de toutes mes forces : « Tu forfais aux
» lois du champ clos ! » Mais lui dressa une machine de guerre, qui
» m'accabla de nouveaux coups.

» Les traits qu'il lançait étaient des pierres garnies de plomb
» dont chacune pesait bien mille livres ; il les lançait en grêle si épaisse,
» que je ne pouvais les compter. Aucune d'elles ne me manquait.

» Jamais il ne m'eût manqué, tant il savait tirer juste. J'étais couché à
» terre, sans pouvoir m'aider de mes membres. J'avais le corps tout
» rompu, et sans plus de sentiment qu'un homme trépassé.

» Trépassé, non par une mort véritable, mais par excès de joie. Puis,
» reprenant possession de mon corps, je me sentis si fort, que je pus
» suivre les guides qui me conduisaient à la cour du Ciel.

» Après être revenu à moi, aussitôt je m'armai ; je fis la guerre au
» Christ ; je chevauchai sur un terrain, et, l'ayant rencontré, j'en vins
» aux mains sans retard, et je me vengeai de lui.

» Quand je fus vengé, je fis avec lui un pacte ; car dès le commence-
» ment le Christ m'avait aimé d'un amour véritable. Maintenant mon
» cœur est devenu capable des consolations du Christ.

» L'amour m'a mis dans la fournaise, l'amour m'a mis dans la four-
» naise; il m'a mis dans la fournaise d'amour [1]. »

IV.

Il faudrait l'inspiration même de ces âmes séraphiques pour peindre les sublimes échanges qui marquèrent le dernier séjour de François auprès de ses filles bien-aimées. On eût dit qu'avant de les quitter, pour embrasser « sa sœur la mort » qui l'appelait en souriant, le saint voulait achever de révéler aux Pauvres Dames les trésors de son cœur. Tel le Sauveur à son dernier soir, quand il laissa tomber de ses lèvres divines le Discours de la Cène, parlant aux siens comme il ne leur avait parlé jamais, et leur laissant le dernier gage de son amour dans la plus sublime invention de l'amour, qui est la communion eucharistique.

La tradition veut que la cellule habitée par François durant ce séjour à Saint-Damien, eût été édifiée par Claire elle-même, qui la construisit en roseaux et la fit assez vaste pour pouvoir loger le saint avec quatre de ses disciples : Masséo, Rufin, Léon, son confesseur, et Angelo de Rieti.

Il y passa quarante jours (fin juillet — commencement de septembre 1225). Il y put repasser les souvenirs de sa vie entière, et revivre tant de pages où éclatait la miséricordieuse prédilection de JÉSUS pour son âme. De sa cellule en roseaux il revoyait tout cela : l'arbre où, brillant cavalier, il attachait son cheval; le banc de pierre où se reposait le pauvre chapelain de la Portioncule; l'abri où il s'était dérobé à la fureur de Bernardone; la chapelle où le crucifix lui avait parlé. Puis, abaissant ses regards sur le pauvre jardin où sa cellule était dressée, il revoyait Claire, Agnès, les premières filles de son amour pour la pauvreté, les fondatrices du second Ordre. Claire surtout attendrissait ses yeux presque aveuglés par de douces larmes. Elle avait été la voix du Ciel pour lui, au jour de l'hésitation. Elle devenait un dernier rayon de soleil en ce monde.

---

1. Ozanam (*op. cit.*, p. 84) le fait remarquer. Assurément, ce qui se passa entre DIEU et saint François sur le mont Alvernia ne pouvait pas se traduire dans le langage des hommes. Mais quand le saint, descendant de ce nouveau Sinaï, laissait éclater ses transports dans un chant lyrique, il ne faut pas s'étonner d'y revoir le tour habituel de sones prit et les riches couleurs de son imagination. On reconnaît l'aventureux jeune homme d'Assise, celui qui renonça au service de Gauthier de Brienne pour devenir le chevalier errant de l'amour divin ; on le reconnaît bien quand il représente son extase comme un assaut d'armes, et ses élans vers le Ciel comme une chevauchée sur la terre du CHRIST.

Parfois, cependant, la douleur des stigmates était si vive qu'un cri s'échappait de son cœur :

— Seigneur, disait-il, jetez les yeux sur moi et donnez-moi du secours. Accordez-moi la grâce de supporter patiemment ces douleurs.

Il entendit alors une voix qui lui répondait :

— François, à quel prix pourra-t-on mettre ce qui fait obtenir un

Calice où sainte Claire prenait l'ablution, conservé au monastère d'Assise.
(D'après une photographie.)

royaume qui n'a point de prix ? Sache que tes douleurs sont plus estimables que toutes les richesses du monde, et qu'il ne faudrait pas s'en défaire pour le monde entier, quand même toutes ces montagnes se changeraient en or pur, toutes ces pierres en pierreries, et toutes les eaux de la mer en essence précieuse.

Le saint tressaillit d'allégresse.

— Oui, s'écria-t-il, oh! oui, Seigneur, c'est ainsi que j'estime les peines que vous m'envoyez, car je sais que vous voulez qu'elles soient ici-bas l'expiation de mes péchés, pour me faire miséricorde éternellement.

La voix d'en haut reprit :

— Réjouissez-vous donc, car c'est par le chemin que vous êtes que l'on va au Ciel!

François se leva, plein de joie, et, voulant que Claire partageât son bonheur, il la fit appeler.

Cette révélation confirmerait, pensait-il, la vaillante exhortation qu'il avait écrite, dans un de ces rares billets que l'histoire a conservés de lui. Il y disait :

« Moi, pauvre et chétif frère François, je veux suivre la vie et la pau-
» vreté de notre très haut Seigneur Jésus-Christ et de sa très sainte
» Mère, et y persévérer jusqu'à la fin. Je vous prie aussi, vous toutes que
» je considère comme mes dames, et je vous conseille de vous conformer
» toujours à cette très sainte vie et pauvreté. Prenez bien garde de ne
» vous en écarter jamais en quoi que ce soit, et de n'écouter là-dessus ni
» conseils ni maximes contraires. Salut dans le Seigneur. »

Et voilà que le Ciel lui envoyait une approbation solennelle. Claire accourue l'entendit avec un filial respect, et tous deux bénissaient le Dieu des pauvres qui leur donnait tant de joie.

A peu de jours de là, François partit. Claire ne devait plus le revoir sur cette terre.

Chapitre Onzième.

LES ADIEUX.

SOMMAIRE :

Derniers temps de la vie de saint François. — Son unique exhortation, Souhaits de bienvenue à la mort. — Tourné vers Assise, il bénit une dernière fois sa ville natale. — Derniers vers. — Testament spirituel. — La mort. — Comment le corps du saint se trouva transfiguré après qu'il eut expiré. — La vue des stigmates. — Comme une rose. — Les alouettes près du lit de mort de François. — Qu'il est beau ! — Le cortège des funérailles. — Comment la dernière promesse de saint François à sainte Claire se réalisa. — Ses hommages à la sainte. — Un pieux désir. — Les litanies de la douleur. — Les portes se referment.

I.

Es derniers mois de la vie du séraphique patriarche se passèrent à souffrir et à aimer. On le transportait d'une ville à l'autre, espérant le soulager. Pour lui, il obéissait, comme un enfant docile, aux vicaires qu'il avait donnés à son Ordre. Exténué, n'en pouvant plus, il ramassait le peu de forces qu'il retrouvait dans l'énergie de sa volonté indomptable, pour redire, à ces bonnes populations de l'Ombrie accourues sur son passage pour le voir une fois encore, faire guérir leurs malades et recueillir de sa bouche mourante les derniers accents de son cœur :

— Jésus, mon amour, est crucifié !

C'était son dernier sermon, l'unique exhortation de sa fin prochaine.

On revint à Assise. L'évêque le reçut chez lui. Il ne devait pas mourir là. Le médecin du prélat l'étant un jour venu voir :

— Mon frère le médecin, demanda le saint malade, combien penses-tu que j'aie encore à vivre ?

Le médecin assigna le terme aux premiers jours de l'automne.

La joie du mourant fut extrême. Il tendit les bras vers l'apparition attendue, disant, avec un incomparable élan :

— Sœur mort, sois la bienvenue !

Puis, il manda Frère Ange et Frère Léon pour l'aider à chanter le cantique du Soleil. On se décida alors à le reporter à Sainte-Marie-des-Anges. Les Pauvres-Dames auraient bien désiré qu'il s'arrêtât un peu à Saint-Damien. Il leur fit dire :

— Vous me verrez encore une fois, mais vous ne devez point désirer ce moment. Tout est présent aux yeux de Dieu, et il faut se soumettre entièrement à ses ordres !

Pendant qu'on le portait, le cortège arriva au point d'où l'on voit Assise se dérouler sous le regard.

— Tournez-moi, demanda-t-il, du côté de la ville.

Il regarda sa cité natale avec attendrissement. Puis, faisant un effort surhumain, il tendit les mains et prononça la bénédiction qu'Assise a gravée sur sa porte principale :

« Sois bénie du Seigneur, ville fidèle à Dieu, puisque beaucoup
» d'âmes seront sauvées en toi et par toi. Un grand nombre de ser-
» viteurs du Très-Haut vivront dans ton enceinte, et plusieurs de tes
» citoyens seront choisis pour la vie éternelle. Que la paix soit avec toi ! »

Quand il fut arrivé à sa chère Portioncule, un message de Claire s'y trouva qui sollicitait la bénédiction du bon Père mourant.

Alors, François fit une chose dont on ne le croyait plus capable. Il rassembla ses forces et dicta à un de ses compagnons une poésie, où il parlait de la grandeur et de la bonté de Dieu, de l'amour que nous lui devons pour la magnificence de ses œuvres. C'était pour les pieuses filles de Saint-Damien et pour leur digne abbesse. Il fit plus. Aux vers, il joignit une longue lettre, testament spirituel malheureusement perdu; mais dont les chroniques de l'Ordre ont conservé les grandes lignes.

Il y priait d'abord les Pauvres Dames de se souvenir que, le Seigneur les ayant rassemblées de plusieurs endroits de la terre pour s'appliquer toutes ensemble aux bonnes œuvres, elles devaient aussi s'encourager entre elles à suivre l'esprit de leur vocation. Il leur recommandait de se perfectionner chaque jour dans l'exercice des vertus qu'elles avaient embrassées. Il exhortait les Sœurs malades à la patience dans leurs maux, et celles qui étaient en santé à la même vertu dans le soin qu'elles prenaient des malades. Il voulait qu'elles modérassent un peu leurs austérités, et qu'elles usassent avec discrétion, joie et actions de grâces, des aumônes qu'elles recevaient de la charité des fidèles. Il leur défendait de s'affaiblir tellement par la mortification qu'elles se rendissent incapables de vaquer dans la suite aux exercices de leur saint état. Il les exhortait surtout à la mortification intérieure, à la douceur.

au support mutuel, à la résignation dans tous les événements de la vie. Il terminait par sa bénédiction.

Cela fait, et après avoir recommandé à ses Frères de ne jamais oublier qu'ils appartenaient à la même famille religieuse que les filles de Claire,

ASSISE. — Porte de la Bénédiction.

il demanda à être étendu par terre, sur la cendre, pour mourir entre les bras de la Pauvreté.

On lut l'évangile du soir de la Cène : « Le jour d'avant la Pâque, etc. » Il murmura le psaume CXLI : « Les justes m'attendent... » Puis, il soupira, et son âme séraphique s'exhala dans un soupir d'amour.

Sainte Claire d'Assise.

II.

Claire devait lui survivre vingt-sept ans. Jamais elle n'oublia le spectacle qu'il lui fut donné de contempler, au lendemain de la mort de son bienheureux Père.

L'âme sainte de François, selon la belle remarque de son disciple et biographe saint Bonaventure, en quittant cette terre pour entrer dans la demeure de son éternité et se désaltérer, brillante de splendeur, aux sources mêmes de la vie, laissa en son corps des signes évidents de la gloire qui lui était réservée à l'avenir. On voyait en ses membres sacrés les clous merveilleusement formés de sa chair par la vertu divine, et tellement inhérents que, lorsqu'on les pressait d'un côté, on sentait aussitôt comme un nerf dur et continu au côté opposé. On trouva plus apparente encore la blessure faite à son côté sans le secours d'aucune main humaine, blessure semblable à celle du côté du Sauveur. Les clous paraissaient noirs comme du fer, mais la plaie du côté était rouge, et, ses bords s'étant contractés, elle avait pris une forme ronde et ressemblait à une belle rose. Tout le reste du corps, qui était naturellement brun et que les infirmités avaient basané, avait en ce moment revêtu une blancheur éclatante. Les membres étaient devenus doux et flexibles, comme ceux d'un petit enfant.

Les compagnons du bienheureux défunt contemplaient ces merveilles avec une indicible joie. Il leur semblait que le Père bien-aimé de leurs âmes allait reprendre vie, lorsqu'un prodige touchant vint les confirmer dans l'assurance que François était bien réellement mort. C'est encore saint Bonaventure qui nous en a conservé le souvenir.

« Quoiqu'on fût entré dans le crépuscule du soir, les alouettes, ces oiseaux qui aiment la lumière et qui ont horreur de l'obscurité, vinrent en grande troupe se poser sur le toit de la maison, et longtemps encore elles tourbillonnèrent joyeusement dans l'air, comme pour rendre au bienheureux, qui les avait si souvent conviées à chanter les louanges divines, un témoignage aussi éclatant qu'aimable. »

Il fallut bientôt songer aux funérailles.

III.

C'est au chant des cantiques, tandis que les habitants d'Assise portaient des palmes et des rameaux d'olivier, qu'elles eurent lieu, le lendemain de la bienheureuse mort de François.

On se souvint, durant le trajet, de la promesse qu'il avait fait transmettre à Claire et à ses filles :

— Je vous reverrai encore une fois, dans peu de jours, mais il ne faut pas désirer ce moment !

Le cortège se dirigea donc vers Saint-Damien. On introduisit le corps du saint dans la chapelle des Pauvres Dames, et ainsi la promesse de leur angélique Père se trouvait réalisée. La douleur de Claire et de ses filles fut déchirante.

On avait ouvert la grille par laquelle on donne la communion aux religieuses. Le corps reposait sur de riches tapis, portés par deux magistrats et deux Frères Mineurs. La foule criait, éperdue d'admiration, à la vue de sa splendeur et des saints stigmates que François avait si soigneusement dérobés à la vue du public pendant sa vie : — Qu'il est beau, notre saint, qu'il est beau !...[1]

Claire s'agenouilla, baignée de larmes, le cœur brisé ; elle ne se rassasiait pas de contempler, de baiser ces stigmates glorieux, dont elle fut la confidente, qu'il lui avait été donné de panser et de soigner, alors que le saint gardait humblement son secret. Elle aurait bien voulu conserver une de ces précieuses reliques. Même, disent les récits contemporains, elle s'efforça de tirer le clou d'une de ses mains, ce qu'elle croyait pouvoir faire, parce que la tête s'élevait au-dessus de la paume ; mais elle ne put y réussir. Elle trempa alors un linge dans le sang qui en sortit avec abondance, et prit la mesure du corps, dont elle se servit pour faire au fond de la tribune une niche proportionnée, où l'on peignit bientôt l'image du saint.

Tant que ces pieux hommages trompèrent leur douleur, les Pauvres Dames purent se faire illusion. En baisant ces plaies saignantes, il leur semblait voir leur Père comme autrefois, entendre de ses lèvres, entr'ouvertes par un sourire, les touchantes instructions qu'il leur adressa si souvent avec tant de paternelle effusion. Mais le peuple réclame son

---

[1]. Un évêque contemporain écrit qu'il paraissait comme s'il venait d'être détaché de la croix, représentant au naturel le crucifiement de l'Agneau sans tache qui lave les péchés du monde.

saint. Le cortège a repris sa marche triomphale, il faut se séparer.

Alors éclatèrent ces lamentations, véritables « litanies de la douleur », que les chroniques ont recueillies et où les pauvres filles de sainte Claire, maintenant orphelines de leur Père vénéré, firent éclater, avec leurs larmes, l'expression déchirante des derniers adieux.

— Hélas ! disait l'une, hélas ! que ferons-nous ? O Père ! à qui donc nous laissez-vous en garde ?

— Hélas ! reprenait une autre, qui nous conseillera dans nos grandes tribulations ? Dans la tentation, qui nous soutiendra ?

— Hélas ! s'exclamait une pauvre désolée, empruntant le langage de Job, hélas ! maudit soit ce jour rempli de tristesse et d'obscurité, qui enlève au monde le flambeau qui l'éclairait ! Non, jamais jour plus funeste ne se lèvera sur le monde !

— O François ! gémissait la voisine de celle-ci, ô très honoré Père, pourquoi nous laissez-vous, faibles et chétives, ensevelies seules dans ces murailles ?

— Hélas ! ajoutait une autre compagne, hélas ! nous étions si heureuses quand vous veniez au milieu de nous ! Nous préférions votre pauvreté à toutes les richesses ; votre douceur nous fortifiait, ô Père vénéré !

Et les autres, faisant écho à ces lamentations, s'écriaient, chacune de son côté :

— Hélas ! nous avons tout perdu ; mieux vaudrait la mort que la vie, puisque tout bonheur nous est arraché !

— Doux Jésus, Fils de Marie, pourquoi donc nous avez-vous oubliées ?

— O mon Dieu ! pourquoi nous avez-vous ôté notre force ?

— O bon Jésus ! cette douleur est plus forte que la mort !

— O François, vous, notre Père ! vous, notre maître ! vous auriez dû nous envoyer devant, c'eût été pour nous une grande joie ; car, ô bon Père ! nous aurions mieux aimé mourir que de vous voir ainsi étendu, sans pouvoir, comme de coutume, nous adresser quelques paroles de consolation !

— O maître débonnaire, nous sommes abattues de douleur ! Cette porte va se fermer pour toujours !

— Hélas ! nos péchés ont mérité ce malheur !

— Vous nous quittez, ô Père, et vous ne viendrez plus nous visiter comme autrefois !

— Hélas ! que ce départ est triste, qu'il est douloureux !

— Bonne Vierge Marie, avez-vous donc oublié vos humbles servantes ?

— François ! nous devons maudire la mort : elle nous a fait grand tort en vous enlevant le premier, ô très doux François !...

Aujourd'hui encore, à près de sept siècles de distance, quand le voyageur s'arrête dans l'église haute d'Assise, en face de la fresque pieuse où le Giotto a fidèlement conservé les détails de cette scène, l'âme tressaille et les yeux se mouillent de larmes. On croit entendre les

Le corps de saint François porté à Saint-Damien.
(D'après une miniature du manuscrit du Musée franciscain.)

adieux déchirants des Pauvres Dames et on compatit à la douleur de leur abbesse.

Le convoi s'éloigna, les chants n'arrivaient plus que par intervalles aux filles de Saint-Damien, la porte s'était refermée. Elles se retrouvèrent seules, pressées, comme en un jour d'orage les poussins épouvantés, autour de leur Mère, maintenant doublement chère à leur cœur brisé.

Chapitre Douzième.

L'INTÉRIEUR D'UN CLOITRE.

SOMMAIRE :

A la suite des premières filles de sainte Claire. — La tempête au dehors. — Prier !... — Les nuits d'oraison. — Le chant de l'amour. — Les trois sommets de l'amour du divin Maître. — La nuit de Noël dans le bois de Grecio. — Les crèches de Noël depuis saint François. — Sainte Claire est miraculeusement transportée dans l'église des Frères Mineurs pour la messe de minuit. — De la Passion au Tabernacle. — Les Jeudi et Vendredi Saints de l'an 1251. — Comment Claire parlait peu. — Les maximes de la bienheureuse Mère. — Ce que sa direction produisait sur les monastères des Pauvres Dames.

I.

Omme les premières compagnes de la sainte, suivons cette bienheureuse Mère dans l'intime du cloître qu'elle embaume de sa vertu, à chaque jour plus parfaite. Les hagiographes ont consacré de gros livres à ce qu'ils appellent heureusement « l'Esprit de sainte Claire. » Nous ne saurions les imiter, mais les lecteurs de ce livre nous reprocheraient, à bon droit, de les avoir passés sous silence.

Au dehors, la tempête battait cruellement la barque de l'Église. Claire, du cloître où, gémissante tourterelle, elle s'était réfugiée, entendait le bruit de l'orage. Au retour de ses missions, François et ses frères l'en entretenaient, et ne cessaient de lui répéter que l'Église comptait sur son intercession pour apaiser la colère de Dieu, symbolisée par la fureur des flots.

Prier !... C'est le dernier mot des recommandations du Sauveur, et les apôtres avaient enseigné l'indispensable nécessité de la médiation des bons entre les coupables et leur Juge, quand ils inscrivirent, dans leur Symbole, le dogme révélé par le Maître de la Communion des Saints.

On ne pouvait voir Claire prier sans être ému. La prière était devenue comme la respiration naturelle de son âme. Elle ne s'en rassasiait pas, et le soir, quand elle envoyait ses compagnes accorder, sur une méchante couche, un peu de repos à leurs membres fatigués, plus libre et plus seule, elle se livrait aux délices de l'oraison, jusqu'à ce que, l'heure des Matines arrivant, elle allumât les lampes, réveillât doucement ses filles et les attendît au chœur pour recommencer à prier avec elles.

Le démon, jaloux de la sublimité des états d'oraison où l'Esprit de Dieu finit par élever la sainte Orante, ne savait qu'inventer pour jeter le trouble dans son âme, épouvanter son imagination, terrifier ses regards. Vains efforts. Claire demeurait tranquille au spectacle de ces visions horribles, et le calme régnait en elle, tandis que le fracas retentissait alentour. Du reste, rien n'égalait cette sérénité, si ce n'est son exquise humilité. François lui avait appris à cacher le secret du Roi comme il cachait ses stigmates. C'est en vain qu'elle s'y efforçait. Sa poitrine haletante d'amour divin, ses larmes attendries, les élans mal contenus de sa foi, la joie qui inondait son beau visage, les flammes mêmes et les clartés surnaturelles qu'on vit plus d'une fois s'échapper de son corps, semblables à des ailes de feu ou à un nimbe qui l'auréolait, trahissaient le mystère des divines opérations de l'Esprit en elle.

II.

Un jour, François avait chanté :

« O Christ ! tu m'as dérobé le cœur, et tu me dis de mettre de
» l'ordre dans mon amour !... Mais, toi-même, tu n'as pas su te défendre de
» l'amour... L'amour t'a fait venir du Ciel en terre ; tu es descendu jus-
» qu'à cette bassesse d'aller par le monde comme un homme méprisé.
» Tu n'as voulu ni maison ni terre, mais la Pauvreté seule pour nous
» enrichir. Dans la vie comme dans la mort, tu n'as montré qu'un amour
» sans mesure qui te dévorait le cœur.

» Souvent tu cheminas sur la terre comme un homme enivré ; l'amour
» te menait comme un homme vendu. En toutes choses, tu ne montras
» qu'amour, ne te souvenant pas de toi... Et je sais bien que, si tu ne
» parlas point, si tu ne t'excusas pas devant Pilate, ce fut pour conclure
» le marché de notre salut sur la croix dressée par l'amour. »

La Crèche, le Calvaire, le Tabernacle, passionnaient l'âme aimante de François.

Aux fêtes de Noël, de la Semaine Sainte, il ne savait plus qu'inventer pour témoigner sa tendresse envers les mystères qu'elles lui rappelaient.

Une année, en décembre, il vint trouver un de ses amis, Jean de Grecio.

— Je veux, lui dit-il, célébrer la nuit de Noël avec vous, et, si vous y consentez, voici comment nous la célébrerons : Vous choisirez dans vos bois un emplacement, une grotte s'il s'en trouve ; vous y mettrez une crèche avec du foin ; il y aura un bœuf et un âne : ce sera, autant que vous le pourrez, comme à Bethléem. Je veux une fois voir de mes yeux, autant qu'il est possible, la naissance et le dénûment du Dieu Enfant.

La fête attira toutes les populations d'alentour. On chanta des Noëls, et François, dit son historien, y parut brisé de tendresse.

C'est de cette nuit que datent les crèches d'Italie et de Provence, et les réjouissances du peuple chrétien à la messe de minuit au 25 décembre.

Claire s'y associait avec une tendre piété. Mais, disent les *Fioretti*, étant une fois gravement malade, tellement qu'elle ne pouvait en aucune manière aller réciter l'office à l'église avec les autres Sœurs, la fête de la naissance du Christ arriva, et toutes les autres allèrent à Matines : elle resta dans son lit, fort triste de ne pouvoir les suivre, et de ne pas avoir cette consolation spirituelle. Or, Jésus-Christ, son Époux, ne voulut pas la laisser ainsi sans consolation, et la fit miraculeusement porter à l'église de Saint-François, où elle assista à tout l'office des Matines et à la messe de la nuit ; elle y reçut la sainte Communion, puis elle fut reportée sur son lit.

Après que l'office fut fini à Saint-Damien, les religieuses revinrent près de sainte Claire, et lui dirent :

— O notre Mère ! Sœur Claire, quelle grande consolation nous avons eue dans cette sainte fête de Noël ! Plût à Dieu que vous eussiez pu être avec nous !

Et sainte Claire répondit :

— Grâces et louanges soient rendues à notre bienheureux Seigneur Jésus-Christ béni, puisque bien mieux que vous, mes Sœurs et mes filles très chères, j'ai assisté à toute la solennité de cette sainte nuit avec une grande consolation pour mon âme ; car, par l'intercession de mon Père saint François, et par la grâce de Notre-Seigneur Jésus-Christ, j'ai été de ma personne dans l'église de mon vénérable Père saint François ; et, avec les oreilles de mon corps et de mon esprit, j'ai entendu tout l'office et le chant des orgues ; puis j'ai reçu la très sainte Communion. C'est pourquoi, de tant de grâces qui m'ont été faites, réjouissez-vous, et remerciez Notre-Seigneur Jésus-Christ.

Bréviaire de sainte Claire, conservé au monastère d'Assise.
(D'après une photographie.)

De la Crèche à la Passion et au Tabernacle, il n'y a qu'un pas.

Claire connaissait trop l'esprit de son bienheureux guide pour ne pas le suivre dans cette voie si chère aux âmes aimantes. Le Calvaire passionnait son âme. Elle y montait chaque jour, après avoir médité les doux mystères du Cénacle, qui en fut le portique.

Les chroniqueurs racontent qu'en l'an 1251, Claire, après avoir assisté aux offices du Jeudi-Saint, s'enferma dans sa cellule pour donner un plus libre cours à ses prières et à ses larmes. La contemplation de la Cène, de l'agonie, de la trahison de Judas, de la condamnation à mort, de la flagellation, du couronnement d'épines, du crucifiement..., lui firent éprouver des défaillances analogues à celles de François sur le mont Alverne. Son cœur lui sembla se briser sous un glaive douloureux, et elle dut s'asseoir sur son pauvre lit pour ne pas tomber. L'extase la prit aussitôt, et elle y demeura jusqu'au second jour, les yeux fixes, ouverts sur un point de la cellule qui paraissait lui montrer quelque chose de merveilleux, immobile, sans aucun signe de connaissance. Une Sœur la vit dans cet état le soir du Jeudi-Saint et n'osa l'interrompre. Le lendemain, la trouvant dans la même position, elle la laissa encore sans troubler ce doux ravissement de son âme. Mais, le soir du vendredi venu, elle prit peur, et, approchant une lampe, elle essaya de tirer doucement sa Mère de cet ineffable état, lui rappelant que saint François lui avait commandé de ne jamais passer une journée entière sans nourriture, si légère fût-elle.

— Pourquoi, dit alors Claire en reprenant ses sens, pourquoi avez-vous cette lampe, ma chère Sœur ? n'est-il donc pas jour encore ?

— Ah ! chère Mère, répliqua la religieuse, transportée d'admiration, vous ne vous êtes donc pas aperçue qu'un jour s'est écoulé et que nous voilà à la nuit du Samedi-Saint ?

L'humble abbesse alors comprit tout.

— Ma chère fille, dit-elle, béni soit à jamais ce sommeil que j'ai désiré plusieurs fois, et qui m'a été enfin accordé par la bonté de mon Seigneur Jésus-Christ ! Je dois pourtant vous avertir, ma Sœur, et même je vous commande expressément de garder pour vous seule le souvenir de ce que vous avez vu, et de ne jamais avoir la témérité d'en parler à qui que ce soit, tant que je vivrai au milieu de vous.

III.

Le divin Maître, selon la doctrine de sainte Catherine de Sienne, parle peu et agit beaucoup. L'abbesse de Saint-Damien faisait ainsi.

La concision de ses exhortations aux Pauvres Dames est demeurée légendaire, et les biographes contemporains l'ont notée comme la caractéristique de sa direction. A la différence de François, qui parlait de l'abondance de son cœur, Claire s'exprimait en termes brefs et rentrait vite dans le silence qu'elle aimait tant.

On a conservé quelques-unes de ses prédications, connues, dans l'histoire franciscaine, sous le titre de « Maximes de sainte Claire. » Elles sont courtes, précises, et on se les figure sortant de cette bouche vénérée pour atteindre, traits enflammés et salutaires, le cœur de ses auditrices.

« Fermez, leur disait-elle, fermez avec soin l'oreille aux vains bruits du siècle, afin de vous attacher uniquement à entendre la voix de l'Époux céleste qui se fait entendre dans le secret et au fond de l'âme.

» Effacez entièrement de votre souvenir tout ce que vous avez vu ou entendu dans le monde, et même étouffez au fond de votre cœur cette affection déréglée pour les parents, que tous les maîtres spirituels ont regardée, avec tant de raison, comme un des plus forts obstacles aux communications de la grâce.

» Appréciez donc davantage le bonheur du saint état auquel la miséricorde de Dieu vous a appelées...

» Regardez là-haut, voyez les récompenses éternelles promises à votre générosité, si vous savez persévérer avec constance jusqu'au bout...

» Le démon, répétait-elle souvent, rôde sans cesse autour de nous pour nous dévorer. Il varie ses attaques suivant nos goûts, nos penchants, nos inclinations, nos occupations journalières et même nos vertus. »

D'autres fois, elle enseignait à ses filles l'art difficile de vaincre dans la lutte continuelle qu'on appelle la vie, et voici ce qu'elle leur disait alors :

« Je vous recommande le silence, ange gardien de la vraie dévotion et du recueillement intérieur ; le travail des mains, toujours si utile quand il est animé par l'esprit de foi ; la mortification des sens, seul moyen de dompter l'ennemi intraitable que nous portons au dedans de nous-même ; la prière surtout, bouclier impénétrable aux traits enflammés du démon. »

Quelquefois, ajoutent les biographes contemporains, elle pleurait avec ses filles pour leur apprendre à mêler leurs larmes au sang de la Victime auguste immolée pour notre amour.

D'autres fois, enfin, elle les invitait à s'abriter, avec une confiance filiale, dans « le petit nid de la sainte Pauvreté », étroit berceau où la plus pauvre des mères coucha avec amour Jésus, son pauvre petit Enfant.

Nous allons dire les sollicitudes maternelles de la sainte fondatrice pour celles de ses filles qui vivaient loin du nid natal, en France, en Belgique, en Bohême. En voilà assez ici pour comprendre comment les spectateurs des fruits de cette admirable victime épuisèrent les formules de la louange, pour caractériser les vertus des premières compagnes de sainte Claire.

« Toutes, dit Thomas de Célano, n'avaient qu'une seule volonté et
» un même cœur. L'humilité, qui est tout à la fois la gardienne des dons
» de Dieu et la source des autres vertus, était portée parmi elles jusqu'à
» l'héroïsme. Saintement détachées de tous les objets de la terre, elles
» n'avaient d'attrait que pour les biens du Ciel. Ni les contradictions, ni
» les souffrances, n'altéraient la sérénité de leur cœur. Leur vie était une
» prière continuelle, leur amour pour la pauvreté tenait du prodige, leur
» abstinence était plus étonnante encore. Nulle part, vous n'auriez trouvé
» un silence plus absolu ; jamais, dans cette communauté, composée
» pourtant de cinquante membres, vous n'auriez entendu une seule
» parole oiseuse ; plusieurs même avaient perdu tellement l'habitude du
» langage que, lorsque des rapports nécessaires les obligeaient à com-
» muniquer leurs pensées, elles avaient peine à en trouver l'expression... »

Chapitre Treizième.

LE CHAPITRE DES FONDATIONS.

SOMMAIRE :

Les Pauvres Dames en France. — La sœur du roi saint Louis. — Récit de la fondation d'Espagne. — Les filles de sainte Claire en Belgique. — La sœur Ermentrude. — Touchante lettre de l'abbesse de Saint-Damien à la fondatrice des monastères belges. — La bienheureuse Agnès de Bohême. — Première lettre de conseils. — Seconde lettre de direction. — Dans une troisième lettre, Claire résout les difficultés proposées par la bienheureuse Agnès. — La quatrième lettre, chef-d'œuvre de délicatesse et d'onction.

I.

Rançois aimait trop le beau pays de France pour n'avoir pas songé à y répandre le beau feu de son amour pour la sainte Pauvreté. Frère Pacifique, l'ancien troubadour, y vint prêcher les beautés des choses du Ciel, là où il chantait naguère les bagatelles de la terre. L'établissement des Frères Mineurs qu'il y fonda devait être le prélude de la venue du second Ordre en France.

Les Pauvres Dames vinrent et s'établirent à Reims, à Montpellier, à Metz, etc. Dieu leur y réservait un patronage, aussi illustre que dévoué, en la personne même de la sœur de Louis IX. Sainte comme son frère, la bienheureuse Isabelle s'éprit d'une admiration sans bornes pour les humbles vierges d'Assise que Claire avait envoyées à Reims. Elle bâtit pour elles la célèbre abbaye de Longchamps, et, lorsque saint Louis eut agréé son dessein de vouer sa virginité au Seigneur, elle demanda comme une grâce aux Sœurs de l'admettre au sein de leur cloître béni, longtemps surnommé « l'Archi-Monastère, » parce qu'il était devenu comme le chef-lieu d'un grand nombre d'autres fondations analogues.

II.

La fondation d'Espagne semble un récit des temps primitifs. Les annalistes franciscains en ont complaisamment raconté les touchantes péripéties, et Claire fut si consolée des merveilles qu'elle en apprenait, que nous ne résistons pas au plaisir de les narrer ici.

Un jour, disent les naïves chroniques, la sainte abbesse se sentit inspirée d'envoyer en Espagne quelques-unes de ses filles, avec mission d'y établir une communauté de son Ordre. Elle choisit pour cela sa nièce Agnès et

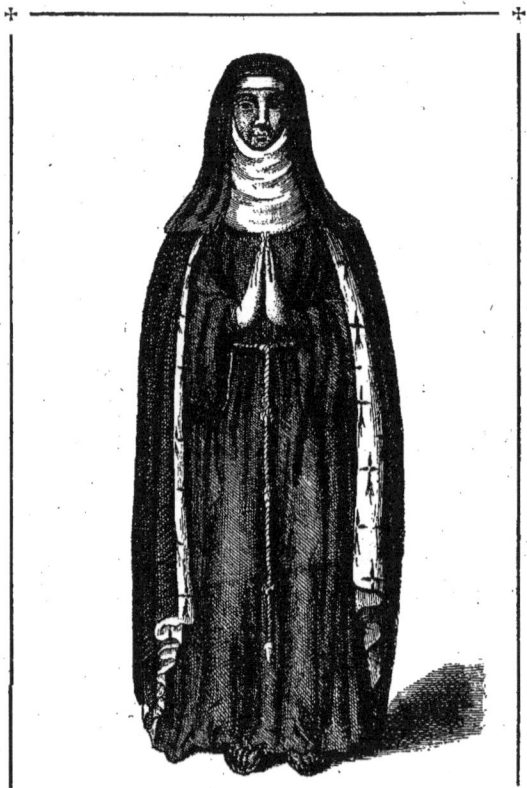

Isabelle de France, sœur de saint Louis.
(D'après les *Manuscrits de la Monarchie française*, par Montfaucon.)

la nièce de celle-ci, nommée Claire comme sa grand'tante, toutes deux remplies de l'esprit de saint François et de leur sainte Mère d'Assise. C'était en 1223. Les pieuses filles partirent, confiantes et heureuses. Dieu veillait sur elles, comme on le vit après une navigation orageuse, qui les obligea à aborder, sur une barque, sans rames, sans voiles, sans gouvernail et sans provisions, au port de Barcelone. En vue de ce port, les riverains, voyant la pauvre barque désemparée, accouraient pour porter secours aux arrivants. O surprise ! le frêle esquif porte deux jeunes filles couvertes d'une bure cendrée, le visage empreint d'une modestie angélique ! La ville entière accourt pour les voir. Chacun les admirait, s'agenouillant et baisant le sol des Espagnes, où l'obéissance les amenait pour prêcher d'exemple l'amour de la sainte Pauvreté. On leur demanda ensuite d'où elles venaient, où elles allaient ainsi sans ressource, par quelles aventures elles avaient passé pour débar-

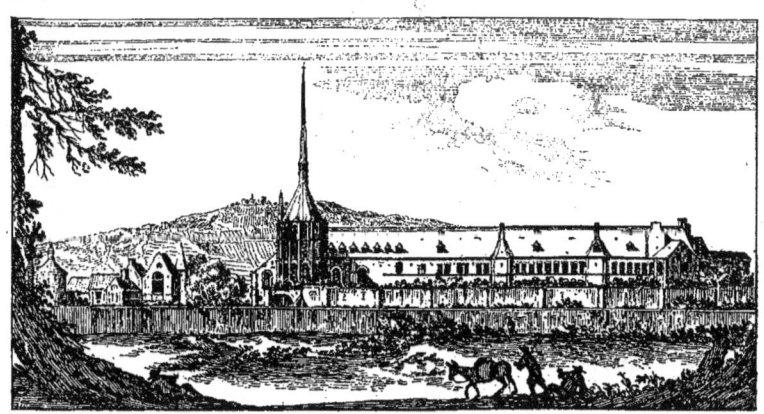

Abbaye royale des religieuses de Longchamps.
(D'après une ancienne estampe gravée par Israël Sylvestre.)

quer en cet état sur la terre espagnole, et le but de leur voyage.

— Nous venons d'Italie, répondirent humblement les saintes filles. C'est notre Mère l'abbesse de Saint-Damien qui nous a commandé de venir, pour fonder en Espagne des monastères de Pauvres Dames.

A ces noms, le peuple témoigna une vive allégresse.

— Vous êtes donc, leur dit-on, les filles de Frère François d'Assise ? Et chacun de les entourer, de leur baiser la main, de leur témoigner un respect enthousiaste.

C'est que, un jour, comme saint Paul en Troade, François d'Assise avait vu un peuple qui lui tendait les bras de l'autre côté de la mer, disant : « Viens à nous ! » et il s'était embarqué, avec Bernard de Quintavalle, à Pise, pour naviguer vers l'Espagne. A peine débarqué, il s'élança par les chemins avec une telle ardeur, ou, pour employer l'expression des annalistes, avec une telle ivresse, que le grave Frère Bernard ne pouvait le suivre. Or, disent les chroniques, Bernard, trouvant une vigne, crut pouvoir cueillir une petite grappe de raisin pour se rafraîchir. Mais un paysan, qui s'en aperçut, le lui reprocha durement, et comme le Frère n'avait point de monnaie pour payer, il s'empara du manteau de Bernard. François, qui marchait en avant, finit par constater que son compagnon était bien loin ; il l'aperçut qui discutait avec le paysan, et, revenant sur ses pas, au lieu de plaider pour le Frère, il demanda à être conduit au maître du champ. Celui-ci fit restituer le manteau et devint l'ami, l'admirateur, l'hôtelier charitable des Frères Mineurs en Espagne.

Les couvents de Burgos, de Lograno, de Vittoria, d'Avila, fondés par François, perpétuent sur ce sol béni le souvenir des prédications du séraphique Père. A Compostelle, les indigènes et les pèlerins assistèrent aux ravissements du saint dans l'oraison qu'il prolongeait aux pieds de l'apôtre saint Jacques.

Tout cela, les gens de Barcelone le savaient, et on comprend leur émotion et leur enthousiasme, quand ils virent débarquer, comme miraculeusement, les filles de cette Claire, dont les Frères Mineurs avaient si souvent entretenu le bon peuple d'Espagne.

Le gardien du couvent voisin, averti de cette arrivée, accourut à son tour, avec tout le clergé, et les deux humbles envoyées de Saint-Damien furent conduites en quelque sorte triomphalement chez l'évêque de Barcelone. Le bon prélat, attendri de tout ce qu'il apercevait, les conduisit à son tour sur les bords de la mer à l'ermitage de Saint-Antoine, qu'il leur assigna pour monastère.

Agnès en fut la première abbesse. Elle eut la joie d'assister à un magnifique développement de la fondation espagnole, et vécut jusqu'à une extrême vieillesse, jusqu'en 1281, laissant à ses filles pour lui succéder sa compagne Claire, qui mourut trois ans et demi après elle. Toutes deux sont honorées comme bienheureuses, et, sur leurs tombeaux, Dieu opéra les miracles éclatants qui sont consignés dans les actes de leur béatification.

III.

La fondation de Belgique n'est pas restée entourée, dans les souvenirs de l'Ordre, de moins d'honneur. Elle explique la faveur qui, de nos jours encore, rend l'Ordre des Clarisses si justement vénéré des Belges, et mérite dès lors une mention particulière entre tant d'autres créations qui suivirent la mort de saint François.

En ce temps-là, vivait, à Cologne, une jeune vierge que Dieu s'était plu à combler de faveurs extraordinaires. Une voix se fit entendre à elle, qui disait :

— Ermentrude, ma fille, va consulter tes maîtres, et, selon leurs dires, règle ta vie. Tu arriveras ainsi heureusement aux joies éternelles, en compagnie des pieuses vierges dont tu es appelée à devenir la Mère.

— Je le ferai, Seigneur, répondit l'humble enfant ; et elle s'en alla consulter le directeur de sa conscience, homme grave et vénérable, qui reconnut l'appel divin et lui dit :

— Ceci n'est point une illusion. Allez, ma fille, et ayez courage. Quittez votre patrie, et marchez vers le pays où Dieu vous conduira.

— Seigneur, s'écria la docile vierge, je vous rends grâces d'avoir écrit de moi que je ferais votre volonté ; me voici, je vais la suivre !

Et, de concert avec une amie fidèle, sa confidente discrète, elle partit sous la conduite du Très-Haut, sans même retourner la tête pour dire adieu à sa ville natale. Elles suivirent les bords du Rhin, perdues dans la contemplation, et les miracles de la Providence naissaient sous leurs pas, jusqu'à ce qu'enfin elles parvinssent en la ville de Bruges, où elles se mirent à pratiquer la vie solitaire, à la grande admiration des compagnes que leur vertu ne tarda pas à grouper autour de leur ermitage.

Comme le nombre de celles-ci grandissait chaque jour, Ermentrude pria :

— Vous le savez, Seigneur, dit-elle, c'est pour vous que j'ai quitté la maison paternelle, ma famille et même ma patrie. C'est vous qui m'avez conduite jusqu'à présent par votre bon ange, et nourrie jusqu'à ce jour du pain de votre table. Mais voici des sœurs et des filles chéries que vous m'amenez, afin que je les dirige dans les sentiers de vos commandements, moi qui suis la dernière et la plus indigne de vos servantes. Non, mon Dieu, je ne refuse point le travail ; mais, que deviendrai je, si vous n'éclairez point vous-même les ténèbres de mon intelligence ? Enseignez-moi la voie dans laquelle vous voulez que je marche...

Une voix d'en haut lui répondit :
— Prends pour modèle la vierge d'Assise !

Le nom de Claire était connu dans le pays belge. Ermentrude écrivit aussitôt à l'abbesse de Saint-Damien et attendit la réponse, qui serait pour elle l'ordre même du Maître des cœurs.

La réponse arriva. On a dit qu'elle était comme l'abrégé de la doctrine spirituelle de sainte Claire. Dans ses concises et brèves maximes, frappées comme autant de médailles au burin, nous allons entendre la prédication de la digne fille de François d'Assise.

« A sa très chère Sœur Ermentrude, Claire d'Assise, humble servante
» de Jésus-Christ, salut et paix.

» Je viens d'apprendre, très chère Sœur, que vous avez heureusement
» renoncé au monde par le secours de la grâce divine, et je m'en réjouis
» au fond de l'âme ; je tressaille avec vous de cette généreuse résolution,
» et j'admire la ferveur étonnante avec laquelle vous courez chaque jour
» dans les sentiers de la perfection, en société de vos bienheureuses
» compagnes.

» Soyez, je vous en prie, fidèle jusqu'à la mort à Celui à qui vous
» vous êtes consacrée, et soyez certaine qu'en récompense de vos efforts
» vous recevrez la couronne de vie. Souvenez-vous que le temps du
» travail et des souffrances est court, et qu'au contraire, éternel est le
» bonheur qui nous est préparé. Que le bruit et l'éclat du monde ne
» vous émeuvent point, parce que le siècle disparaît avec la vitesse de
» l'ombre. Ne vous laissez pas éblouir par ses apparences, parce qu'elles
» trompent. L'antique serpent sifflera autour de vous, il est vrai, mais
» fermez l'oreille ; résistez avec courage et il fuira loin de vous. Gardez-
» vous, ma très chère, de vous laisser abattre par les adversités ou
» enorgueillir par la prospérité, car c'est le propre de la foi de rendre
» une âme humble dans les succès et ferme dans les revers. Donnez
» fidèlement à Dieu ce que vous lui avez promis par vœu, donnez-le-
» lui avec exactitude, car il saura bien vous dédommager de vos sacri-
» fices. Regardez le Ciel qui vous invite à prendre la croix et à suivre
» Jésus-Christ qui vous précède ; car c'est par de grandes et nom-
» breuses tribulations que nous entrerons par lui dans son royaume.
» Aimez-le de tout votre cœur, ce Dieu si souverainement aimable, et

» son Fils, qui a été crucifié pour nous, pauvres pécheurs ! Que la pensée
» de Dieu ne s'efface jamais de votre mémoire. Méditez continuellement
» les mystères de sa Passion et les douleurs de sa Très Sainte Mère
» au pied de la croix. Priez et veillez sans cesse. Achevez avec un
» soin persévérant les bonnes œuvres que vous avez commencées. Rem-
» plissez le ministère dont vous êtes chargée dans une entière pauvreté
» et une humilité sincère. Ne craignez point, très chère fille, le Seigneur
» est fidèle dans toutes ses paroles et également saint dans tous ses
» ouvrages. Il répandra sur vous et sur vos filles l'abondance de ses
» bénédictions. Il sera votre aide, votre consolation, votre rédempteur
» et votre récompense éternelle. Prions réciproquement les unes pour
» les autres, et ainsi, portant mutuellement le joug si doux de la charité,
» nous accomplirons aisément la loi de Jésus-Christ. Ainsi soit-il. »

IV.

C'est la Bohême qui a conservé les écrits les plus abondants de sainte Claire, et c'est par les soins de la tante maternelle de la chère sainte Élisabeth, à qui furent adressés ces précieux monuments du zèle apostolique de la fondatrice, qu'ils nous ont été conservés. Elle s'appelait Agnès et renonça de bonne heure aux vanités du siècle, pour se consacrer au divin Époux dans le silence et la mortification. Le prince à qui elle avait été fiancée s'écria, en apprenant sa chaste résolution :

— Si elle m'avait quitté pour un homme mortel, j'en aurais tiré vengeance par les armes; mais je ne puis trouver mauvais qu'elle me préfère le Roi du Ciel.

En 1236, elle entra dans le monastère qui, le premier, croyons-nous, allait porter le vocable de saint François, avec cinq compagnes envoyées d'Assise par l'abbesse de Saint-Damien.

Claire avait conçu une tendre sympathie pour cette fille inconnue, que l'amour de la pauvreté avait tirée des splendeurs de la cour, pour en faire la propagatrice généreuse et la mère d'une foule de créations franciscaines des deux Ordres dans la catholique Bohême.

Il nous reste quatre lettres pleines de cette tendresse particulière de notre sainte pour la bienheureuse Agnès. Nous ne saurions négliger de

CHAPITRE TREIZIÈME.

les introduire dans ce récit. Aucun de nos lecteurs ne se plaindra de cette interruption dans la trame de l'histoire que nous avons entrepris de raconter.

Voici donc la première de ces lettres :

« A l'illustre et vénérable vierge Agnès, fille du puissant et toujours
» invincible roi de Bohême, Claire, indigne servante de Jésus-Christ et
» des vierges consacrées à Dieu dans le monastère de Saint-Damien,
» rend ses hommages spirituels et souhaite avec respect et ardeur la
» gloire de l'éternelle félicité.

» Le bruit de vos vertus, déjà connues dans presque tout l'univers,
» vient de parvenir jusqu'à nous, ô noble princesse ! et nous nous en
» sommes grandement réjouies dans le Seigneur, moi et tous ceux qui
» désirent faire la volonté de Dieu, en servant fidèlement Notre-Sei-
» gneur Jésus-Christ.

» Il est donc vrai que, foulant aux pieds les honneurs les plus écla-
» tants, la gloire la plus enviée du monde, le trône même du très auguste
» César à qui vous auriez pu vous allier comme il convenait à votre
» majesté et à la sienne, vous avez embrassé de toute l'affection de votre
» âme et d'un plein désir la sainte Pauvreté, la mortification de la chair
» et l'humiliation de notre divin Sauveur, que vous avez à jamais choi-
» sies pour votre partage. Ayez confiance : il vous conservera intact par
» sa grâce le précieux trésor de votre belle virginité... Sa puissance
» surpasse tout pouvoir ; ses amabilités l'emportent sur tout ce qu'il y a
» de plus beau ; son amour comble tous les désirs et vaut mieux que
» toutes les délices.

» Que vous êtes donc heureuse d'avoir été choisie par cet Époux
» divin qui, selon le langage (tout spirituel) de la Sainte Écriture, a orné
» votre sein de pierres précieuses, vos oreilles d'anneaux d'un prix
» inestimable, votre ceinture de l'or le plus pur, votre tête d'une brillante
» couronne marquée du sceau de la sainteté ! C'est pourquoi, ma très
» chère Sœur, ou plutôt ma vénérable Dame, puisque vous êtes, tout à
» la fois, l'Épouse, la Sœur et la Mère de Notre-Seigneur Jésus-Christ,
» soyez maintenant fière de marcher sous le noble étendard de l'incor-
» ruptible virginité et de la sainte Pauvreté, que vous avez élue pour
» votre maîtresse souveraine. Continuez à marcher avec ferveur dans la
» voie où vous êtes entrée avec tant de courage, et persévérez dans
» l'imitation des vertus de Celui qui, par amour pour nous, afin de nous
» délivrer de l'esclavage du prince des ténèbres et de nous réconcilier

» avec son Père, est né pauvre, a vécu pauvre, et est mort pauvre sur
» une croix, au milieu des plus affreux tourments. O bienheureuse Pau-
» vreté, à laquelle sont promis le royaume des Cieux et une gloire

— La B⁽ˢᵉ⁾ Agnès, fille de Wenceslas, roi de Bohême. —

» éternelle ! O sainte Pauvreté, qui donnes à ceux qui t'aiment et t'em-
» brassent des biens si précieux et une vie si heureuse et si exempte
» d'inquiétudes ! O aimable Pauvreté, qui as été si singulièrement aimée
» et embrassée avec tant de tendresse par le Seigneur qui a créé toutes

» choses d'une seule parole, qui les a gouvernées et qui les gouverne
» encore chaque jour avec un pouvoir souverain ! C'est lui-même qui
» nous l'assure : Les oiseaux du ciel ont leurs nids, et les petits des
» renards leurs tanières, tandis que lui, le Fils de l'Homme, n'a pas où
» reposer sa tête. Et, en effet, depuis le jour où le Verbe divin descendit
» dans le sein d'une Vierge très pure pour s'unir notre humanité, il se
» fit pauvre et indigent, afin que les hommes pauvres et indigents des
» biens célestes devinssent riches des trésors de la grâce et possesseurs
» du royaume des Cieux.

» Après donc que le Fils unique de Dieu n'a reposé sa tête meurtrie
» que sur une croix, pourriez-vous, ô ma fille ! ne pas tressaillir d'une
» grande allégresse et ne pas surabonder d'une joie spirituelle, puisque
» vous avez préféré le mépris de ce monde aux honneurs qu'il présente,
» la pauvreté à ses richesses, et les trésors du Ciel à ceux de la terre ?
» Certes je n'ai pas besoin de vous rappeler ce que vous croyez d'une
» foi très ferme, que le royaume des Cieux n'est promis qu'aux pauvres
» et qu'il n'y a que les pauvres qui l'obtiendront. Vous savez que, tandis
» qu'on aime les choses du monde, on perd les fruits de l'amour divin,
» et que nous ne pouvons servir en même temps deux maîtres, sous
» peine de ne contenter ni l'un ni l'autre. Vous n'ignorez pas que celui
» qui est gêné par ses vêtements, ne doit jamais entrer en lice avec
» celui qui est nu ; qu'on ne peut combattre avec espoir de succès sans
» un dépouillement absolu, et que les ornements de la terre ne sont
» qu'un moyen de donner plus de prise à notre ennemi. Oui, ma Sœur,
» il est difficile de vivre avec splendeur dans ce siècle et de régner dans
» l'autre avec Jésus-Christ. Un chameau passerait plutôt par le trou
» d'une aiguille, dit la Vérité même, qu'un riche n'entrerait dans le Ciel.
» C'est pourquoi vous avez bien fait de rejeter ces habits superflus qui
» sont les biens du monde : vous n'en combattrez que plus aisément
» contre ses efforts. Vous avez été sage et prudente d'entrer dans la
» voie étroite : c'est elle qui vous conduira à la gloire... O l'heureux
» échange ! laisser les biens terrestres pour les biens éternels, mériter
» les choses célestes par le sacrifice des choses du monde, gagner cent
» pour un et mériter sans fin la vie bienheureuse : c'est un commerce
» digne de toute louange et la marque d'une grande prudence. Aussi
» ai-je résolu de conjurer toujours par les entrailles de Jésus-Christ
» votre grandeur et votre sainteté de demeurer fidèle au service du
» grand Roi. Croissez toujours de bien en mieux ; avancez de vertu en

» vertu, afin que Celui que vous aurez suivi dans toute l'ardeur de
» votre âme, daigne vous combler de ses plus abondantes faveurs.

» Je vous prie également dans le Seigneur de vouloir bien vous sou-
» venir de moi, votre très indigne servante, et des autres pieuses Sœurs
» qui vivent avec moi dans ce monastère. Daignez nous recommander à
» Dieu dans vos saintes prières, afin qu'aidées et soutenues par vos
» mérites, nous puissions mériter à notre tour la miséricorde de Jésus-
» Christ et être trouvées dignes de jouir avec lui de la vision éternelle.
» Portez-vous bien dans le Seigneur, et priez pour moi. Alleluia. »

V.

La pieuse destinataire de cette admirable lettre avait conjuré la vénérable fondatrice de lui envoyer en souvenir quelque objet qui eût été à son usage. Claire lui envoya, avec la lettre, une croix de bois, une ceinture grossière, un voile de canevas et une écuelle de terre dans laquelle elle buvait ordinairement.... C'est tout ce dont la pauvre abbesse de Saint-Damien pouvait disposer. Agnès les reçut avec une grande foi et une tendresse filiale. Elle ne cessait de les baiser, les gardait en lieu d'honneur, et, lorsque Claire fut élevée sur les autels, elle les fit enchâsser, grâce à la générosité de son frère le roi Wenceslas, dans l'or, l'argent et les pierreries, en des cadres d'où une vertu miraculeuse s'échappa plus d'une fois pour la consolation des malades et à la grande joie des Filles de sainte Claire au monastère de Prague.

Bientôt, une nouvelle lettre d'Assise vint apporter à la bienheureuse Agnès de précieuses directions pour le gouvernement de ses fondations.

« A la fille du Roi des rois, à la reine des vierges, à la très digne
» épouse de Jésus-Christ, à Agnès, vraiment reine à cause de cette
» union, Claire, inutile et indigne servante des pauvres religieuses de
» Saint-Damien, salut et le bonheur de vivre toujours dans la plus
» grande pauvreté.

» Grâces soient rendues à jamais à l'Auteur de tout bien, à Celui de
» qui découle toute perfection et de qui viennent tous les dons célestes,
» de ce qu'il a orné votre cœur de tant de vertus ! C'est lui qui, vous
» sanctifiant en toutes manières, vous a élevée à un tel degré de pureté

» que ses yeux ne découvrent en vous aucune imperfection qui les
» blesse. Heureuse vous êtes, puisque cette sainteté portera le Roi
» céleste à vous unir à lui dans les joies éternelles, dans le séjour bril-
» lant où il réside sur un trône formé par les étoiles... Vous avez méprisé
» les grandeurs d'un royaume terrestre, vous avez dédaigné la gloire
» d'un mariage princier, et, saintement éprise des attraits inconnus de
» la pauvreté, vous vous êtes engagée solennellement à marcher avec
» amour sur les traces de Jésus-Christ. Oui, vous êtes véritablement
» digne de cette union à laquelle vous aspirez. Aussi, comme je sais que
» votre cœur est le sanctuaire des vertus chrétiennes, je ne veux pas
» vous fatiguer par de longs discours, quoique peut-être vous ne trou-
» vassiez rien de superflu dans des paroles qui peuvent donner à notre
» âme un peu de consolation spirituelle. Je ne veux vous rappeler qu'une
» chose, parce qu'elle est nécessaire : c'est l'obligation où nous sommes
» de persévérer toujours dans les bonnes résolutions que Dieu nous a
» inspirées par sa grâce.

» Je vous exhorte donc, pour l'amour de Celui à qui vous vous êtes offerte
» en sacrifice de si bonne odeur, à vous souvenir continuellement de
» votre vocation, et, comme une autre Rachel, à regarder toujours le
» commencement, c'est-à-dire à considérer ce que vous étiez dans ces
» jours heureux où vous veniez de renoncer au monde. Ce que vous
» tenez déjà, gardez-le ; ce que vous faites, faites-le, et ne vous arrêtez
» jamais dans cette course spirituelle que vous avez entreprise. Marchez
» d'un pied agile et sans jamais vous appesantir sur la terre, de peur
» d'être jamais souillée par la poussière des choses du monde. Conser-
» vez toujours le calme et la joie de la conscience, et avancez dans cette
» voie bienheureuse, ne croyant et ne consentant à quoi que ce soit qui
» puisse vous détourner de vos bons propos et mettre obstacle à votre
» course. Tendez sans cesse vers cette perfection à laquelle l'Esprit
» de Dieu vous a appelée, afin que vous puissiez offrir sans cesse au
» Très-Haut des vœux qui lui soient agréables, et que vous suiviez
» toujours avec plus de fidélité les commandements du Seigneur et
» les conseils de notre Père, le Frère Élie, ministre général de notre
» Ordre. Soyez dans la ferme résolution de les observer préféra-
» blement à tous les autres conseils ; regardez ses avis comme un
» précieux trésor. Si quelqu'un vous dit ou vous insinue quelque chose
» qui soit contraire à votre perfection et qui s'oppose à la vocation
» de Dieu, ne l'écoutez point, quand même vous pourriez acquérir

» à ce prix des honneurs et des biens qui vous élevassent au-dessus
» de tous les hommes ; ce n'est point ce que vous devez rechercher.
» Vivez pauvre, attachez-vous à Jésus-Christ pauvre, considérez les
» humiliations qu'il a embrassées pour vous, et suivez-le en devenant,
» s'il le faut, pour lui un objet de mépris aux yeux du monde. Votre
» Époux céleste est le plus beau des enfants des hommes, et pourtant il
» s'est fait le rebut de toutes les créatures. Il a eu son corps tout
» déchiré par les fouets, et il a expiré sur la croix au milieu d'atroces
» douleurs. Pourriez-vous, après cela, ô reine illustre! ne pas vous sentir
» embrasée du désir de l'imiter? Si vous souffrez avec lui, vous serez
» aussi glorifiée avec lui ; si vous pleurez avec lui, vous vous réjouirez
» aussi avec lui ; si vous demeurez avec lui sur la croix, vous goûterez
» avec lui les douceurs célestes dont on jouit dans la lumière des saints.
» Votre nom sera inscrit dans le livre de vie, et il sera glorieux dans
» tous les siècles. Pour les biens passagers de ce monde, vous recevrez
» des biens éternels, et pour prix de quelques souffrances, vous vivrez
» heureuse d'un bonheur sans fin.

» Portez-vous bien, ma très chère Sœur, vierge bénie à cause de
» votre Époux. Mes Sœurs et moi, qui nous réjouissons tant des biens
» dont Dieu vous a comblée, avons la plus vive confiance en vos
» saintes prières. Daignez donc, de concert avec vos Sœurs, nous recom-
» mander instamment au Seigneur notre Dieu. »

VI.

La pieuse correspondante de Claire posa à la sainte abbesse diverses questions sur des points d'observance de la règle des Pauvres Dames. On remarquera, dans la réponse qui suit cette demande, à côté des principes de direction de sainte Claire sur l'humilité et la pauvreté, le ton de son style, qui s'attendrit naturellement à l'endroit de sa pieuse fille de Bohême :

« A la vierge que je dois honorer le plus en Notre-Seigneur
» Jésus-Christ, à celle qui m'est plus chère que tous les mortels, à
» la Sœur Agnès, fille du sérénissime roi de Bohême, et maintenant
» Sœur et Épouse du souverain Roi des Cieux, Claire, humble et
» indigne servante de Dieu et des Pauvres Vierges, joie salutaire

» dans l'Auteur du salut, et tout ce qu'on peut souhaiter de meilleur.

» Les nouvelles que nous avons reçues de votre bonne santé, des
» progrès que vous faites dans la voie du salut et de la ferveur
» dans laquelle vous persévérez d'une manière si admirable en vue
» des récompenses éternelles, continuent à remplir nos cœurs de la
» joie la plus vive. Quel bonheur de penser que, par votre ardeur à
» imiter Jésus pauvre et humble, vous suppléez à nos défauts et
» vous compensez si abondamment les imperfections de notre zèle à
» imiter ce divin Modèle ! Oh ! vraiment, je puis tressaillir d'allégresse
» dans le Seigneur, et je ne crains pas que personne puisse jamais
» m'ôter cette joie, puisque je vois que vous triomphez avec tant de
» générosité des astuces de l'ennemi du salut, de l'orgueil et de la
» vanité qui perdent chaque jour et conduisent à la folie le cœur des
» enfants des hommes. Une prudence rare vous dirige ; la grâce de
» Dieu vous soutient ; vous avez découvert ce trésor caché dont parle
» l'Évangile ; vous l'avez acheté de Celui qui par sa puissance a créé
» toutes choses de rien, et vous le possédez par la vertu de l'humilité,
» de la foi et de la pauvreté, que vous avez choisie pour votre héritage.

» Vous êtes devenue, pour me servir des termes de l'Apôtre, la coopé-
» ratrice de Dieu, la coadjutrice de Jésus-Christ dans l'œuvre sublime
» de la sanctification des âmes. Vous êtes le soutien et la force des
» membres faibles et souffrants de son corps mystique. C'est pourquoi,
» je le répète avec assurance, personne ne pourra jamais m'empêcher
» de m'en réjouir. Réjouissez-vous aussi vous-même dans le Seigneur,
» ma très chère Sœur, et que jamais l'amère tristesse ne vienne troubler
» le calme et la sérénité de votre âme.

» O vierge très chère en Jésus-Christ, joie des Anges et couronne
» de nos Sœurs, élevez les yeux de votre esprit vers le miroir de l'éter-
» nité. Appliquez la considération de votre cœur sur les vives splen-
» deurs de la gloire céleste. Reposez votre âme sur la forme invisible et
» impérissable de l'essence divine, et, par cette heureuse contemplation
» de ses attributs, transformez-vous vous-même tout entière en l'image
» de sa Divinité, afin que vous ressentiez ce qu'éprouvent ses amis, et
» que vous goûtiez d'avance les secrètes douceurs que le Dieu tout-
» puissant a préparées dès le commencement pour ses bien-aimés et
» pour tous ceux qui, méprisant les séductions de ce monde trompeur et
» corrompu, laissent à la terre ses biens et ses vanités. Aimez entiè-
» rement Celui qui s'est offert entièrement pour vous, Celui dont le

» soleil et la lune admirent les perfections infinies et dont la grandeur
» est sans bornes. Aimez ce Fils très-haut du Père éternel, Verbe divin
» qu'une Vierge enfanta en demeurant toujours vierge. Aimez cette très
» douce Mère qui a conçu dans ses chastes entrailles Celui que les Cieux
» ne pouvaient contenir, qui l'a porté dans son sein virginal, qui l'a
» nourri de son propre lait. O misère des hommes qui, par un aveu-
» glement incompréhensible, rendent inutiles de si touchants mystères !
» O malice de l'ennemi du salut qui, par des biens frivoles et passagers,
» s'efforce de faire perdre au genre humain le prix de tant de sacrifices !
» Rien n'est plus grand qu'une âme fidèle, ma très chère Sœur. Elle
» est plus grande que le Ciel, puisque, tandis que toutes les autres
» créatures ne peuvent contenir le Créateur, seule une âme fidèle est sa
» demeure, son siège et son trône, comme l'assure la Vérité même lors-
» qu'elle dit : Celui qui m'aime sera aimé de mon Père ; je l'aimerai,
» nous viendrons à lui, et nous ferons en lui notre demeure. Quoi de
» plus honorable ? De même que la très glorieuse Vierge des vierges a
» porté dans son chaste sein le véritable Homme-Dieu, ainsi vous-
» même, en l'imitant dans l'humilité et la pauvreté, vous pouvez toujours
» le porter spirituellement dans votre cœur. Que de rois et de reines
» dont l'orgueil monte jusqu'aux Cieux, touche au firmament, finiront
» néanmoins par tomber en poussière, tandis que vous et vos autres
» Sœurs, qui méprisez les richesses, goûterez à jamais un impérissable
» bonheur !

» Je réponds maintenant à ce que vous m'avez demandé relativement
» aux fêtes dans lesquelles il nous serait permis d'user d'aliments diffé-
» rents de ceux que nous prenons chaque jour. J'indiquerai ici à votre
» charité celles que notre Père saint François nous a averties de célé-
» brer d'une manière particulière. Sans parler en ces lieux des Sœurs
» qui sont délicates et infirmes, que notre bienheureux fondateur nous
» recommande de traiter avec le plus grand soin et le mieux qu'il nous
» sera possible, je vous dirai que, pour celles d'entre nous qui sont fortes
» et saines de corps, il ne leur est jamais permis, ni les jours de férie, ni
» les jours de fête, d'user d'autres aliments que de ceux qu'on peut man-
» ger en Carême. Cependant, comme notre chair n'est pas d'airain, ni
» notre force celle des pierres, je vous conjure instamment dans le Sei-
» gneur de vouloir bien modérer un peu la rigueur outrée des abstinences
» que vous gardez, à ce que l'on dit, afin que, continuant à vivre dans
» une pleine confiance en Dieu, vous lui rendiez sans cesse un hommage

» raisonnable, et que l'holocauste que vous lui offrez soit toujours assai-
» sonné du sel de la prudence chrétienne.

» Portez-vous bien dans le Seigneur, comme vous désirez, et daignez
» nous recommander, mes Sœurs et moi, aux ferventes prières de votre
» sainte communauté. Ainsi soit-il. »

VII.

« Jamais, dit l'abbé Demore, l'amour divin ne parla un langage plus éloquent que celui de la quatrième lettre de sainte Claire à la bienheureuse Agnès ! On en pourra juger. »

« A la moitié de mon âme, au sanctuaire particulier du cordial amour,
» à la sérénissime reine Agnès, ma très chère Mère, et fille spécialement
» chérie par-dessus toutes, Claire, indigne servante de Jésus-Christ et
» servante inutile de ses servantes qui demeurent dans le monastère de
» Saint-Damien, salut et la grâce de chanter, avec les autres Vierges
» saintes devant le trône de Dieu et de l'Agneau, le nouveau cantique,
» et de suivre l'Agneau quelque part qu'il aille.

» O Mère et fille, Épouse du Roi de tous les siècles, si je ne vous ai
» pas écrit aussi souvent que l'eussent désiré mon âme et la vôtre, ne
» vous en étonnez pas, ni ne vous persuadez aucunement que l'incendie
» d'amour dont je suis embrasée pour vous ait pu seulement diminuer.
» Comme vous aimaient les entrailles de votre mère, c'est ainsi que je
» vous aime. La seule cause qui ait pu mettre obstacle à des commu-
» nications plus fréquentes a été la rareté des messagers et les grands
» périls des routes. Maintenant donc, ayant trouvé une occasion d'écrire
» à votre charité, j'en tressaille et je m'en conjouis avec vous dans la
» joie de l'Esprit-Saint, ô Épouse de Jésus-Christ ! car, de même que
» la première sainte Agnès a été conjointe à l'Agneau sans tache qui
» efface les péchés du monde, de même il vous a été donné, ô la bienheu-
» reuse ! de jouir des délices ineffables de cette union que les armées
» des Cieux regardent avec étonnement, dont le désir ravit tout à soi,
» dont le souvenir rassasie, dont la bonté remplit de toutes douceurs,
» dont l'odeur ressuscite les morts, dont la glorieuse vue rend heureux
» tous les citoyens de la Jérusalem supercéleste, qui est la splendeur
» de la gloire, la lumière de l'éternelle lumière, et le miroir sans tache.

» Regardez chaque jour dans ce miroir, ô Reine et Épouse de Jésus-
» Christ ! contemplez-y bien souvent votre face, afin de vous parer au
» dehors et au dedans des fleurs les plus diverses de toutes les vertus,
» et de vous revêtir des ornements qui conviennent à la fille et à l'épouse
» du Roi suprême.

» O la bien-aimée ! il vous sera permis de vous complaire avec la
» grâce divine à regarder ce miroir. Venez et voyez-y d'abord ce doux
» Jésus couché dans une crèche, dans la plus grande pauvreté et enve-
» loppé de chétifs langes. O l'admirable humilité ! ô la pauvreté surpre-
» nante ! Le Roi des Anges, le Maître du Ciel et de la terre, exposé
» dans une crèche !... Au milieu de ce miroir, regardez la bienheureuse
» pauvreté de la sainte humilité, pour l'amour de laquelle il a daigné
» tant souffrir. Enfin, à l'extrémité du miroir, considérez l'ineffable
» amour par lequel il a voulu être attaché sur le bois de la croix et y
» mourir d'une mort infâme. Ce miroir attaché à la croix avertissait les
» passants et disait à tous : O vous qui passez par le chemin, faites
» attention et voyez s'il est une douleur semblable à la mienne. Répon-
» dons à Celui qui appelle et qui gémit, répondons-lui d'une même voix
» et d'un même cœur : Oui, sans cesse je me souviendrai de vous,
» ô divin Jésus ! et mon esprit sera affligé au dedans de moi.

» Embrasez-vous donc, ô grande reine, dans les ardeurs de ce saint
» amour, et rappelez-vous les délices incomparables, les richesses infinies
» et les honneurs éternels du Roi céleste, et, soupirant avec un désir
» immense, écriez-vous dans la ferveur de votre âme : Attirez-moi après
» vous et je courrai à l'odeur de vos parfums, ô divin Époux ! je courrai
» et je ne cesserai jamais jusqu'à ce que vous m'introduisiez dans les
» celliers spirituels du vin mystique.

» Au milieu de cette contemplation, souvenez-vous de votre pauvre
» Mère, et sachez que moi j'ai écrit inséparablement votre bienheureux
» souvenir dans les tables de mon cœur, vous ayant pour très chère
» par-dessus toutes. Que dirai-je encore ? La langue du corps doit se
» taire quand il s'agit de vous aimer. C'est à la langue de l'esprit à parler,
» ô fille bénie ! car l'amour que j'ai pour vous, la langue corporelle ne
» saurait l'exprimer. C'est pourquoi ce que j'ai écrit insuffisamment,
» recevez-le avec bienveillance et charité, et reconnaissez-y, du moins,
» l'amour maternel dont je m'enflamme chaque jour pour vous et pour
» vos filles.

» Notre très digne Sœur Agnès, je me recommande instamment dans » le Seigneur, moi et mes compagnes, aux vôtres. Adieu, ô la bien- » aimée ! adieu avec vos filles jusqu'au trône de gloire du grand Dieu, » et priez-le pour nous. Ainsi soit-il. »

Mais, il faut s'arracher à ces délicieuses lectures, et reprendre le fil de notre récit.

Chapitre Quatorzième.

LUTTES ET VICTOIRES.

SOMMAIRE :

L'intrépide héritière de la pensée de saint François. — Le Pape fléchit devant les saintes tristesses de Claire. — Question de vie ou de mort. — Le cardinal Hugolin écrit deux lettres à l'abbesse de Saint-Damien, monument de sa vénération pour la sainte. — Il devient Pape sous le nom de Grégoire IX. — Sa visite à Assise. — Sublime dialogue entre le Pape et l'abbesse. — Il cède et approuve la stricte observance de la Pauvreté franciscaine. — Le Pape et l'Empereur. — Claire repousse les Sarrasins en leur présentant la divine Eucharistie. — Comment, nouvelle Judith, elle délivra finalement la ville d'Assise. — L'anniversaire votif de cette délivrance miraculeuse. — Comment, d'après les *Fioretti*, par ordre du Pape, sainte Claire bénit le pain et sur chaque pain apparut le signe de la croix.

I.

Orsque François fut mort, Claire, qui perdait en lui le guide sûr et doux de sa jeunesse religieuse, le pleura beaucoup. Elle se déclarait orpheline. Mais, comme nous l'avons déjà observé en diverses occurrences, la force était le caractère distinctif de la généreuse abbesse. Elle reprit vite le ressort de son âme énergique. Pendant les vingt-sept ans qu'elle survécut à François, « brisant lentement, suivant la pittoresque expression du vieil hagiographe, aux pieds du Seigneur l'albâtre de son corps, » elle se montra la fidèle et intrépide héritière de la pensée et de la règle du saint.

Ce n'est pas que les épreuves se soient fait attendre. Peu après la mort de François, les supérieurs de l'Ordre, craignant que les visites trop multipliées des Frères à Saint-Damien n'altérassent insensiblement l'esprit des deux maisons, obtinrent du Pape une constitution, qui défendait, sous des peines sévères, aux religieux de la Portioncule d'aller chez les Pauvres Dames sans une commission spéciale du Saint Siège. Claire, qui tenait à haut prix les exhortations empreintes de l'esprit franciscain, en ressentit une vive douleur. Appelant les Frères quêteurs établis dans les dépendances de Saint-Damien, elle les remercia affectueusement de leurs services et les renvoya au ministre général de l'Ordre, déclarant qu'elle voulait désormais tout attendre de la Providence.

— Puisqu'on nous ôte ceux qui nous apportaient le pain de l'âme, s'écria-t-elle, qu'on supprime aussi ceux qui demandaient pour nous le pain du corps !

Le noble sang des Scefi se réveillait dans les veines de la généreuse abbesse. Le Pape le reconnut, et, loin de se choquer de cette résolution, en apparence un peu prompte, « il reconnut, dit l'historien, le cri des mères se sentant tenues de nourrir ceux qui leur ont été donnés, » et avec une douce condescendance, il revint sur sa défense et rendit au monastère les prédicateurs qui lui étaient si chers.

La lutte fut plus vive encore et surtout plus longue sur un autre point, bien autrement important.

Il s'agissait de la Règle elle-même, une question de vie ou de mort.

« Cette Règle, dit M. l'abbé Le Monnier, eut bientôt besoin d'être défendue. Dès que le saint fondateur ne fut plus là, une sorte de fermentation éclata dans son Ordre. Les uns pensaient que la pauvreté, portée jusqu'où il l'avait portée, était tout au plus un expédient qui avait pu rendre des services dans des conjonctures spéciales. Ces conjonctures ayant disparu, elle devait disparaître avec elles, au moins dans sa rigueur excessive. Pour eux, la forme invariable de la vie religieuse était celle des anciens Ordres, si vénérable et si effectivement consacrée par la multitude de saints qu'elle avait créés. Les autres, au contraire, plus attachés à la vraie pensée du maître, faisaient de la pauvreté franciscaine une institution permanente. A leurs yeux, elle avait été implantée dans l'Église comme un germe de rajeunissement par la volonté de Dieu et la main d'un saint. Déjà elle avait donné quelques fruits, mais ces fruits étaient à peine une première moisson ; son action sanctifiante devait s'étendre jusqu'aux temps les plus reculés. C'est dans les rangs de ces derniers que Claire combattit pour l'honneur de sa vertu préférée. Tant que la lutte fut concentrée dans le premier Ordre, elle se tint modestement à l'écart, se bornant à prémunir ses Sœurs contre l'invasion des idées nouvelles. Mais les réformateurs eurent bientôt compris que, si les femmes continuaient à pratiquer la Règle, ils ne persuaderaient pas que des hommes étaient incapables de la pratiquer. Ils vinrent vers elle. Elle repoussa toutes leurs avances avec une inflexible décision. Ils étaient gens de ressource : ils firent entrer, du moins en partie, Grégoire IX dans leurs pensées [1]. »

II.

Nous avons déjà dit la tendre et paternelle sollicitude du cardinal Hugolin pour les Pauvres Dames. Il ne connaissait pas de joie comparable au bonheur d'entretenir la vierge d'Assise, et, un jour qu'il avait dû quitter un peu brusquement Saint-Damien pour remplir les devoirs de sa charge auprès du Pape, le pieux cardinal l'écrivait à sainte Claire.

« A sa très chère Sœur en Jésus-Christ, à sa Mère, la vénérable
» Claire, servante du Fils de Dieu, Hugolin, cardinal-évêque d'Ostie,
» malgré son indignité, se recommande humblement lui-même, tout ce
» qu'il est, et tout ce qu'il peut être.

» Ma très chère Sœur en Jésus-Christ, depuis l'instant où la multi-
» plicité des affaires m'obligea à m'éloigner de votre sainte maison, et
» me priva des consolations que me procuraient vos douces paroles et
» vos pieux entretiens, une amère tristesse s'est emparée de ma pauvre
» âme. A peine fus-je sorti de votre monastère, qu'une douleur exces-
» sive vint m'accabler. Je versais, en m'éloignant, d'abondantes larmes,
» et si je n'étais allé chercher aux pieds du divin Sauveur la force qui
» m'était nécessaire et que sa bonté ne refuse à personne, je serais
» devenu incapable de tout. Où est donc cette joie indicible qui m'inon-
» dait, lorsque, près de vous et de mes autres Sœurs, je célébrais les
» saintes solennités de Pâques, et que nous nous occupions ensemble de
» l'amour infini de notre bon Maître dans l'auguste sacrement de l'Eu-
» charistie ?... Hélas ! comme autrefois Jésus, séparé de ses chers dis-
» ciples et attaché à un bois infâme, tomba dans une mortelle agonie,
» ainsi mon âme est livrée à une grande désolation. Je savais bien déjà
» que j'étais un pécheur ; je le sentais surtout à la vue de vos sublimes
» prérogatives, de l'excellence de vos mérites et de l'austérité de votre
» règle ; mais, aujourd'hui, je le sens mieux encore. Oui, j'ai trop offensé
» le Souverain Seigneur de toutes choses, pour mériter de converser plus
» longtemps avec ses servantes choisies, d'être arraché aux occupations
» terrestres et de m'édifier davantage du spectacle de vos vertus.

1. Le Monnier, *op. cit.*, t. I, p. 225.

» Et néanmoins, ma très chère Sœur, ce sont ces vertus mêmes qui
» me rassurent. Les larmes de pitié et les ferventes prières que vous
» joindrez pour moi à celles de vos Filles, m'obtiendront la miséricorde
» dont j'ai besoin. C'est pourquoi je remets mon âme entre vos mains et
» je vous recommande mon esprit, afin que vous en répondiez au jour
» terrible du dernier jugement, si vous ne vous êtes pas intéressée à
» mon salut éternel ; car je suis intimement convaincu que vous obtien-
» drez facilement de mon juge tout ce que vous lui demanderez par la
» ferveur de vos soupirs et l'abondance de vos larmes.

» Le seigneur Pape ira bientôt à Assise, et j'espère pouvoir l'y suivre
» comme je le désire. Saluez bien pour moi, ma très chère Sœur, la
» vierge Agnès, et toutes vos Sœurs en JÉSUS-CHRIST. Que la paix et
» la miséricorde du Seigneur reposent sur vous. »

François, qui aimait le bon cardinal « comme un fils s'attache à son père, dit son naïf biographe, et comme un enfant s'attache au sein de sa mère, » avait prédit souvent l'élévation d'Hugolin au souverain pontificat. Quand il lui écrivait, il adressait ses lettres « A mon Révérend » Père et seigneur Hugolin, qui doit être un jour l'Évêque du monde » entier et le Père de toutes les nations. » La prédiction se réalisa en 1227. Honorius III était mort le 18 mars et on élut, pour lui succéder, le protecteur des deux familles franciscaines, qui résista longtemps avec larmes, puis finit par céder à la violence qu'il fallut lui faire, et fut intronisé le surlendemain même de la mort de son prédécesseur et ami, le dimanche 21 mars. Il prit le nom de Grégoire IX.

La charge pontificale ne changea rien aux sentiments de vénération que le cardinal professa toujours pour les Pauvres Dames et leur sainte institutrice. C'est en des termes touchants qu'il rappelle et commande même à ses chères Filles de ne pas oublier ce qu'elles lui doivent. La lettre est attendrissante.

« A sa très chère Fille en JÉSUS-CHRIST, Claire, abbesse, et aux reli-
» gieuses cloîtrées du monastère de Saint-Damien à Assise, Grégoire,
» salut et paix.

» Béni soit à jamais le Seigneur DIEU tout-puissant, à qui vous vous
» êtes consacrées comme de très humbles servantes, et qui, par la grâce
» de l'Esprit-Saint, a daigné vous adopter pour ses filles chéries, vous
» élever ensuite à la sublime dignité d'épouses de son Fils unique, en
» attendant de vous couronner un jour heureusement dans le Ciel.

» Plus que toutes les autres, vous êtes donc particulièrement tenues

» et obligées d'aimer Jésus-Christ de toute la ferveur de votre âme, de
» servir de toutes vos forces Celui qui est si libéral envers ceux qui
» l'aiment et qui les rend héritiers de sa propre gloire, et de tendre vers
» lui avec tant d'affection, que rien ne puisse jamais vous séparer de sa
» charité. Souvenez-vous que vous avez suivi volontairement l'impulsion
» de la voix divine qui vous appelait après lui, et que vous vous êtes
» renfermées dans ces pauvres cellules afin que, libres de toutes les
» chaînes du siècle et préservées des dangers de la vanité, vous puissiez
» vous unir, par un pur et saint amour, au céleste Époux que vous avez
» choisi de préférence, et courir à l'odeur de ses parfums, jusqu'à ce qu'il
» vous introduise dans l'éternel Tabernacle, où il doit mettre le comble à
» ses miséricordes.

» Que le pieux souvenir de ces vérités, méditées chaque jour avec
» l'attention qu'elles méritent et que nous attendons de votre zèle,
» adoucisse les amertumes que peuvent avoir avec elles toutes les mor-
» tifications de la vie, change en délices toutes les peines qu'on endure
» pour l'amour de Jésus, qui s'est soumis pour nous aux ignominies et
» aux tourments de la croix... Nous devons le dire : au milieu des soins
» innombrables de notre pontificat et des angoisses qui oppressent conti-
» nuellement notre cœur, vous êtes notre consolation, notre joie. Et
» c'est pourquoi nous vous prions toutes, nous vous supplions en Notre-
» Seigneur Jésus-Christ, et, s'il en était besoin, nous vous comman-
» derions, en vertu de ce rescrit apostolique, de vous rappeler ce que
» nous avons fait pour vous. Marchez dans la voie de l'esprit, selon que
» nous vous l'avons enseigné. Vivez d'une manière toute spirituelle,
» cherchez à croître en perfection, oubliez toujours plus les choses du
» siècle, désirez toujours plus les dons meilleurs, comme parle l'Apôtre,
» et avancez constamment de vertu en vertu. En agissant ainsi, vous
» glorifierez le Seigneur par votre conduite, et notre joie sera pleine,
» parce que nous vous aimons en Dieu du fond de notre âme, comme
» des filles de prédilection, et, si on peut le dire, comme nos Dames,
» puisque vous êtes les très chères épouses de Jésus-Christ. Aussi,
» comme nous sommes entièrement persuadé de votre union avec Dieu,
» nous vous conjurons de vouloir bien faire mémoire de nous dans vos
» oraisons, et d'élever sans cesse vers le Seigneur vos pieuses mains,
» pour lui demander d'avoir pitié de nous au milieu des périls sans
» nombre qui assiègent notre pontificat, de venir au secours de notre
» faiblesse et de nous fortifier par sa vertu ; afin que, nous acquittant

» fidèlement du ministère qui nous a été confié, nous puissions procurer
» au Seigneur la gloire qui lui est due, aux anges la joie, à nous la grâce,
» et à tous les enfants de la sainte Eglise le bonheur de la vie éternelle.
» Portez-vous bien, ma très chère Sœur. »

III.

IL semble, après cela, que l'avènement d'Hugolin au trône pontifical dût finir les angoisses maternelles de la sainte amante de la Pauvreté franciscaine. Il n'en fut rien pourtant. Bien plus même, Grégoire IX vint un jour à Saint-Damien, où il eut, avec la courageuse abbesse, un entretien demeuré célèbre dans les annales franciscaines.

— L'état de pauvreté absolue, dit-il à sainte Claire, semble bien difficile à toujours soutenir pour des religieuses. Je ne veux douter ni de vous ni de vos compagnes, mais l'avenir m'inquiète. Je prévois des jours mauvais et des troubles politiques où, dans ce dénûment, le petit couvent aura bien de la peine à subsister. Je vous conseille donc de ne pas refuser les quelques propriétés que je viens vous offrir.

Claire se jeta aux genoux du Saint-Père, le suppliant de ne pas insister. Le pape se méprit sur le vrai mobile de ces supplications.

— Si ce sont vos vœux qui vous arrêtent, dit-il, je vous dispenserai de vos vœux.

— Non, Très Saint Père, s'écria alors l'énergique fille de François d'Assise, absolvez-moi de mes péchés, mais je ne me croirai jamais dispensée de suivre d'aussi près que possible la trace de JÉSUS-CHRIST.

Ainsi parla, courageuse et saintement hardie, celle qu'on serait tenté de se représenter, comme on l'a dit, frêle, émaciée, humblement anonyme comme une fleur du cloître. « Jusque sur son lit de mort, elle luttera pour la défense des vraies idées franciscaines, avec un héroïsme, avec une audace à la fois violente et sainte, qui la mettent au premier rang des témoins de la conscience. N'est-ce pas un des plus beaux tableaux de l'histoire religieuse, que celui de cette femme qui, pendant plus d'un quart de siècle, soutient une lutte de tous les instants ; qui demeure également respectueuse et inébranlable, et ne consent à mourir qu'après avoir remporté la victoire ? [1] »

Le pontife fut attendri par l'insistance de la sainte et frappé de l'éner-

---

[1]. La bulle d'Innocent IV approuvant la règle de Saint-Damien est du 9 août 1253. Sainte Claire mourut le surlendemain. (SABATIER, *op. cit.*, p. 182.)

gie avec laquelle elle se dérobait à toute mitigation dans l'esprit comme dans la lettre des constitutions originaires du second Ordre.

Il donna de vive voix son approbation à la règle des Pauvres Dames, telle que saint François l'avait voulue, et telle que sainte Claire la défendait si énergiquement. Mais, comprenant qu'un document authentique écrit comblerait de joie et consolerait le cœur de la vaillante abbesse, aussitôt rentré à Pérouse, il rédigea le Bref suivant, encore aujourd'hui conservé aux archives du monastère d'Assise comme une relique, où les filles de sainte Claire retrouvent un éloquent souvenir de leur Mère et de son auguste protecteur :

« Grégoire, évêque, serviteur des serviteurs de DIEU.

» A sa bien-aimée fille en Notre-Seigneur JÉSUS-CHRIST, Claire, et
» aux autres Sœurs du monastère de Saint-Damien, à Assise, qui ont
» fait ou qui feront profession de la vie religieuse, salut pour toujours et
» bénédiction apostolique.

» Tous les fidèles ont appris que, pour vous consacrer à DIEU seul,
» vous avez renoncé à l'espérance des objets temporels, en rendant ce
» qui vous appartenait, en donnant le prix de vos biens aux pauvres, et
» en formant la généreuse résolution de n'avoir jamais ni possessions
» d'aucune sorte, ni revenus fixes d'aucun genre. Ainsi marchez-vous
» sur les traces du divin Maître, qui, étant riche, s'est fait pauvre pour
» nous, et qui est la voie, la vérité et la vie. Ne vous laissez donc jamais
» troubler dans vos saints projets, ni par les besoins qui pourraient vous
» survenir, ni par le manque des choses de ce monde ; car la main puis-
» sante de votre Époux céleste est toujours sous votre tête pour soutenir
» la faiblesse d'un corps que vous avez soumis à la loi de l'esprit avec
» une grande ferveur de charité. Ce même DIEU qui, par sa providence,
» nourrit et conserve chaque jour les oiseaux du ciel, qui a vêtu la terre
» de verdure et de fleurs, saura bien vous donner la nourriture et le
» vêtement nécessaires, jusqu'au jour où il se donnera lui-même à vous
» pour aliment éternel, quand, de sa droite victorieuse, il vous embras-
» sera dans sa gloire et sa béatitude.

» Comme donc vous nous avez demandé humblement de confirmer
» par la grâce apostolique cette résolution que vous avez formée de
» pratiquer la pauvreté la plus entière, nous vous octroyons volontiers,
» par l'autorité des présentes lettres, de ne pouvoir être contraintes par
» qui que ce soit à posséder quelque chose. Que si quelqu'une parmi
» vous ne peut ou ne veut pas s'assujettir à ce renoncement absolu, nous

» voulons qu'elle ne puisse demeurer avec vous, mais qu'elle soit aussitôt
» transférée dans une autre maison. Nous voulons, en outre, qu'il ne
» soit permis à personne de vous inquiéter dans votre monastère par
» quelque vexation que ce puisse être, et que si quelqu'un, ecclésiastique
» ou séculier, connaissant ces présentes, osait témérairement s'y opposer,
» ne s'amendait pas après les trois monitions d'usage, et n'offrait pas une
» satisfaction proportionnée à sa faute, il soit par le fait même privé de
» ses offices et dignités ; qu'on le regarde comme condamné à cause de
» sa perversité par le jugement de Dieu même, et qu'il soit éloigné du
» très saint Corps et du précieux Sang de Notre-Seigneur Jésus-Christ,
» qui vengera au dernier jour l'offense faite à ses épouses. A vous toutes,
» au contraire, et à tous ceux qui aimeront en Jésus-Christ votre
» monastère, paix et bénédiction en ce monde ; qu'ils reçoivent les fruits
» de leurs bonnes œuvres, et qu'au jour du jugement ils trouvent la
» récompense de la béatitude éternelle !

» Donné à Pérouse, le 16 des calendes d'octobre, la seconde année
» de notre pontificat. »

Nous verrons bientôt que la lutte ne finit point là. Jusqu'au bout, comme nous l'avons dit, Claire eut à défendre la pensée de son bienheureux Père. Quand elle remettra son âme à Dieu, c'est que la victoire aura couronné ses efforts.

IV.

Le pape, en discutant avec l'héroïque avocate de l'étroite pauvreté franciscaine, avait parlé du malheur des temps, des guerres menaçantes, dont le bruit s'entendait déjà à l'horizon, des retours de la politique cauteleuse de l'empereur Frédéric II. Les craintes de Grégoire IX ne tardèrent pas à se réaliser, et Claire, après avoir sauvé la règle, allait sauver le monastère.

Ambitieux et fourbe autant que cruel et éhonté, le tyran, deux fois excommunié par le Saint-Siège, venait de lever ouvertement l'étendard de sa révolte sacrilège. Furieux d'une première défaite sous les murs de Rome, il ne craignit pas de faire appel aux pires ennemis du nom chrétien. Les Sarrasins, cette terreur de l'Europe au moyen-âge, accoururent à l'appel du traître, qui leur abandonna, à Nocéra, une antique forteresse, d'où, comme d'une aire inaccessible, ces brigands, au nombre de vingt mille, fondaient successivement sur les points les plus divers de la vallée de l'Ombrie, coupable, aux yeux de ces mécréants, d'être la plus fidèle au Vicaire de Jésus-Christ. Spolète, Fano, Narni, avaient déjà connu les atrocités de leur fureur satanique. Le tour d'Assise était venu.

Épouvantées, les Filles de Claire se serraient autour de leur Mère, à ce moment étendue sur un lit de souffrances.

— Ne craignez point, mes Filles bien-aimées, dit la sainte abbesse, confiez-vous en Jésus-Christ, il vous sauvera !

Et aussitôt, dans la hardiesse de sa confiance, se prosternant devant le Ciboire eucharistique qui va lui servir de défense, elle s'écrie :

— Divin Jésus, daignez jeter un regard de miséricorde sur vos humbles servantes que j'ai nourries jusqu'à présent du lait de votre saint amour. Voudriez-vous donc les abandonner entre les mains de ces païens ? Conservez pures celles qui vous sont consacrées et que je ne puis défendre moi-même. Ne livrez pas aux bêtes féroces les âmes qui confessent votre nom, mais gardez celles que vous avez rachetées de votre sang précieux.

Tout à coup, une voix, douce et pénétrante, sortit du Ciboire et dit :

— Oui, je vous garderai toujours !

La confiance de Claire s'accrut, et elle s'enhardit jusqu'à demander la même protection pour la ville tout entière, sa chère ville natale, Assise :

— Seigneur, s'écria-t-elle, daignez prendre encore sous votre protection cette ville qui nous sustente pour l'amour de vous.

La même voix se fit entendre :

— Cette ville souffrira beaucoup, il est vrai ; mais elle vous défendra par ma protection et par vos prières.

Saintement transportée d'une enthousiaste allégresse, Claire dit alors à ses Filles :

— Mes bien-aimées, vous pouvez maintenant essuyer vos larmes. La victoire est à nous, puisque Dieu s'intéresse à notre cause. Excitez seulement en vous une foi vive et une ferme espérance.

Puis, animée de l'esprit d'en haut, en vraie descendante d'une race guerrière, elle va droit aux murailles extérieures et montre aux infidèles surpris le saint Ciboire [1]. Aussitôt, une terreur panique s'empare des

---

1. Nous avons déjà dit qu'on possède encore, dans le monastère de Saint-Damien à Assise, le ciboire que sainte Claire fit porter devant elle. C'est une boîte ou petit vase d'ivoire garni d'argent. Au temps de notre Sainte, il reposait dans une cassette d'un assez beau travail de marquetterie, sorte de coffre servant de tabernacle. Le 19 septembre 1832, on retrouva cette relique doublement précieuse dans les murs de la cellule de sainte Claire, avec un linge très fin qu'on

assiégeants, les plus audacieux tombent frappés d'aveuglement subit, tous prennent la fuite. Assise est délivrée, les vierges de Saint-Damien sont sauvées.

Claire, célébrée par les Assisiates comme la Judith d'une nouvelle

Sainte Claire obtient par ses prières la délivrance d'Assise assiégée par les Sarrasins.
(D'après une gravure d'Adrien Collaert. 1609.)

Béthulie, eut bientôt à compléter son rôle de défenseur de sa cité natale.

supposa être le corporal dont elle se servit pour extraire le ciboire. On montre également la fenêtre par laquelle elle le présenta aux barbares. — C'est en mémoire de ce prodige que l'art chrétien offre à notre vénération sainte Claire portant le Très-Saint Sacrement. (DEMORE, *op. cit.*, p. 182.)

Furieux de l'échec des Sarrasins, un des lieutenants du schismatique empereur, Vitalis Aversa, voulut reprendre l'œuvre abandonnée par les infidèles. Avec des bataillons intrépides, il vint mettre le siège sous les murs d'Assise, après avoir cruellement ravagé les campagnes. Toutes les communications furent coupées ; la ville, exposée aux horreurs de la famine, allait se rendre ou se voir exposée aux représailles d'un dernier assaut victorieux. Les habitants mirent leur suprême espérance en l'intercession de l'abbesse de Saint-Damien.

Claire réunit donc ses Filles et leur tint, au rapport des chroniqueurs, ce langage :

— Très douces Filles, vous voyez le danger pressant qui menace Assise ; vous savez ce que cette ville charitable fait chaque jour pour nous. Il est bien juste que nous nous intéressions à elle ; il serait même impie de ne pas la secourir autant qu'il est en nous, dans cette extrémité désolante.

Elle commande alors qu'on lui apporte de la cendre, s'en couvre la tête, en répand sur celle de ses Sœurs et leur dit :

— Allez à présent, mes Filles, présentez-vous en cet état devant Notre-Seigneur Jésus-Christ. Prosternez-vous à ses pieds, pleurez, gémissez devant lui, et, dans votre anéantissement, conjurez-le de délivrer enfin nos concitoyens.

Au lever du jour, tandis que les pieuses vierges s'offraient en holocauste pour leurs concitoyens, il se passa, dans le camp des assiégeants, un fait extraordinaire. Les bataillons se sentaient dispersés comme la poussière sous un coup de vent irrésistible, les tentes renversées s'en allaient à la dérive, les drapeaux déchirés traînaient dans la boue. La retraite sonna, épouvante sinistre, entraînant loin des murs d'Assise le général humilié sous la main de Dieu, qui le frappa misérablement à quelques jours de là, car on ne résiste pas impunément aux lois du Ciel et on ne touche pas à la liberté de l'Église.

C'était le 22 juin 1234. Chaque année, en vertu d'un vœu solennel, Assise en célèbre la mémoire. Le clergé, les magistrats, les confréries et le peuple se rendent en procession à Saint-Damien, où l'on chante la messe votive de la délivrance due aux prières de Claire et de ses ferventes compagnes.

V.

C'est peut-être après ces événements que le pape, étant revenu visiter les Pauvres Dames, donna lieu, par sa venue, au touchant prodige que les *Fioretti* ont raconté avec tant de charme. Nous nous

Innocent IV ordonne à sainte Claire de bénir les pains de la table.
(D'après une gravure d'Adrien Collaert, 1609.)

garderions de changer un mot à cette naïve narration, qui faisait les délices d'Ozanam.

Sainte Claire, y est-il raconté, très pieuse disciple de la croix du

Christ et belle plante de saint François, était d'une si grande sainteté que non seulement les évêques et les cardinaux, mais aussi le pape désiraient avec grande ardeur la voir et l'entendre ; et plusieurs fois le pape la visita en personne.

Une fois, entre autres, le Saint-Père alla au monastère où elle était, pour l'entendre parler des choses célestes et divines. Et comme ils étaient ensemble, tenant divers discours, sainte Claire, pendant ce temps, fit mettre la table et y posa le pain, afin que le Saint-Père le bénît. Ensuite, l'entretien spirituel étant terminé, sainte Claire s'agenouilla avec grand respect, et pria le pape de vouloir bénir le pain placé sur la table. Le Saint-Père lui répondit :

— Sœur Claire, très fidèle, je veux que tu bénisses ce pain, et que tu fasses sur lui le signe de la sainte Croix du Christ, auquel tu t'es toute donnée [1].

Sainte Claire lui dit :

— Très-Saint Père, pardonnez-moi ; je serais digne de trop de blâme, si, en présence du Vicaire du Christ, moi, qui suis une humble et misérable femme, j'avais la hardiesse de donner cette bénédiction.

Le pape répondit :

— Afin que ceci ne te soit pas imputé à présomption, mais, pour que tu aies le mérite de l'obéissance, je t'ordonne, par la sainte obéissance, de faire sur ce pain le signe de la très sainte Croix, et de le bénir au nom de Dieu.

Alors, sainte Claire, comme une véritable fille de l'obéissance, bénit pieusement le pain avec le signe de la très sainte Croix. Merveilleuse chose ! aussitôt le signe de la croix parut parfaitement tracé sur chaque pain. Alors une partie de ces pains fut mangée, et l'autre partie fut réservée à cause du miracle.

Le Saint-Père, qui avait vu le miracle, prit un de ces pains, et, rendant grâces à Dieu, il partit, laissant Claire avec sa bénédiction.

---

1. Ce tutoiement, qu'Ozanam a conservé avec un soin pieux pour être plus littéral, est dans le génie de la langue italienne. Il heurte nos habitudes françaises modernes, mais pour qui sait en goûter le charme, il a un prix incomparable, et nous nous serions gardé d'enlever au récit des *Fioretti* ce cachet d'archaïsme naïf.

Chapitre Quinzième.

LES DERNIERS TEMPS.

SOMMAIRE :

Long martyre. — Vision rassurante. — Le cardinal Raynald hérite de la tendre sollicitude de son oncle, le pape Grégoire, pour les Pauvres Dames. — Il vient visiter sainte Claire et lui administrer les derniers sacrements. — Lettre du cardinal. — Visite du pape Innocent IV à Saint-Damien. — Aidez-moi à rendre grâces ! — La dictée d'une mère mourante. — Testament spirituel de sainte Claire.

I.

Élas ! comme l'exil est long !

Plus d'un quart de siècle s'était écoulé depuis que son séraphique Père était parti pour le Ciel, et, depuis, elle attendait chaque jour sa délivrance. Ce n'est pas qu'elle n'entendît souvent « la réponse » de la mort tant désirée, qui la réunirait à son Père, aux virginales compagnes, les filles de son Ordre et de son cœur, qui l'avaient précédée. Une fièvre lente, desséchante, ne lui laissait aucune trêve. Son corps affaibli « semblait se refuser à vivre, il ne savait plus que souffrir. » Et cependant, les années se succédaient sans délier cette âme des liens de sa mortalité. On était parvenu à l'an 1251. Tout à coup, la faiblesse parut si grande, qu'on crut l'heure arrivée.

Or, à ce moment vivait, au couvent des Bénédictines, qui fut le premier asile religieux de Claire, une humble fille, qui gardait de la séraphique Vierge un souvenir filial. Elle eut une vision. Il lui sembla que la sainte allait mourir, mais, au milieu de ses compagnes éplorées, une dame, merveilleusement belle, apparut, qui lui dit :

— Essuyez vos larmes, très chères filles, ne pleurez point comme si elle était morte, celle qui doit vivre encore quelque temps parmi vous. Rassurez-vous donc, et tenez pour certain que votre Mère ne vous quittera pas avant que le Seigneur lui ait apparu avec ses disciples.

Effectivement, Claire reprit des forces, assez du moins pour souffrir sans mourir. Le pape Innocent IV, pendant ce temps, revenu de Lyon, se fixait à Pérouse, dans le voisinage d'Assise. Auprès du pape, vivait le cardinal protecteur des Pauvres Dames.

Son nom est demeuré cher aux Clarisses. Il s'appelait Raynald, était cardinal-évêque d'Ostie et Vellétri, et il avait hérité de la tendre véné-

✙ Ste Claire reçoit le St-Viatique des mains du cardinal Raynald. ✙
(D'après une gravure d'Adrien Collaert. 1609.)

ration de son oncle, le cardinal Hugolin, pour leur Ordre, dont il devint le protecteur après lui.

C'est le cardinal Raynald qui devait procurer à Claire, mourante, la dernière consolation de sa vie, celle qu'elle attendait depuis quarante ans de vie religieuse, le droit de vivre et de mourir dans l'étroite observance de la pauvreté évangélique. C'est à lui que la Providence réservait la gloire de prononcer le premier panégyrique de la sainte abbesse à ses obsèques, et celle plus grande encore de la placer sur les autels, quand il serait lui-même devenu pape, comme son oncle.

Le bon cardinal, sachant Claire plus malade, était accouru de Pérouse, et, sur les instances de la sainte, il crut pouvoir lui administrer les derniers sacrements.

La cérémonie fut attendrissante. La malade, qui, toute sa vie, aima si tendrement la divine Eucharistie, reçut avec une admirable avidité ce viatique, la meilleure espérance de son âme exilée. Et pourtant, avant de partir, il lui fallait cette chose qu'elle ambitionna constamment, la faveur sans laquelle l'héroïne de la sainte pauvreté ne voulait pas s'en aller.

— Père, dit-elle au cardinal ému, par l'amour que vous portez au Seigneur Jésus, je vous en conjure, continuez de prendre soin de cette pauvre famille que Dieu s'est plu à multiplier déjà dans tout l'univers. Mais surtout, je vous le demande avec larmes, daignez vous intéresser pour moi, auprès du seigneur Pape et de ses cardinaux, pour m'obtenir la dernière consolation que je désire encore recevoir avant d'expirer, le privilège authentique et définitif de la pauvreté absolue.

Ce disant, l'héroïque fille de saint François, d'ordinaire calme et forte, fondait en larmes. Raynald fut profondément remué au spectacle de cette douleur sublime ; il lui promit solennellement de s'employer dans le sens qu'elle désirait.

En sortant de Saint-Damien, il fit de pressantes recommandations dans ce même sens au ministre général et aux supérieurs de l'Ordre, réunis à Assise, puis il reprit le chemin de Pérouse.

Arrivé là, il fit si bien, auprès du pape Innocent IV, que, le seize des calendes d'octobre, muni de pouvoirs spéciaux, il avait la consolation d'écrire à Saint-Damien la lettre suivante :

« Raynald, par la miséricorde divine évêque d'Ostie et Vellétri, à sa
» très chère Mère et fille en Jésus-Christ, Claire, abbesse de Saint-
» Damien, à Assise, et à ses Sœurs, tant présentes que futures, salut et
» bénédiction paternelle.

» Filles chéries en Jésus-Christ, puisque vous avez méprisé les
» pompes et les délices du siècle, et que, suivant les traces de Jésus-
» Christ et de sa très sainte Mère, vous avez voulu demeurer enfermées
» corporellement et vivre dans une souveraine pauvreté, afin de servir

» le Seigneur avec un esprit libre de « toutes les sollicitudes terrestres »,
» nous-même, estimant dans le Seigneur la sainte résolution que vous
» avez prise, nous consentons volontiers à l'accomplissement de vos
» vœux et de vos saints désirs, et nous les accueillons avec une affection
» paternelle et une faveur bienveillante. C'est pourquoi, touché de vos
» pieuses prières, nous confirmons à perpétuité, par l'autorité de notre
» saint Père le Pape et par la nôtre, et nous ratifions, pour vous et pour
» toutes celles qui vous succéderont dans ce monastère, la forme de vie
» et la règle de la sainte unité et de la très haute pauvreté, que votre
» bienheureux Père saint François vous a donnée de vive voix et par
» écrit, et qui est ici rapportée. »

Le cardinal citait ensuite en entier la règle du bienheureux patriarche, en y ajoutant seulement un ou deux articles relatifs à son culte ; et il fermait sa missive par la teneur officielle : « Donné à Pérouse, le 16
» des calendes d'octobre, et la dixième année du pontificat de notre
» saint Père le Pape Innocent IV. »

II.

C'ÉTAIT quelque chose, beaucoup même, eu égard aux dispositions prises par le même pape et restreignant le privilège tant désiré. Claire devait attendre encore un peu, mais sans consentir un instant à se décourager.

Innocent IV vint la voir. Il voulait, disait-il, se recommander aux prières de celle dont les vertus et les miracles remplissaient toute l'Italie, et la bénir au nom du Seigneur, dont il était le vicaire et le représentant visible sur la terre.

La sainte abbesse fut consolée de cette auguste visite. Le pape fut si bon pour elle, qu'il consentit à poser son pied sacré sur un méchant escabeau, pour que Claire pût le baiser, ce qu'elle fit, dit la chronique, avec une inexprimable tendresse. Puis elle conjura le successeur de Pierre de lui accorder l'indulgence plénière. A cette demande, Innocent IV ne put s'empêcher de répondre :

— Ah ! ma très chère Sœur, que nous serions heureux nous-même, si notre âme n'avait pas un plus grand besoin de ce pardon !

Quand le pape se fut retiré, Claire demanda à ses Sœurs de l'aider à remercier Dieu.

— Louez Dieu, mes très chères filles, des grands bienfaits qu'il a daigné m'accorder aujourd'hui. Le Ciel et la terre ne suffiraient pas pour les reconnaître. J'ai reçu mon Seigneur et mon Dieu [1], et j'ai mérité de voir son vicaire.

Elle avait reçu une autre grâce, celle que nous dirons au chapitre suivant. Ici, nous interrompons encore le récit de cette fin bienheureuse, pour assister aux dictées qui suivirent la visite d'Innocent IV.

Comme son divin Époux l'avait fait au soir de la Cène, comme François avant de quitter ses Frères, Claire, cédant aux instances de ses filles, dicta son testament.

Le voici, tel que de récentes découvertes ont permis de le traduire pour la première fois dans sa belle intégralité. Lisons-le, comme les Sœurs de Saint-Damien l'entendirent, avec le respect attendri que des enfants bien nés mettront toujours à entendre et à recueillir l'expression des dernières volontés d'une Mère.

« Au nom du Seigneur. ainsi soit-il [2].

» I. — Parmi tous les bienfaits que nous avons reçus et que nous
» recevons encore chaque jour de la libéralité du Père des miséri-
» cordes (bienfaits pour lesquels nous devons rendre à sa gloire les plus
» vives actions de grâces), il faut surtout compter notre vocation,
» pour laquelle nous lui devons d'autant plus qu'elle est plus grande et
» plus parfaite. Aussi l'Apôtre disait-il : Voyez quelle est votre voca-
» tion. C'est le Fils même de Dieu qui s'est fait notre voie, et c'est
» notre bienheureux Père saint François, son vrai disciple et son
» imitateur, qui nous l'a montrée et enseignée par sa parole et son
» exemple.

» Nous devons donc considérer, mes très chères Sœurs, les immenses
» bienfaits que le Seigneur nous a accordés, et surtout ce qu'il a daigné
» faire à notre égard, par l'entremise d'un de ses plus chers serviteurs,
» non seulement après notre conversion, mais même lorsque nous étions
» dans la vanité du siècle. Ce saint n'avait encore ni frères ni disciples,

---

1. Le matin, dit M. Demore (p. 253), elle avait eu le bonheur de recevoir encore une fois du ministre provincial le viatique de l'immortalité. L'hostie sainte avait semblé disparaître entre les mains du vénérable prêtre, et l'admirable Sœur Françoise de Collo-Mezzo, perdant de vue les espèces du sacrement qui sert de voile à la puissance et à la bonté du Sauveur, n'y avait plus découvert que les traits d'un jeune enfant, tout rayonnant de beauté.

2. Cette traduction a été collationnée sur le texte latin donné par le P. Wading. Tome III, année 1253, 2ᵉ édition, Rome, 1732. Elle diffère dès lors assez notablement de la traduction donnée par le vénérable abbé Demore.

» presque aussitôt après sa conversion, lorsque, rebâtissant cette église
» de Saint-Damien, où il avait été comblé des consolations divines et
» poussé à quitter entièrement le monde, il prédit de nous, dans l'excès
» de sa joie et par une inspiration du Saint-Esprit, ce que le Seigneur a
» accompli plus tard. Car alors, montant sur les murs de cette église, et

Innocent IV.
(D'après une estampe de la *Vie des Pontifes*, gravée par
J.-B. de Cavallieri, XVIIᵉ siècle.)

» s'adressant à quelques pauvres du voisinage, il leur dit à haute voix et
» en langue française : « *Venez m'aider dans la construction du Monas-*
» *tère de Saint-Damien, parce qu'il doit y avoir ici des Dames dont la*
» *réputation et la sainte vie glorifieront notre Père Céleste dans toute sa*
» *sainte Église.* » Nous pouvons donc reconnaître en cela l'immense
» bonté de DIEU à notre égard, puisque, dans l'abondance de sa misé-

» ricorde et de sa charité, il daignait parler ainsi de notre vocation et de
» notre élection, par l'organe de son serviteur.

» II. — Et ce ne fut pas seulement de nous que notre bienheureux
» Père fit cette prédiction ; il parlait encore des autres qui devaient avoir
» part à la sainte vocation à laquelle Dieu nous a appelées. Avec quel
» soin par conséquent, et avec quelle ferveur d'esprit et de corps, devons-
» nous observer les commandements de Dieu et de notre Père, afin
» qu'avec l'aide du Seigneur, nous puissions un jour lui rendre le talent
» que nous aurons fait valoir ! car il nous a choisies, non seulement pour
» être le modèle et le miroir des fidèles, mais encore pour être celui de
» nos Sœurs qu'il a appelées à l'observation de la même Règle, afin qu'à
» leur tour elles soient le miroir et le modèle de ceux qui vivent dans le
» monde. Puisque le Seigneur nous a appelées à des choses si grandes
» que celles qui servent de modèle et d'exemple aux autres qui puissent se
» modeler sur nous, c'est donc pour nous une grave obligation de le bénir,
» de le louer et nous encourager à mieux faire. En vivant ainsi, nous lais-
» serons donc aux autres un bel exemple et nous acquerrons pour nous-
» mêmes, par un travail de courte durée, le prix de la béatitude éternelle.

» III. — Après que le Très-Haut Père Céleste eut daigné par sa
» miséricorde et sa grâce éclairer mon cœur, afin que je fisse pénitence
» suivant l'exemple et les instructions de notre bienheureux Père saint
» François, peu de temps après sa conversion, de concert avec quelques
» Sœurs que le Seigneur m'avait données après ma propre conversion,
» je promis volontairement à son serviteur obéissance, selon la lumière
» de la grâce que Dieu nous avait montrée dans la vie exemplaire et
» l'enseignement du Bienheureux. Alors, considérant que, toutes frêles et
» délicates que nous fussions naturellement, nous ne reculions pourtant
» devant aucune espèce de privations, pauvreté, fatigues, tribulations ou
» mépris du monde, et que même nous regardions tout cela comme de
» grandes délices, à l'exemple du Saint et de ses Frères, ainsi que lui-
» même et ses disciples avaient pu souvent s'en convaincre, le bien-
» heureux François s'en réjouit beaucoup dans le Seigneur, et, plein de
» charité pour nous, il s'obligea à prendre toujours de nous, par lui-
» même ou par son Ordre, un soin particulier et une sollicitude égale à
» celle qu'il avait pour ses propres Frères. C'est ainsi que, par la volonté
» du Seigneur et de notre bienheureux Père François, nous quittâmes
» le lieu dans lequel nous avions demeuré peu de temps [1], et nous

---

[1]. Le monastère de Saint-Paul et celui de Saint-Ange du Panso, au voisinage d'Assise.

» vînmes nous établir auprès de l'église de Saint-Damien, où Dieu nous
» multiplia bientôt, par sa miséricorde et sa grâce, afin d'accomplir ce
» qu'il avait prédit par son serviteur.

» IV. — Le Saint nous donna ensuite une Règle de vie, et il voulut
» surtout que nous fussions persévérantes dans la sainte Pauvreté. Il ne
» se contenta pas, durant sa vie, de nous exhorter à l'amour et à l'obser-
» vance de cette précieuse vertu par ses discours réitérés ; il nous
» adressa encore plusieurs lettres, afin qu'après sa mort, nous ne vinssions
» à nous en écarter le moins du monde, comme le Fils de Dieu qui,
» tant qu'il vécut sur la terre, ne voulut jamais s'écarter de cette sainte
» Pauvreté, et aussi comme notre bienheureux Père saint François qui,
» marchant sur ses traces, la choisit pour son partage et celui de ses
» Frères, et leur montra par ses exemples et son enseignement à ne
» s'en éloigner jamais.

» V. — C'est pourquoi, moi Claire, malgré mon indignité servante de
» Jésus-Christ et des pauvres Sœurs du Monastère de Saint-Damien,
» et petite plante de notre bienheureux Père, considérant avec mes
» Sœurs l'excellence de notre profession, les commandements d'un tel
» Père et la fragilité des autres, dont nous craignions de faire nous-
» mêmes l'expérience, quand la mort nous aurait ravi celui qui était
» notre colonne et, après Dieu, notre unique consolation et notre appui,
» nous nous sommes engagées volontairement et plusieurs fois au service
» de notre Dame, la très sainte Pauvreté, afin qu'après ma mort, nos
» Sœurs qui vivent encore et celles qui leur succéderont ne puissent
» jamais s'en éloigner. Attentive donc à observer fidèlement la sainte
» Pauvreté que nous avons promise au Seigneur et à notre Père saint
» François, et à la faire observer par les autres, j'ai mis en outre, pour
» plus de précaution, toute ma sollicitude à obtenir du pape Innocent III,
» sous le pontificat duquel nous avions commencé, puis des divers Pon-
» tifes ses successeurs [1], que notre profession de très sainte Pauvreté fût
» garantie par leurs privilèges, afin que jamais nous ne puissions nous en
» écarter d'aucune manière.

» VI. — C'est pourquoi, à genoux et humblement prosternée, je
» recommande mes Sœurs présentes et futures à notre sainte Mère
» l'Église Romaine, au Souverain-Pontife, et en particulier au Cardinal
» qui sera nommé Protecteur de l'Ordre des Frères Mineurs et du nôtre.

---

1. Honorius III, Grégoire IX et Innocent IV, qui combla enfin les vœux de la sainte abbesse par une Bulle expresse, solennelle et définitive.

» Pour l'amour de ce divin Sauveur qui, pauvre, a été mis dans une crèche,
» qui a vécu pauvre en ce monde et qui est mort nu sur une croix, je con-
» jure ce Cardinal de veiller sur son petit troupeau que le Père Céleste a
» formé dans sa Sainte Église par les paroles et l'exemple de saint Fran-
» çois notre bienheureux Père, afin qu'en imitant la pauvreté et l'humilité
» de son cher Fils et de la glorieuse Vierge Marie, nous observions fidè-
» lement la sainte Pauvreté que nous avons promise à Dieu et à notre
» bienheureux Père et que cette vertu se conserve et fleurisse toujours
» parmi nous.

» VII. — En outre, comme le Seigneur nous avait donné notre bien-
» heureux Père pour notre fondateur, notre guide, notre appui dans le
» service de Jésus-Christ et dans l'accomplissement des promesses que
» nous avions faites à Dieu et à lui-même, et comme ce bienheureux Père,
» tant qu'il a vécu, a été plein de sollicitude à nous cultiver par sa parole et
» par ses œuvres et à nous faire croître comme ses petites plantes, ainsi je
» lègue et recommande mes Sœurs présentes et futures au successeur de
» notre bienheureux Père saint François et à l'Ordre tout entier, pour
» qu'il nous aide à avancer toujours dans le service de Dieu, et surtout à
» mieux garder la très sainte Pauvreté. Si jamais il arrive que nos Sœurs
» quittent ce lieu pour se transporter ailleurs, qu'elles soient tenues néan-
» moins de garder, après ma mort et partout où elles se trouveront, la
» forme de pauvreté que nous avons promise à Dieu et à notre bienheu-
» reux Père François. Que celle qui sera en charge et aussi les autres
» Sœurs veillent toujours et soient attentives à n'acquérir ou accepter
» aucun terrain autour de leur habitation, autant qu'une extrême néces-
» sité le demandera pour un jardin à cultiver des légumes. Si jamais
» il fallait, pour la décence et l'isolement du Monastère, qu'elles eussent
» un peu de terre en dehors du jardin ici mentionné, qu'elles ne souffrent
» pas qu'on en acquière plus que n'exige une nécessité absolue ; et encore
» que ce terrain qu'on sera obligé d'avoir ne soit ni labouré ni ensemencé,
» mais qu'il reste toujours inculte et en friche.

» VIII. — J'exhorte en Notre-Seigneur Jésus-Christ toutes mes Sœurs
» présentes et futures, et je leur recommande de s'appliquer toujours à
» suivre la voie de la sainte simplicité, de l'humilité, de la pauvreté et
» d'une honnête et sainte vie, conformément à l'éducation que nous
» avons reçue de notre bienheureux Père saint François, dès le commen-
» cement de notre conversion à Jésus-Christ. C'est au moyen de ces
» vertus qu'elles répandront toujours autour d'elles et au loin la bonne

» odeur d'une sainte réputation, non par leurs propres mérites, mais par
» la seule grâce et faveur du Père des miséricordes. En vous aimant mu-
» tuellement par la charité de Jésus-Christ, manifestez au dehors par vos
» œuvres l'amour que vous avez dans vos cœurs, afin de porter ainsi par
» votre exemple vos Sœurs à croître sans cesse en amour de Dieu, en
» mutuelle charité. Je prie également celle qui sera en charge de s'appli-
» quer à devancer les autres, bien plus par ses vertus et sa sainte
» vie que par sa dignité, afin que ses Sœurs, animées par son exemple,
» lui obéissent toujours, non seulement par devoir, mais plus encore par
» amour.

» Qu'elle ait pour ses Sœurs la prévoyance et les attentions d'une
» tendre mère pour ses filles. Qu'elle ait bien soin, avec les aumônes que
» le Seigneur donnera, de les pourvoir de tout selon les besoins de cha-
» cune. Enfin, qu'elle soit si bonne et d'un abord si facile, que toutes
» puissent avec assurance lui manifester leurs besoins et recourir à elle, à
» toute heure, avec confiance, selon qu'il leur paraîtra convenable, tant
» pour elles-mêmes que pour leurs compagnes. Mais aussi, que les
» Sœurs qui sont subordonnées se rappellent que, pour Dieu, elles ont
» fait abnégation de leur volonté propre ; et par conséquent, je veux
» qu'elles obéissent à leur Mère, ainsi qu'elles l'ont promis sponta-
» nément, afin que l'Abbesse, voyant leur charité, leur humilité et leur
» union constante, porte plus aisément tout le poids de sa charge, et que
» ce qui est lourd et amer de soi-même devienne, par leur sainte vie, une
» douce consolation.

» IX. — Enfin (n'oublions jamais) que le chemin et le sentier qui
» conduisent au Ciel sont rudes ; que la porte qui mène à la vie est
» étroite ; qu'il y en a peu qui la trouvent et qui y entrent, et que, s'il y
» en a quelques-uns qui y marchent pendant un certain temps, il y en a
» très peu qui y persévèrent. Mais que bienheureux sont ceux à qui il
» est donné d'y avancer et d'y persévérer jusqu'à la fin ! Prenons donc
» garde, mes Sœurs, si nous avons embrassé la voie du Seigneur, de ne
» jamais nous en écarter en aucune manière par notre faute, notre tié-
» deur ou notre ignorance, de peur que nous ne fassions injure à un si
» grand Maître, à sa très sainte Mère, à notre Père le bienheureux
» François, à l'Église triomphante, et aussi à l'Église militante. Car il
» est écrit : « *Maudits ceux qui s'éloignent de vos commandements* [1] ! »
» C'est pourquoi je fléchis humblement les genoux devant le Père de

---

1. Ps. CXVIII, 21.

» Notre-Seigneur Jésus-Christ, et j'implore l'assistance de la glorieuse
» Vierge Marie, sa sainte Mère, de notre bienheureux Père François et
» de tous les Saints, afin que Dieu, qui nous a donné la grâce de bien
» commencer, nous donne aussi toujours l'accroissement et la persé-
» vérance finale. Ainsi soit-il.

» Afin que cet écrit soit mieux observé, je vous le laisse, mes très
» chères et bien-aimées Sœurs, présentes et futures, en signe de la
» bénédiction du Seigneur, de celle de notre bienheureux Père Fran-
» çois et de celle que je vous donne aussi, votre Mère et votre ser-
» vante. »

Chapitre Seizième.

LA MORT.

SOMMAIRE :

Le soir d'un beau jour. — Autour de la mourante. — Arrivée d'Agnès — Sainte Claire lui prédit qu'elles seront bientôt réunies au Ciel. — L'improvisation du Frère Junipère. — Les Sœurs de Florence. — La bénédiction suprême. — Message au Pape et réponse d'Innocent IV. — Le *Nunc dimittis* de sainte Claire. — Tournée vers Jésus. — Frère Ange. — Frère Léon. — Leur douleur auprès de la sainte agonisante. — Allons, mon âme ! — Mère, à qui parlez-vous ? — La procession des vierges célestes. — Le baiser de leur Reine. — Comme un fruit mûr. — A la suite de Marie.

I.

A fin d'une sainte vie est comme le soir d'un beau jour.

Autour de Claire mourante s'empressaient des cœurs si grands et si bons, que la mort perdait pour elle toutes ses horreurs, et il dut lui sembler plus d'une fois que c'était là le Ciel commencé dans l'exil finissant.

Ses filles ne voulaient plus la quitter un instant. Elles en oubliaient la nourriture et le sommeil. Entendre encore quelques paroles de leur Mère, considérer la beauté de son pur regard et la couleur de ses yeux, que nul, jusque-là, n'avait jamais connue, soutenir et baiser ses mains défaillantes, toujours levées vers le Ciel entr'ouvert devant elles, voilà ce qu'elles suppliaient la sainte abbesse de leur laisser faire, tandis qu'il en était encore temps.

Tout à coup, sans qu'on l'attendît, arriva Agnès, la première compagne de la fondatrice, sa sœur selon le sang, sa fille selon son cœur. Elle avait appris, à Florence, la fin prochaine de Claire, et, après une généreuse séparation de trente-quatre années, elle accourait auprès de cette sœur bien-aimée qu'elle appelait sa Mère.

En la reconnaissant, Claire sourit d'un ineffable sourire. Les larmes d'Agnès finirent cependant par l'émouvoir.

— Très douce sœur, disait Agnès, voudriez-vous donc me quitter ? Pourquoi ne m'obtiendriez-vous pas la grâce de vous suivre ?

— Ma sœur, répondait Claire, c'est la volonté de Dieu que je m'en aille. Mais rassurez-vous, vous me rejoindrez bientôt, après, toutefois, que le Seigneur vous aura accordé une très grande grâce.

Il en fut ainsi. Trois mois après Claire, Agnès la suivit dans la mort, et aussi dans la vénération des peuples, mais auparavant, elle vit les miracles opérés sur le tombeau de sa sœur et assista aux premiers honneurs rendus à sa mémoire.

Les premiers compagnons survivants de François accoururent, de leur côté, auprès de la mourante, pour s'édifier de leurs mutuels souvenirs, entr'autres ce bon et naïf Frère Junipère, que Claire appelait « le joujou du bon Dieu. » En l'apercevant, elle lui sourit doucement et lui dit, d'un air heureux :

— Eh bien ! Père très saint, n'auriez-vous rien à m'apprendre de nouveau de mon Dieu ?

Junipère, aussitôt, se mit à parler de l'amour de Dieu pour ses créatures, avec des paroles si brûlantes que tous les assistants, dit le vieil historien, sentirent s'allumer en eux le feu divin qui consumait cette âme simple et pure [1].

Claire fut ravie en Dieu pendant qu'il parlait. Puis, tout à coup, sortant de ce doux sommeil de son âme, elle dit aux religieuses :

— Allez vite, mes filles, au-devant de vos Sœurs qui arrivent de Florence pour me voir. Hâtez-vous, car les voilà déjà à la porte, et, dès que vous leur aurez donné les soins que leur fatigue réclame, amenez-les-moi, pour que je les bénisse avant de mourir.

On descendit aussitôt et on trouva effectivement à la porte deux religieuses du couvent d'Agnès, qui venaient de Florence, voir leur Mère avant qu'elle mourût. Ce fut, pour Claire, une joie ineffable. Elle se complut à leur faire raconter comment on vivait au cher monastère de Mont-Ciel, et leur donna ses derniers conseils.

A ce moment, se passa une scène, immortalisée par les annales de

---

1. Junipère avait l'âme d'un enfant, naïve, ardente, tout entière à l'idée qui l'occupait, et, quand cette idée était bonne en soi, incapable d'apercevoir ce qui pouvait ou devait en empêcher l'exécution... Sainte Claire disait agréablement de lui, en le voyant livré à cette bonne volonté sans contrôle : « C'est le jouet de Jésus-Christ. » Saint François l'aimait aussi, bien qu'il lui eût causé plus d'un embarras : « N'importe, » disait-il, et il ajoutait, en jouant sur son nom : « Il nous faudrait une forêt de pareils genevriers. » (LE MONNIER, op. cit., t. 1er, p. 192.)

l'Ordre, où l'on conserve, comme une relique, le texte des paroles que la Mère prononça pendant qu'elle se passait.

Toutes les Pauvres Dames, à genoux, conjuraient la sainte abbesse de les bénir. Elle finit par céder à leurs instances, et, d'une voix grave, sur un ton solennel, elle prononça lentement la célèbre bénédiction :

« Au nom de la Très-Sainte Trinité. Ainsi soit-il.

» Mes très chères Sœurs, que le Dieu tout puissant vous bénisse,
» qu'il jette sur vous un regard de miséricorde, qu'il vous donne la paix,
» à vous, à celles qui sont absentes et à toutes celles qui, après vous,
» entreront dans cet Ordre et persévéreront jusqu'à la fin dans cette
» sainte Pauvreté, soit en ce monastère, soit en tout autre qui suit la
» même Règle.

» Moi, Claire, servante inutile de Jésus-Christ et petite plante de
» notre Père saint François, moi votre Sœur et votre Mère, je prie
» Notre-Seigneur Jésus-Christ et le conjure, par l'intercession de la
» bienheureuse Vierge Marie, sa très sainte Mère, de l'Archange saint
» Michel, des saints Anges, de notre bienheureux Père et de tous les
» Saints, de vouloir bien vous donner sa bénédiction, et confirmer ainsi
» dans le Ciel celle que je vous donne en son nom sur la terre. Qu'ici-
» bas il vous comble de ses grâces pour vous admettre au rang des
» Saints. Oui, je vous donne ma bénédiction à présent, tandis que je vis
» encore, et je vous la confirme, autant que je le puis, pour le temps qui
» suivra ma mort. Au nom du Père, et du Fils, et du Saint Esprit. Ainsi
» soit-il. »

II.

L'heure était proche où le dernier vœu de la mourante se réaliserait. Elle ne voulait pas mourir auparavant. Dieu l'exauça.

Un messager d'Innocent IV arrive à Saint-Damien, porteur de la réponse du Pape à la supplique de sa fille mourante, le conjurant de ne pas la laisser mourir sans avoir transformé les autorisations verbales et les brefs particuliers en une bulle expresse, générale, solennelle et définitive.

La bulle arriva. Claire, d'une main tremblante d'émotion, l'âme et le cœur tressaillant, comme Siméon à l'approche du Messie Rédempteur, baisa le sceau pontifical et lut, de ses yeux mourants, la teneur de ce document si longtemps attendu :

« Innocent, évêque, serviteur des serviteurs de Dieu.

» A ses bien-aimées filles en Jésus-Christ, Claire, abbesse, et aux
» autres Sœurs du monastère de Saint-Damien, à Assise, salut et béné-
» diction apostolique.

» Le Siège apostolique a coutume de condescendre aux pieux désirs
» et d'écouter avec une faveur bienveillante les justes demandes de ceux
» qui s'adressent à lui. Comme donc on nous a humblement supplié de
» votre part qu'il nous plût de confirmer, par l'autorité apostolique, la
» forme de vie que vous devez garder ensemble, en union d'esprit et
» vœu de la très haute Pauvreté, règle qui vous a été donnée par saint
» François, que vous avez volontairement adoptée, et que notre véné-
» rable Frère l'évêque d'Ostie et de Vellétri a jugé convenable d'ap-
» prouver, telle qu'elle est contenue en entier dans les lettres écrites par
» lui-même : Nous, accueillant les prières de votre dévotion, ratifiant
» tout ce qui a été fait à cet égard par le même évêque et l'ayant pour
» agréable, nous le confirmons par le pouvoir de notre charge, et nous
» le rendons inviolable par la protection du présent écrit, et c'est pour-
» quoi nous faisons insérer mot à mot, dans ces présentes, la teneur des
» susdites lettres qui sont ainsi conçues. »

Suivait le texte des concessions données aux Pauvres Dames par le cardinal Raynald. Le Pape ajoutait, en terminant :

« Qu'il ne soit donc absolument permis à personne d'enfreindre la
» présente bulle de confirmation, ou d'y contrevenir par une téméraire
» audace. Si quelqu'un avait la hardiesse de le tenter, qu'il sache qu'il
» encourrait l'indignation du Dieu tout-puissant et des bienheureux
» Pierre et Paul, ses apôtres.

» Donné à Assise, le 5 des ides d'août (9 août 1253), l'an onzième de
» notre pontificat. »

Maintenant, Seigneur, vous renverrez en paix de ce monde votre servante, parce que ses yeux ont vu, dans le présent et dans le lointain des âges, le salut et la rédemption en Israël d'une multitude d'âmes généreuses, par l'observance stricte de la pauvreté prêchée par votre Christ, lumière pour ceux du dehors et gloire pour vos enfants de prédilection, les fils et les filles du séraphique patriarche d'Assise et de sa vaillante coopératrice, la Mère des Pauvres Dames de Saint-Damien !...

III.

L'HEUREUSE agonisante tourna alors uniquement ses pensées vers l'Époux céleste, qui lui tendait les bras. Frère Reynald l'exhortait à la patience. Elle sourit doucement et dit :

— Eh ! très cher Frère, quelles actions de grâces n'ai-je pas à rendre à mon Sauveur ! Depuis que je l'ai connu par les instructions de son grand serviteur François, aucune peine ne m'a été importune, aucune pénitence ne m'a semblé difficile, aucune maladie ne m'a paru douloureuse.

Frère Léon et Frère Ange vinrent la voir ; sur sa demande, ils lui firent la lecture de la Passion de Notre-Seigneur selon saint Jean. Frère Ange, triste lui-même à en mourir, trouvait dans son cœur de douces paroles pour consoler les Pauvres Dames, devenues incapables de contenir leurs sanglots. Quant à Frère Léon, il écoutait dans le ravissement les derniers élans de la fille bien-aimée de celui dont il fut le saint Jean [1]. Il baisait avec un respect attendri les pauvres couvertures du grabat où mourait la sainte abbesse.

Tout à coup, cessant de s'adresser à ceux qui l'entouraient, Claire parut rayonner d'une joie inconnue, et on l'entendit qui disait :

— Allons, mon âme, sache que tu as un bon viatique qui t'accompagne, un excellent guide pour te montrer la voie. Ne crains rien, sois tranquille, car Celui qui est ton créateur t'a sanctifiée, et a toujours veillé sur toi avec le tendre amour d'une mère pour son enfant. Vous, ô Seigneur ! soyez béni de ce que vous m'avez créée.

La Sœur Anastasie la conjura de lui faire connaître à qui elle parlait si tendrement.

---

1. Ce fut peut-être celui que François aima le mieux. Ce fut son saint Jean. Frère Léon était de Viterbe. Comme il arrive quelquefois, il y avait un entier contraste entre son corps et son âme : son corps était fort et robuste, son âme était la douceur, la réserve, la pureté même. François discerna bien vite tout ce qu'il y avait de délicatesse sous cette enveloppe un peu épaisse, et dans l'intimité il ne l'appela plus que « la petite brebis du bon DIEU. » Il en fit son compagnon ordinaire et son confident le plus intime. Il le choisit même comme confesseur, voulant n'avoir aucun secret pour lui, et le faire assister, comme un chaste témoin, aux plus intimes mystères de sa vie surnaturelle. Quelques-uns de leurs entretiens de voyage sont demeurés célèbres : on ne saurait rien imaginer de plus suave et de plus élevé. Le plus connu est celui au cours duquel saint François enseigna divinement quelles choses font la joie parfaite. (*Ibid.*, p. 172.)

— Ma fille chérie, répondit simplement la mourante, je parle à mon âme bienheureuse.

Puis, se tournant vers sa nièce, la Sœur Agnès :

— Vois-tu, dit-elle, ma fille, le Roi de gloire que je contemple?

Le Seigneur ouvrit leurs yeux. Elles virent entrer par la porte une longue procession de vierges, vêtues de blanc, et portant sur leur tête une couronne d'or. L'une d'elles était plus belle que les autres : elle avait un diadème orné de pierreries, et de tout son corps émanait une lumière qui remplissait la cellule. Elle approcha du lit de Claire, et, s'inclinant vers elle, la pressa tendrement sur son cœur.

Claire ne dit plus un mot après ce céleste baiser de la Reine des vierges. Elle reçut les inclinations des célestes compagnes de Marie, qui parurent étendre sur elle un manteau royal.

C'était le soir du 10 août 1253, fête de saint Laurent.

Le lendemain matin, comme un fruit mûr qui se détache de l'arbre, sa sainte âme se détacha, avec un soupir d'amour, de son corps virginal, et suivit les vierges qui l'étaient venues chercher.

Chapitre Dix-septième.

LA GLORIFICATION.

SOMMAIRE :

Comment la ville d'Assise parut tout à coup déserte. — Le Pape à Assise. — Qu'on chante l'office des vierges ! — Premier panégyrique de la sainte. — Les acclamations. — Les miracles. — Agnès peut mourir. — La voix du peuple devance la voix de l'Église. — A Anagni. — Le consistoire. — La canonisation. — La bulle d'Alexandre IV. — Première translation. — Invention des reliques de sainte Claire en 1850. — Récit par les Clarisses d'Assise. — Les grandes reliques des deux saints fondateurs. — Description. — O Claire, obtenez-nous de vous comprendre !...

I

INSI mourut, si c'est là mourir, la sainte d'Assise.

Comme à la mort de François, la ville entière émigra vers le couvent des Pauvres Dames et « parut déserte. » La municipalité fit cerner le monastère de Saint-Damien, de peur que des voisins, jaloux de ce grand honneur, n'eussent la pensée de soustraire à la garde des Assisiates le dépôt sacré qu'ils possédaient.

Un grand bruit de chevauchées s'élevait dans le lointain.

— Le Pape ! le Pape !... crièrent à la foule les coureurs envoyés à la reconnaissance des arrivants. C'était, en effet, Innocent IV, accompagné de toute sa cour, qui, prévenu de la mort de l'abbesse, arrivait pour présider lui-même à ses funérailles. Grand et exceptionnel honneur, mais qui sembla naturel, tant il était mérité, à ce bon peuple dans lequel la sainte défunte comptait tant de miraculés et d'obligés spirituels.

On entonna l'office des morts.

— Non, s'écria le Pape, arrêtez ces chants de tristesse, soyons tout à la joie des saints. Qu'on chante l'office des vierges.

Le cardinal Raynald, l'ami de la sainte, s'approcha du trône papal.

— Saint-Père, observa-t-il, il serait peut-être plus utile à la gloire de Claire de procéder moins vite à sa canonisation.

Innocent IV comprit la portée de cette sage remarque, et n'insista point.

Quand l'office fut achevé, le Pape, les cardinaux, les évêques s'étant assis, le cardinal Raynald prononça l'oraison funèbre de l'abbesse.

Vanité des vanités... dit-il, et, sur ce texte fameux de l'Ecclésiaste, il ouvrit le thème de son panégyrique. Il montra le néant des choses humaines et loua éloquemment la patricienne d'Assise d'avoir dédaigné les biens illusoires et passagers pour les seuls biens réels et sans fin. Si la prudence n'avait pas permis au cardinal protecteur de souscrire à ce qu'un culte religieux fût immédiatement rendu à l'abbesse de Saint-Damien, il ne dissimula point sa foi et sa ferme conviction de la sainteté de la morte...

Mais, voici que le son des trompettes guerrières a retenti, accompagné de chants d'allégresse. Le corps de la sainte est levé de terre et triomphalement porté dans l'église de Saint-Georges, là même où primitivement avait été déposé le corps de saint François, « afin, » dit le vieil hagiographe, « que celui qui avait préparé le chemin de la vie à la » vivante, préparât aussi le séjour de la morte... »

Il se fit aussitôt un grand concours de population au tombeau de la vierge. Les pèlerins louaient Dieu et ne cessaient de redire, au témoignage des auditeurs contemporains, qui nous ont conservé leurs acclamations :

« Elle est vraiment sainte, elle est vraiment glorieuse, elle règne avec » les anges, celle qui, sur la terre, reçoit des hommes tant d'honneur. » Intercédez pour nous, primicière des Pauvres Dames, vous qui en » avez conduit d'innombrables à la pénitence, d'innombrables à la vie... »

La glorification de sa sœur, voilà ce que Claire mourante avait prédit à l'abbesse de Mont-Ciel, la bienheureuse Agnès. Maintenant, Agnès pouvait mourir. « Peu de jours après, dit le pieux historiographe, » Agnès, appelée aux noces de l'Agneau, suivait sa sœur Claire dans » les éternelles délices, où toutes deux, filles de Sion, mues par la » nature, par la grâce et par la royauté, se réjouissent sans fin en Dieu. »

Les chroniques sont remplies du récit des miracles qui se firent, soit au tombeau de sainte Claire, soit ailleurs par son intercession, témoignant de la puissance que Notre-Seigneur accordait à sa virginale épouse. « Par sainte Claire, disent les contemporains, les démons fuient, » la folie furieuse s'apaise et disparaît, les yeux de l'aveugle s'ouvrent à » la lumière, les membres inertes reprennent leur vigueur. Que de pères

» et de mères en larmes sont exaucés par la vierge, qui n'a connu que
» la maternité spirituelle ! »

Les parents d'un pauvre petit paralysé promettent à la sainte que, si elle sauve leur fils, celui-ci sera « son homme », c'est-à-dire, suivant l'expression consacrée au moyen-âge, son chevalier. Claire guérit l'en-

Funérailles de sainte Claire.
(D'après une gravure d'Adrien Collaert. 1609.)

fant, et, tout joyeux, le petit garçon va en sautant au tombeau de la sainte où le conduisent ses parents.

Une montagnarde du diocèse d'Assise a eu l'un de ses deux fils dévoré par un loup. Un jour, tandis qu'elle vaquait aux soins de son ménage, son dernier fils se trouvait hors du logis. Mais, voici que des hommes, qui travaillaient dans les vignes, appellent la pauvre mère et lui disent :

— Vois donc si tu as ton fils, car, depuis un moment, nous entendons des cris de douleur et des pleurs inaccoutumés.....

L'enfant ne se retrouva plus. Comme son frère, il avait été la proie d'un loup. Folle de douleur, remplissant l'air de ses cris déchirants, la malheureuse mère adresse à la grande protectrice d'Assise un appel désespéré :

— Sainte et glorieuse vierge Claire, rends-moi mon pauvre enfant ! Rends, rends à une malheureuse mère son petit ! Si tu ne le fais pas, je me ferai périr dans les eaux !

Les voisins avaient couru à la forêt. Ils y retrouvèrent le petit garçon blessé, mais vivant ; et, auprès de lui, un petit chien qui léchait ses plaies : le loup venait d'abandonner sa proie ! Tous accompagnèrent la mère de l'enfant au pèlerinage d'actions de grâces qu'elle fit au tombeau de l'abbesse.

II.

LA voix du peuple devançait ainsi la voix de l'Église : celle-ci cependant s'apprêtait à retentir solennellement.

L'évêque d'Assise avait reçu d'Innocent IV commission de procéder à l'enquête canonique. Le Pape lui écrivait, le 19 octobre 1253 :

« Nous mandons à votre fraternité, par ce rescrit apostolique, de vous informer avec le plus grand soin de la vérité de ce qu'on raconte sur sa vie, sa conversion, la manière dont elle s'est conduite et les miracles qui s'opèrent par son intercession, ainsi que sur toutes leurs circonstances, le tout selon les interrogations que vous trouverez incluses dans cette bulle. Ce que vous aurez recueilli sur ces divers points, ayez soin également de nous le transmettre fidèlement écrit par la main d'un officier public, et sous votre sceau, afin que celle dont l'âme paraît déjà jouir dans le Ciel d'une gloire éternelle, soit exaltée ici-bas par de dignes louanges dans la pieuse assemblée des fidèles. »

L'enquête recueillit des faits tellement nombreux, que le dossier n'en parvint à Rome que plusieurs mois après. Innocent IV était mort, et son successeur Alexandre IV, ce même cardinal Raynald qui avait prudemment fait ajourner la canonisation, se trouvait à Anagni, quand il put reprendre le procès.

« En quittant cette ville éternelle où tout parle au cœur du chrétien un langage qu'on ne saurait redire, le voyageur, encore tout ému des grandeurs inspirantes de Saint-Pierre et du Vatican, aperçoit, sur les flancs arides d'une montagne presque déserte, une ville à demi ruinée. C'est Anagni, l'ancienne capitale des Herniques. Qu'elle est triste !... Depuis le jour où, entraînés par des suggestions étrangères, ses habi-

Alexandre IV.
(D'après une estampe de la *Vie des Pontifes*, gravée par J.-B. de Cavallieri, XVIIe siècle.)

tants eurent la lâcheté de commettre un grand crime, l'anathème porté par saint Benoît XI pèse sur elle comme celui de David sur la montagne de Gelboë. La guerre, la peste, la famine et les discordes civiles se sont chargées de l'exécuter, et, dès cette époque, elle n'a cessé de déchoir... Mais, au treizième siècle, Anagni trouvait encore dans sa fidélité au Pontife romain le principe de sa grandeur et de sa gloire. Elle était belle, riche, populeuse ; elle était souvent même la demeure des Papes [1]. »

En consistoire tenu à Anagni, le Pape, d'une voix solennelle, interrogea les cardinaux, après avoir fait lire, devant l'auguste assemblée, les pièces du procès en entier, les adjurant de donner chacun leur avis, en toute liberté.

Tous déclarèrent aussitôt, d'une voix unanime, qu'il ne fallait pas tarder plus longtemps d'inscrire au catalogue des Saints un nom aussi glorieusement inscrit au livre de vie.

La cérémonie fut fixée au jour anniversaire de la sainte mort de Claire.

Au milieu des chants de joie, parmi les acclamations de la foule accourue de tous les points de l'Italie, le Pontife suprême, radieux et solennel, fit entendre la parole infaillible du successeur de Pierre et du Vicaire du CHRIST.

« En l'honneur de DIEU tout-puissant, le Père, le Fils et le Saint-
» Esprit, pour l'exaltation de la foi catholique et l'accroissement de la
» religion chrétienne, par l'autorité de ce même DIEU tout-puissant, par
» celle des bienheureux apôtres Pierre et Paul et par la nôtre, et avec
» le conseil de nos Frères, nous déclarons et arrêtons d'une manière
» définitive que Claire, d'heureuse mémoire, en son vivant abbesse de
» l'Ordre de Saint-Damien [2] à Assise, est sainte et doit être inscrite
» dans le catalogue des Saints. Nous l'y inscrivons donc, et nous ordon-
» nons en même temps que l'Église universelle célèbre sa fête et un
» office avec solennité et dévotion chaque année, le lendemain de sa
» mort, la veille des ides d'août. »

---

1. DEMORE, *op. cit.*, p. 298.
2. Les Clarisses ou Pauvres Dames, comme la vierge d'Assise les avait nommées, se divisèrent en deux branches : les *Clarisses* proprement dites et les *Urbanistes*, qui, tout en gardant la Règle de sainte Claire, reçurent néanmoins les modifications et adoucissements que sainte Claire et ses premières disciples avaient toujours repoussés, et que sollicitèrent et obtinrent du pape Urbain IV saint Louis et la bienheureuse Isabelle sa sœur. Mais, dit Chalippe, il y eut toujours des communautés de l'Ordre qui ne voulurent point recevoir les mitigations du pape Urbain, et qui se soutinrent dans la grande pauvreté de sainte Claire. Sainte Colette en multiplia le nombre par la réforme qu'elle fit au commencement du XVe siècle, qui s'étendit de Bourgogne en plusieurs autres provinces de France, en Savoie, dans les Pays-Bas, en Allemagne et ailleurs. Celles qui profitèrent de la condescendance demandée par saint Louis à Urbain IV portèrent donc le nom de Clarisses mitigées ou plutôt d'*Urbanistes;* celles qui voulurent garder intacte la Règle primitive s'appelèrent Filles de Sainte-Claire ou *Clarisses*, et parmi celles-ci, il y en eut qui, ayant joint à cette Règle quelques constitutions particulières que leur donnèrent les Capucins, prirent le nom de *Capucines* (GUÉRIN, *L'auréole de sainte Claire*, p. 49).

Pour la première fois alors, la liturgie sainte, qui est l'organe de la croyance, entonna la supplication, depuis redite si souvent et avec tant d'amour par la confiance des peuples :
Sancta Clara, ora pro nobis !.. Priez pour nous, sainte Claire !

III.

La bulle de canonisation n'est qu'un long hymne à la louange de la nouvelle sainte. « Clarissime pour ses brillants mérites, » y dit Alexandre IV, « Claire rayonne avec éclat dans le Ciel par la splen- » deur d'une grande gloire, et sur la terre par l'illustration de ses célèbres » miracles. » Puis, comme s'il voulait épuiser le vocabulaire des éloges à la louange de la sainte amante d'une vraie pauvreté, le Pontife suprême la proclame « Princesse des pauvres » et « Duchesse des humbles. »

Alexandre IV avait voulu que sainte Claire fût célébrée dans l'Église au jour anniversaire, non de sa mort, mais de ses obsèques et du panégyrique qu'il avait prononcé à cette occasion, le 12 août.

Une église, à l'érection de laquelle la Papauté voulut magnifiquement concourir, fut bâtie, à côté du couvent de Saint-Georges, sous le vocable de la sainte, et son corps y fut transféré en 1260.

On avait trouvé la vierge telle qu'elle était au jour de ses funérailles, sans le moindre signe de corruption, comme si elle dormait encore. Ce corps sacré fut déposé dans un tombeau de pierre, qu'on ferma avec soin. On le plaça sous le maître-autel, mais à une grande profondeur. Les religieuses de Saint-Damien, apportant avec elles les corps des bienheureuses Agnès, Aimée, Benoîte et autres, vinrent habiter près du nouveau sanctuaire, où de nouveaux miracles opérés par leur sainte fondatrice attirèrent bientôt toutes les populations de l'Ombrie.

Cinq ans après cette translation, l'un des successeurs d'Alexandre IV, Clément IV, consacra lui-même le maître-autel sous lequel reposait sainte Claire. Le reste de l'église fut consacré par des cardinaux délégués à cet effet.

Ainsi, en l'espace de douze années, trois Souverains Pontifes se succédèrent autour du cercueil de l'humble abbesse et vinrent honorer la sainteté de la « Princesse des pauvres ! »

Église de Sainte-Claire, où son corps fut transféré en 1260.
(D'après une ancienne gravure.)

IV.

Pendant six longs siècles, François d'Assise et Claire d'Assise reposèrent dans une calme sécurité, à l'abri des rivalités politiques, des guerres sacrilèges et des invasions de Sarrasins. Leur

ASSISE. (D'après une photographie.)

tombe inviolée ne devait s'ouvrir qu'au dix-neuvième siècle. Douze ans après son séraphique Père, ce fut le tour de la pauvre abbesse de Saint-Damien.

Les travaux durèrent sept grandes journées, jusqu'à ce qu'enfin, le 30 août 1850, apparut pour la première fois aux yeux des chercheurs, après 590 ans d'obscurité, le glorieux cercueil. L'évêque, averti, convoqua l'épiscopat et le clergé de l'Ombrie. Les Clarisses, en vertu d'un privilège bien justifié par la circonstance, franchirent leur clôture et purent voir réapparaître au jour les restes vénérés de leur bien-aimée fondatrice.

On souleva avec précaution le couvercle de pierre. Claire était là !..... Son corps, bien que réduit à l'état de squelette, apparut parfaitement conservé.

« O bonheur ! » écrivaient aux Clarisses de Marseille leurs Sœurs d'Assise, « nous vîmes comment le corps de notre sainte fondatrice
» s'était conservé durant tant de siècles. Nous la vîmes, la tête légère-
» ment inclinée, la face tournée vers nous, la main gauche posée sur la
» poitrine et la main droite étendue. Des feuilles de laurier, encore
» intactes, conservant leur couleur naturelle et la flexibilité du feuillage
» cueilli tout récemment, ceignaient sa tête virginale, et, dans sa main
» droite, on voyait encore les tiges des fleurs qu'on y avait mises comme
» un symbole des vertus dont sa vie fut ornée. »

La reconnaissance juridique terminée, l'archevêque de Spolète entonna le chant de l'action de grâces envers Dieu, qui venait de « tirer
» de l'obscurité du tombeau le corps de Claire, qui, dans sa vie, avait
» déjà illuminé le monde des splendeurs de sa sainteté. »

Assise revit alors le spectacle qui s'était passé six siècles auparavant. Comme au XIIIe siècle, les échos des Apennins retentirent de joyeux vivats et des acclamations de la reconnaissance envers la sainte protectrice de l'Ombrie. Comme en 1253, d'éclatants miracles récompensèrent la foi des Assisiates, tandis que les héritières de la pensée de Claire, chargées de veiller sur la châsse qui renferme les reliques de leur Mère, sentirent se renouveler en elles l'esprit vivificateur de leur saint Institut.

V.

A peu de temps de là, une autre grande consolation échut aux filles de sainte Claire. L'Église permit d'ouvrir devant elles les grandes châsses scellées, où la piété des âges conservait les grandes reliques de leurs saints fondateurs. Nous les laissons raconter elles-mêmes l'émotion filiale de cette reconnaissance, qui a marqué si justement une date célèbre, celle du 8 octobre 1851, dans les annales du second Ordre.

« Nous dépliâmes sur une table, avec tout le respect que vous pouvez
» croire [1], l'habit religieux, le manteau, le cilice et la tunique intérieure

---

[1]. Ces touchants détails sont extraits d'une lettre écrite au monastère des Pauvres Clarisses de Marseille par les Clarisses d'Assise, le 8 octobre 1851.

» de notre Mère, puis les reliques de notre saint fondateur, et pendant
» cinq heures nous pûmes rassasier nos yeux et nos cœurs du spectacle
» touchant de ces précieuses livrées de la pauvreté, de la pénitence et
» du mépris du monde. Je vous laisse à penser ce que nous dûmes éprou-
» ver de douces émotions, quand le saint évêque d'Assise et les deux
» prêtres qui l'accompagnaient étaient eux-mêmes sous l'impression d'un
» saisissement inexprimable.

» Comme nous baisâmes la tunique grossière de notre Père !

» Comme nous considérâmes avidement la chaussure en peau blanche
» que notre Mère lui avait faite pour protéger sa marche contre la dou-
» leur poignante des stigmates !

» Comme nous recueillîmes cette charpie qui dut être imbibée de son
» sang !

» Ici, c'est le gros manteau de laine blanche dont l'évêque d'Assise
» couvrit les épaules de notre Père, lorsque, abandonnant tout à Pierre
» Bernardone, il se dépouilla de tout pour n'avoir plus rien de commun
» avec le monde : c'est bien ce manteau de serviteur dont parlent les
» historiens.

» Là, c'est l'aube dont notre Père se servait, quand il remplissait les
» fonctions de diacre : encore un ouvrage de notre Mère. Oh ! si vous
» voyiez le fini et la délicatesse de ce travail ! Quelle adresse devait avoir
» la sainte pour ces sortes de broderies !...

» Ici, c'est son voile noir, le même qu'elle portait, tandis qu'elle vivait
» encore dans cette vallée de larmes.

» Et ce cilice en crin, tressé avec des cordes pleines de nœuds, qui
» couvrait toute la taille, avec des manches en laine pleines d'aspérités ;
» comme il est lourd ! Vous ne pouvez le prendre sans vous piquer les
» doigts, ou le baiser sans déchirer vos lèvres. Voilà pourtant, ô notre
» Mère, ce que vous portiez sur votre chair délicate ! Voilà bien de quoi
» nous confondre !...

» Et le manteau de notre Mère, qu'il est aussi grossier, pauvre et
» pesant !...

» Et cette tunique extérieure, faite à ouverture comme les nôtres,
» comme tout y respire la pauvreté ! La couleur en est semblable à la
» nôtre ; mais le col en est très élevé, parce qu'on ne portait pas alors le
» scapulaire ou la coule qu'on adopta plus tard dans quelques commu-
» nautés. Les manches en sont serrées ; presque pas de plis : elle a si

» peu de fond que nous ne savons pas comment notre Mère pouvait
» marcher ; du reste, elle est d'une longueur étonnante [1].

Tombeau actuel de sainte Claire,
en l'église de Sainte-Claire, à Assise.

---

[1]. Cette longueur de la tunique et l'invention de son corps ont révélé que la sainte était d'une taille plus qu'ordinaire.

» Et cette tunique intérieure plus pauvre encore ! On pleure rien qu'à
» la voir : ce n'est qu'un tissu de pièces rapportées les unes aux autres ;
» on ne saurait en compter le nombre. Il y en a de toutes qualités, fines
» et grossières. C'est plutôt un cilice !... »

En achevant leur récit, les Clarises d'Assise s'écrient :

« O nos très douces Sœurs, comme cette exposition de reliques fut
» pour nous une éloquente instruction ! »

Nous ne pouvions mieux conclure ces pages et achever « l'instruction » des actes d'une vie merveilleuse, grande leçon pour un siècle où tout ce que Claire a aimé, enseigné et pratiqué, est battu furieusement en brèche par l'esprit d'erreur.

O Claire, lumière du temple de Dieu, princesse des pauvres, duchesse des humbles, obtenez-nous de vous comprendre !... Là est le salut d'une société éperdue de luxe et de joies grossières, là est l'esprit de l'Évangile de Jésus, votre divin Époux !...

ÉTAT DE L'ORDRE DE SAINTE-CLAIRE AU 1er JANVIER 1894.

Monastères de Sainte-Claire en Italie.

1 Assisii	16 Casena	30 Fermo	45 Monopello	60 S.-Severino	74 Castellaneta
2 Altamura	17 Citta di Castello	31 Filottrano	46 Mercatello	61 Todi	75 Francavilla Fontana
3 Amelia	18 Cingoli	32 Francavilla	47 Oranto-Osimo	62 Torino	76 Galatina
4 Agnone	19 Citta S.-Angelo	33 Genova	48 Oristano	63 Taranto	77 Lecce
5 Anagni	20 Chieti	34 Grottaglie	49 Orvieto	64 Verona	78 Nardo
6 Aquila	21 Cortona	35 Gubbio	50 Orbetello	65 Vercelli	79 Nola
7 Atri	22 Cotrone	36 Gualdo Tadino	51 Padova	66 Venapro	80 Spello
8 Arezzo	23 Collazzone di Todi	37 Loreto	52 Parma	67 Venezia	81 Spoleto
9 Bologna		38 Lovere	53 Perugia 2 Mon.	68 Volterra	82 Sessa Aurunca
10 Boccaleone	24 Faenza	39 Jesi	54 Pistoja Penne	69 Urbino	83 Trevi
11 Bagnacavallo	25 Fallerone	40 Mondaino	55 Porto Maurizio	70 Raconigi	et plusieurs autres
12 Bra	26 Fanano	41 Montalto	56 Roma	71 Acquaviva delle fonti	dont nous n'avons
13 Boves	27 Fabbriano	42 Montepulciano	57 Solmona	72 Bari	pu nous procurer
14 Cagliari	28 Ferrara	43 Monte Castrilli	58 San Fiora	73 Bitonto	les noms.
15 Caramanico	29 Forli e Foligno	44 Messina	59 S.-Ginesio		

Tableau synoptique des Monastères de Sainte-Claire en France.

Noms des monastères	Dates de fondation	Communautés fondatrices	Dates de rétablissement	Communautés restauratrices	Fondations dans le siècle passé	Fondations depuis la Révolution
Bordeaux	1235 ou 1239	Inconnu	1891	Grenoble		
Béziers	1240	Assise	1819	Anciennes Mères		Toulouse, Orthez.
Besançon	1250	Inconnu	1879	Poligny	Auxonne, Heidelberg, Hesdin, Poligny, Seurre, Moulins, Aigueperse, Vevey, Orbe, Gand, Amiens.	
Périgueux	XIIIe siècle	Assise	1835	Anciennes Mères	Brignoles et Saint-Maximin	Paray-le-Monial
Marseille	1254	Assise	1805	»		Bastia, Nantes
Perpignan	XIIIe siècle	Inconnu	1822	Perpignan	Aurillac	Millau
Millau	XIIIe siècle	»	1875	Anciennes Mères		
Gourdon	1317	»	1810	»		
Saint-Omer	1321	»	1843	»		
Aurillac	1323	Millau	1806	»		Mur-de-Barrez
Arille	1339	Inconnu	1891	Orthez		
Poligny	1415	Besançon et Auxonne	1818	Anciennes Mères et Romans	Seurre, Orbe, Gand, Amiens, etc.	Versailles, Besançon
Le Puy	1432	Sainte-Colette	1807	Anciennes Mères		Châteauroux, Paris, Vals-les-Bains.
Amiens	1445	Sainte-Colette	1802	»	Cambrai	
Nantes	1457	Decize	1859	Marseille	Cambrai, Péronne	
Arras	1459	Gand	1815	Anciennes Mères	Romans	Bordeaux
Grenoble	1478	Le Puy, Moulins, Aigueperse, Chambéry	1878	Romans		
Paris	1480	Tertiaires devenues Pauvres-Clarisses	1876	Le Puy	Alençon	
Péronne	1482	Hesdin	1794	Anciennes Mères		
Cambrai	1490	Gand, Bruges, Arras, Amiens, Hesdin	1804	»		
Lille	1490	Inconnu	1866	Bruges	Alençon	
Montbrison	1500	Moulins, Le Puy, Genève, Chambéry, Bellegarde, Aigueperse	1804	Anciennes Mères		

Tableau synoptique des Monastères de Sainte-Claire en France (suite).

Noms des monastères	Dates de fondation	Communautés fondatrices	Dates de rétablissement	Communautés restauratrices	Fondations dans le siècle passé	Fondations depuis la Révolution
Alençon	1501	Paris, Lille	1805	Anciennes Mères		
Toulouse	1515	Tertiaires instruites par Alby	1859	Béziers		Rennes
Evian-les-Bains	1569	Orbe et Vevey	1875	Versailles		
Lyon	1598	Bourg en Bresse				
Bastia (Corse)	1600	Inconnu	1851	Marseille		Lourdes
Romans	1620	Grenoble	1805	Anciennes Mères		Valence, Crest, Grenoble, contribué au rétablissement de Poligny
Capucines de Marseille	1625	Marthe d'Oraison	1803			Capucines d'Aix en Provence
Lavaur	1642	Toulouse	1802			
Limoges	1660	Mère du Calvaire de Meilhac	1794			
Valence	1814	Romans				
Capucines d'Aix	1827	Capucines de Marseille				
Crest	1828	Romans				Capucines de Lorgues
Capucines de Lorgues	1856	Capucines d'Aix				
Versailles	1861	Poligny				
Châteauroux	1865	Le Puy				Evian-les-Bains
Mur-de-Barrez	1868	Aurillac				
Orthez	1874	Béziers				
Roubaix	1876	Tournai				Azile
Lourdes	1876	Lyon				
Paray-le-Monial	1878	Périgueux				
Rennes	1885	Alençon				
Vals-les-Bains	1887	Le Puy				
Mazamet	1887	Millau				
Lanouvelle	1891	Paray-le-Monial				Nazareth (Syrie), Lanouvelle à Castillon-de-Gagnières
Menton	1892	Nazareth (Syrie)				

Tableau synoptique des Monastères de Sainte-Claire en Belgique.

Noms des monastères	Dates de fondation	Communautés fondatrices	Dates de rétablissement	Communautés restauratrices	Fondations dans les siècles passés	Fondations depuis la Révolution
Gand	1442	Sainte-Colette	1585	Anciennes Mères	Arras, Bruges, Cambrai, Tournai	Malines, Saint-Nicolas, Grammont, Tongres, Alost
»	»	»	1819	Anciennes Mères et Bruges		Gand, Ypres, Tournai, Anvers, Lierre, Louvain, Courtrai, Bruxelles, Baddesley, Beaumont, Londres, Ostende, Manchester, York, Lille, Nieuport, Verviers, Eccloo, Saint-Trond, Turnhout
Bruges	1478	Gand et Arras	1792	Anciennes Mères	Cambrai	
Malines	1501	Mme veuve Vauvelain	1585	Anciennes Mères		
»	»	»	1835	Gand		
Ypres	1594	Middelbourg (Hollande)	1840	Bruges		Courtrai, Beaumont, York (Ang.), Roubaix (Fr.), Enghien
Tournai	1628	Gand	1836	Bruges et Anvers		
Capucines d'Anvers	1644	Bourbourg (France)				
Capucines de Gand	1672	Mons				
Anvers	1834	Bruges				Tournai, Louvain
Lierre	1836	Bruges				
Louvain	1838	Bruges et Anvers				
Saint-Nicolas (Waes)	1841	Gand				Termonde, Alost, Lokeren
Grammont	1842	Gand				
Courtrai	1842	Bruges et Tournai				York
Termonde	1843	Saint-Nicolas				
Bruxelles	1843	Bruges				Baddesley
Tongres	1845	Gand				Münster, Dusseldorf (All.), Roulers
Saint-Trond	1851	Malines				
Beaumont	1854	Bruges et Tournai				
Alost	1856	Gand et Saint-Nicolas				
Ostende	1862	Bruges				
Roulers	1866	Tongres				Manchester
Lokeren	1870	Saint-Nicolas				Tilburg (Hollande), Huy
Turnhout	1875	Malines				
Nieuport	1876	Bruges				
Enghien	1881	Tournai				
Verviers	1884	Bruges				
Eccloo	1893	Bruges				

Monastères de Sainte-Claire en Espagne.

Plus de 100 Monastères dont voici les principaux :	4 Segovia 5 Zamora 6 Palencia 7 Burgos 8 Granada 9 Azcoitia	10 Tarragona 11 Barbastro 12 Gerona 13 Lerida 14 Tortosa 15 Baeza	16 Montilla 17 Cuença 18 Caravacca 19 Alicante 20 Cieza 21 Lisante	22 Murcia 23 Reus 24 Pedralbes 25 Azpeitia
1 Madrid 2 Barcellona 3 Toledo				

Angleterre	Irlande	Allemagne	Autriche	Syrie	Portugal
1 Londres 2 Manchester 3 York 4 Baddesley-Birmingham 5 Arundel (Sussex) 6 Bullingham (comté d'Héréfort) 7 Darlington	1 Dublin 2 Armagh 3 Gallovay 4 Newry 5 Killarney 6 Co Kerry-Kennare 7 Ballyjamesduff	1 Münster 2 Düsseldorf 3 Revelaer 4 Ratisbonne et autres...	1 Brixenne 2 Cracovie et autres...	1 Nazareth 2 Jérusalem	1 Sanguedo 1870 1 aux îles Canaries 1 à Manille (îles Philippines) 1621

Amérique du Sud

1 Quito 1596
plusieurs au Mexique, au Pérou et ailleurs...

Amérique du Nord

1 Cleveland 1879
2 Chicago 1893
3 Omaha 1881
4 Nouvelle-Orléans 1885

Cet état de l'Ordre-de-Sainte-Claire, tout incomplet qu'il est, n'en donne pas moins une idée de l'heureuse diffusion de l'Ordre de Sainte-Claire dans les diverses contrées du monde.

Sceau de l'abbaye de Longchamps, fondée par la B^se Isabelle de France, sœur de S. Louis (1266). (Dans la partie supérieure, l'Annonciation ; en dessous, S. François en prière.)

Sceau du couvent des Sœurs de St-Damien de Marseille, XIIIe siècle. (Conservé au couvent des Clarisses de Marseille.)

Sceau du couvent des Sœurs Mineures de l'Humilité Notre-Dame. Abbaye de Longchamps.

Appendices.

Les Monastères de Sainte Claire en France.

'ORDRE de Sainte-Claire a été établi en France peu après celui des Frères Mineurs. Vers l'année 1220, à la demande de Guillaume de Joinville, archevêque de Reims, sainte Claire envoya dans cette ville plusieurs de ses disciples ayant à leur tête la Sœur Marie de Braie. Ce fut le premier Monastère des *Pauvres Dames* ou *Damianistes* en France. Bientôt les vertus de ces saintes filles répandirent un tel parfum d'édification, que plusieurs villes de France rivalisèrent d'empressement pour les posséder. Avignon, Montpellier, Metz, Provins, Paris, Besançon, Cahors, Condom, Bordeaux, etc., les virent successivement arriver dans leurs murs. Le plus célèbre de ces Monastères fut celui de Longchamps, bâti par saint Louis, vers l'an 1255, pour sa sœur la bienheureuse Isabelle. Quatre Religieuses venues de Reims en prirent possession en 1260. La princesse vint les y rejoindre et y mourut en 1270, après avoir vécu dans la pratique des plus héroïques vertus.

Avec les années, l'Ordre de Sainte-Claire prit en France un prodigieux accroissement. Mais l'observance régulière y était bien déchue, lorsqu'au XVe siècle, DIEU suscita sainte Colette pour lui rendre une nouvelle vigueur. L'illustre Réformatrice fonda ou réforma, de son vivant, dix-sept Monastères. Après sa mort, d'autres Couvents furent fondés ou réformés selon ses Constitutions [1], et la ferveur s'y maintint si bien, que la révolution de 1789 trouva les Filles de Sainte-Claire courageuses et inébranlables devant la persécution. Le torrent dévastateur détruisit leurs saintes demeures ou les transforma en prisons; mais leur énergie et leur héroïsme les soutint pendant l'orage. Les unes cherchèrent un asile à l'étranger, les autres demeurèrent cachées dans des demeures d'amis et trouvèrent moyen de se réunir dès 1794. Aux premiers jours de calme, les exilées se hâtèrent de rentrer dans leur patrie et de reconstituer leurs Communautés. Plusieurs fondations ont été faites depuis, et l'Ordre de Sainte-Claire compte actuellement en France quarante-sept Monastères, où l'on observe, soit la Première, soit la Seconde Règle de la Vierge d'Assise. *La Première Règle* est celle qui fut donnée à sainte Claire par saint François en 1224 et approuvée en 1253 par le Pape Innocent IV, règle basée sur la plus étroite pauvreté, ne permettant aucune possession ni en particulier ni en commun, et ne laissant aux âmes généreuses qui l'embrassent d'autre moyen de subsistance que les aumônes des fidèles.

En 1263, à la demande du Roi saint Louis et de sa sœur la bienheureuse Isabelle, le Pape Urbain IV apporta quelques adoucissements à la Première Règle,

---

[1]. La réforme de sainte Colette s'étendit rapidement non seulement en France, mais encore en Savoie, dans les Pays-Bas, en Espagne, en Allemagne, etc...

entr'autres, l'autorisation de posséder des revenus. L'année suivante, à la persuasion de saint Bonaventure, le même Souverain Pontife fit de nouvelles modifications à la Règle, l'approuva solennellement (1264), et prescrivit la mise en vigueur de cette *Seconde Règle* dans tous les Monastères de Sainte-Claire.

Quelques Communautés obtinrent cependant de pouvoir observer la Première Règle et furent désignées sous le nom de *Pauvres-Clarisses*. Celles qui gardaient la Seconde Règle furent appelées *Clarisses-Urbanistes*.

Au XVe siècle, sainte Colette, pour établir dans toute sa pureté l'observance des Pauvres-Clarisses, ajouta à la Première Règle des Constitutions particulières ; ses filles reçurent le nom de *Clarisses-Colettines*.

En 1450, la bienheureuse Marie-Laurence Longa fonda à Naples un Monastère sous la Première Règle. Ces Religieuses reçurent des Capucins des Constitutions particulières et furent appelées *Capucines*.

De même donc que l'Ordre de Saint-François se compose de trois branches distinctes : *Les Frères Mineurs de l'Observance, les Conventuels* et *les Capucins*, de même l'Ordre de Sainte-Claire compte trois branches : *Les Pauvres-Clarisses* auxquelles se rattachent les *Colettines* [1], *les Urbanistes* et *les Capucines*.

I.

Les PAUVRES-CLARISSES de BORDEAUX. — Les archives de la ville font remonter l'établissement de ce Monastère vers 1235 ou 1239. Il est à présumer, bien qu'on n'en retrouve aucune preuve, que les fondatrices furent des Religieuses venues d'Assise. Wading, l'annaliste des Frères Mineurs, ne mentionne pas cette fondation, mais il note, en l'année 1260, que le Pape Alexandre IV écrivit au Maire et aux Jurats de Bordeaux pour leur recommander les Damianistes du Monastère de Saint-François, qu'elles avaient établi dans leur ville [2]. Le même auteur nous apprend qu'en 1290, le Pape Nicolas IV, ayant concédé des indulgences à plusieurs Monastères de Sainte-Claire, accorda la même faveur à celui de Bordeaux, « qui a été, dit-il, uni à celui des Annonciades [3]. » Cette réunion ne put avoir lieu qu'après l'année 1521, date de l'établissement des Religieuses Annonciades dans cette ville [4]. Avant cette époque, c'est-à-dire en 1344, le Monastère des Clarisses, peu en sûreté hors des remparts, à cause des guerres des Anglais, fut transféré dans la cité. Les ruines de cet antique Monastère ont été relevées tout récemment. Sept Religieuses de la Communauté des Pauvres-Clarisses de Grenoble, auxquelles s'est unie ensuite, une de leurs Sœurs de Paray-le-Monial, en ont pris possession le 28 octobre 1891.

II.

Les PAUVRES-CLARISSES de BÉZIERS. — Des Religieuses d'Assise, envoyées par sainte Claire elle-même, fondèrent le Monastère de Béziers, vers

---

1. Les Pauvres-Clarisses et les Capucines en France ont aussi adopté les Constitutions de sainte Colette.
2. Wading, tome II, page 94.
3. Wading, tome II, page 282.
4. C'est par erreur que M. Guérin, dans *L'auréole de sainte Claire*, page 50, confond, avec les Religieuses Capucines, les Annonciades et les Conceptionistes, établies, vers la fin du XVe siècle, sous la juridiction des Frères Mineurs de l'Observance.

l'an 1240. En 1254, saint Louis, passant par cette ville au retour de sa première expédition, visita les Clarisses, entendit la Messe dans leur chapelle et leur témoigna une grande bienveillance. Deux siècles plus tard (1444), les portes de ce Monastère s'ouvraient devant l'illustre Réformatrice sainte Colette, qui y séjourna pendant dix-huit mois. Le premier Couvent des Clarisses, situé hors de la ville, avait été détruit lors de cruelles guerres, en 1355. On leur en bâtit un dans Béziers, qu'elles durent quitter en 1562, devant la fureur des Calvinistes, et en 1590, à cause de la peste, mais dans lequel elles rentrèrent peu après et menèrent une vie des plus austères. La tourmente révolutionnaire obligea les Filles de Sainte-Claire à se retirer dans leurs familles, où elles se livrèrent aux œuvres de zèle et de charité. La Sœur Marie de la Visitation, arrêtée et emprisonnée, donna des exemples d'une fermeté héroïque. La Communauté des Clarisses de Béziers fut rétablie en 1819, par les soins de deux d'entre elles, dont l'une, la Sœur Séraphine Gottis, fut admirable de générosité et de dévouement. Quelques années après, deux de leurs vénérables Mères, qui appartenaient à l'ancien Monastère, vinrent les rejoindre, et cette maison devint si florissante, qu'en 1843, elle put envoyer une colonie dans celle de *Perpignan*, prête à s'éteindre faute de sujets. Les Clarisses de Béziers ont encore fondé, en 1858, le Monastère de *Toulouse*, et en 1874, celui d'*Orthez*.

III.

Les PAUVRES-CLARISSES-COLETTINES de BESANÇON. — En 1250, du vivant même de sainte Claire, un Monastère fut fondé à Besançon, selon la Règle primitive. Peu à peu, les mitigations accordées par le Pape Urbain IV s'introduisirent dans cette Communauté jusqu'alors très florissante.

En 1410, elle ne comptait plus que deux religieuses avancées en âge. Sainte Colette y entra le 14 mars de la même année et en fit le berceau de sa réforme. Le couvent de Besançon devint, avec celui de Poligny, une pépinière où la sainte Réformatrice prenait les sujets dont elle avait besoin pour fonder ses Monastères. Celui de Besançon a donc établi les maisons d'*Auxonne*, d'*Heidelberg*, d'*Hesdin*; il a contribué, pour la plus large part, à la fondation de celles de *Poligny*, de *Seurre*, de *Moulins*, d'*Aigueperse*, de *Vevey*, d'*Orbe*, de *Gand* et d'*Amiens*.

Ce vénérable Monastère disparut dans le grand cataclysme du siècle dernier. Il a été rétabli par les Clarisses-Colettines de Poligny, le 19 août 1879.

Le 10 juillet 1887, plusieurs reliques et la châsse de sainte Colette ont été transférées du Monastère de Poligny dans celui de Besançon.

IV.

Les CLARISSES-URBANISTES DÉCHAUSSÉES de PÉRIGUEUX. — La vierge d'Assise vivait encore à l'époque où deux de ses ferventes imitatrices allèrent fonder à Périgueux un monastère de son Ordre[1]. La tourmente révolutionnaire dispersa les Clarisses et les obligea à se réfugier dans leur familles. En 1835, la vénérée Mère Jeanne de Saint-Paul, aidée de quelques-unes de ses sœurs

---

1. Les Clarisses de Périgueux possèdent la liste des quarante-sept abbesses qui se sont succédé dans leur Communauté depuis l'année 1257. Nous regrettons que les limites de ce chapitre ne nous permettent pas de faire connaître les noms de ces Religieuses, issues, pour la plupart, de la plus haute noblesse.

en religion, réussit, au prix de longs et héroïques efforts, à reconstituer sa chère Communauté. Trois ans plus tard, des Clarisses de Limoges furent appelées à y établir la réforme. Elles y introduisirent les saintes Constitutions qui leur sont particulières, lesquelles, depuis lors, y ont été entièrement observées. Le Monastère de Périgueux a fondé celui de *Paray-le-Monial*, en 1878, sous la Première Règle.

V.

Les PAUVRES-CLARISSES de MARSEILLE. — Sainte Claire elle-même, en préparant la fondation de ce Monastère, lui avait destiné pour pierres fondamentales deux de ses filles les plus aimées : la bienheureuse Béatrice, sa cousine, comme abbesse, et la bienheureuse Angèle ou Angélique, comme vicaire. La sainte Fondatrice avait pour celle-ci la plus tendre affection, à cause de ses hautes vertus ; elle l'appelait familièrement Angeluccia (petite Angèle). En venant d'Assise, les deux Religieuses apportèrent avec elles un des trois cilices de leur sainte Mère[1] et le sceau de la nouvelle Communauté qu'elles allaient établir[2].

Le Monastère, bâti d'abord à peu de distance des remparts, par les libéralités des Comtes de Provence, reçut encore d'eux, dans la suite, de hautes marques de protection. Il portait le nom de Notre-Dame de Nazareth et fut rasé en 1357, à cause des guerres de cette époque. Les Religieuses, au nombre de dix-neuf, habitèrent l'ancienne Maison des Templiers jusqu'à ce que fût achevée, deux ans plus tard, la construction de leur nouveau Monastère, dans l'intérieur de la ville. De précieux documents, conservés dans les archives du Monastère de Marseille, nous apprennent qu'il portait le titre d'Abbaye royale. Il fut réformé, en 1516, par cinq Religieuses Clarisses venues du Monastère d'Aix, sous la conduite du Révérend Père Achard, Franciscain de l'Observance.

Un siècle plus tard, les Constitutions de sainte Colette y furent adoptées.

L'église de Sainte-Claire y fut consacrée le 22 août 1605, par Jacques Turicella, Franciscain de l'Observance, Evêque de Marseille. Elle s'écroula le 17 septembre 1694 ; mais il n'y eut personne de blessé[3]. A l'époque de la Révolution, les Clarisses donnèrent des preuves éclatantes de courage, d'abnégation et d'inviolable fidélité aux lois de l'Église et à leurs saintes Règles. Une seule consolation leur restait, celle de posséder la sainte Eucharistie. Dans une des visites domiciliaires dont on les importunait, ce divin Trésor faillit leur être ravi. Animée d'une foi ardente, la Sœur Pélagie Roumieu, munie d'une permission préalable, dut se résoudre à transporter plusieurs fois la sainte Réserve d'un lieu à un autre. Mais la perquisition devenant toujours plus minutieuse, l'humble fille de Sainte-Claire, émue et tremblante, fut réduite à mettre dans sa poche, enveloppé d'un corporal, le petit ciboire d'argent qui renfermait le Corps adorable de

---

1. Il est en poils de chameau tressés. On l'expose tous les ans à la vénération des fidèles, le 12 août, fête de sainte Claire.

2. Il fut, par leurs soins, gravé à Assise même, puisqu'il est en tout semblable à l'un des sceaux dont sainte Claire faisait usage comme abbesse de Saint-Damien.

On y voit en exergue : ✠ S COVETVS : SOROR DE ORDINE : SCT DAMIAN MASSI' c'est-à-dire : *sigillum conventus Sororum de Ordine sancti Damiani Massiliensis*.

Sainte Claire n'étant pas encore canonisée, ses filles ne pouvaient, alors, prendre d'autre dénomination que celle de Saint-Damien, berceau de l'Ordre à Assise.

3. Deux sœurs converses furent trouvées saines et sauves ensevelies sous les décombres. Une poutre leur avait servi miraculeusement de toiture.

JÉSUS-CHRIST. Le trouble où l'avait jetée cette action ne pouvait rester caché ; il s'était fait sur son visage un changement trop sensible ; un des officiers municipaux s'en aperçut et lui en demanda la cause ; mais le sang-froid et la présence d'esprit de la jeune Sœur Sainte-Claire Bouesc sut, par une raillerie piquante sur l'inutilité de leurs recherches, détourner son attention. En 1794, le Monastère des Clarisses fut converti en prison. La plupart d'entre elles se réfugièrent à Rome, pour continuer les exercices de leur vie religieuse. Pie VI leur fit donner la plus généreuse hospitalité dans différentes Maisons de l'Ordre.

Rentrées en France, dès 1803, avec leurs Sœurs Capucines, et dénuées de toutes ressources, elles ne purent qu'en 1805 commencer à reconstituer leur Communauté. Ce fut dans une pauvreté si grande, que la généreuse Sœur Sainte-Claire Bouesc passa ses nuits, pendant un an, couchée sur le marche-pied de l'autel de leur modeste Oratoire. Faute d'horloge, elle attendait là que celles de la ville sonnassent minuit, pour donner à ses Sœurs le signal des Matines. Depuis, les Clarisses ont occupé successivement divers locaux, jusqu'au 22 avril 1892, où elles sont venues habiter leur nouveau Monastère de Saint-Damien du Sacré-Cœur, dans des conditions pleinement favorables à toutes les exigences de la vie régulière et monastique.

La Communauté de Marseille a fondé, en 1639, le Monastère de *Saint-Maximin* en Provence ; en 1641, celui de *Brignoles* (ces deux couvents n'existent plus) ; en 1851, celui de *Bastia* (Corse) ; en 1859, celui de *Nantes*. En 1882, à la demande du Révérendissime Père Bernardin de Portogruaro, Ministre Général de l'Ordre de Saint-François, trois Clarisses de Marseille sont allées aider à établir la Première Règle dans une Maison des Etats-Unis d'Amérique. Après dix ans, elles sont revenues dans leur Monastère.

VI.

Les PAUVRES-CLARISSES de PERPIGNAN. — Suivant une tradition très respectable, leur Monastère fut fondé du vivant même de sainte Claire, mais on ignore en quelle année. Un document authentique, conservé aux *Archives du Domaine*, fait mention d'un legs fait en janvier 1270 aux Dames de Sainte-Claire. Celles-ci possèdent deux autres documents plus précieux encore, savoir : un Bref du Pape Grégoire X, en date du 28 novembre 1271, et l'original du Procès-Verbal d'élection d'une abbesse : Sœur Ermengarde de Botonaco, daté du 10 mars 1272. Six Religieuses formaient alors le Chapitre et y prirent part. Wading nous apprend qu'en 1323, le Pape Jean XXII leur permit de recevoir des sépultures dans leur église et de jouir de tous les privilèges accordés aux Frères-Mineurs [1]. Le même auteur dit encore qu'Alphonse V, roi d'Aragon, obtint une commission apostolique pour établir la réforme dans le Monastère de Perpignan, et un ordre au Doyen de Barcelone de donner au dit Monastère la Sœur Odète, abbesse de celui de Gandie, réformé par sainte Colette, et de lui joindre douze Religieuses du même lieu ou du Couvent de Lezignan [2]. Pendant la longue guerre entre François Ier et Charles-Quint, le Monastère de Perpignan fut rasé ; mais, en 1543, Charles-Quint chargea le Vice-Roi de Catalogne, plus tard saint François de Borgia, d'en faire rebâtir un autre dans l'intérieur de la ville [3]. Cette

---

1. Wading, tome III, page 154.
2. Ibid., tome V, page 117.
3. Ibid., tome VI, page 203.

nouvelle demeure fut témoin, au XIIIe siècle, des vertus éminentes de la Révérende Mère Anne-Marie Antigo, abbesse, décédée en odeur de sainteté le 28 septembre 1676 [1]. Lorsqu'éclata la Révolution, la Communauté se composait de quarante Religieuses. A la nouvelle des maux prêts à fondre sur la France et sur la Religion, la plupart supplièrent le Seigneur de les appeler à Lui avant qu'elles fussent arrachées à leur chère solitude. Ce vœu fut exaucé pour plusieurs d'entre elles. Quinze tombèrent malades et moururent dans l'espace de trois mois. Les vingt-cinq survivantes se montrèrent intrépides en présence de leurs persécuteurs. Il leur fallut, quand même, se disperser en France et en Espagne. Dès que le calme se fit après l'orage, elle cherchèrent à se réunir. En 1815, onze d'entre elles vivaient aussi rapprochées que possible, mais ce ne fut qu'au 2 septembre 1825 que leur Communauté, reconstituée depuis trois ans, put rentrer en clôture. Sept vénérables Mères, membres de l'antique Monastère de Sainte-Claire *de la Passion*, avaient seules été conservées par la bonté de DIEU pour renouer la chaîne de l'ancienne famille avec la nouvelle. En 1843, un essaim de Clarisses du Couvent de Béziers vint consolider cet édifice de grâce. Le Monastère de Perpignan a rétabli, en 1875, l'ancienne Communauté de *Millau*.

VII.

Les PAUVRES-CLARISSES de MILLAU. — C'est aussi de la fin du XIIIe siècle ou des premières années du XIVe que datent les commencements de cette Communauté, puisqu'en 1323, elle donna naissance à celle des Clarisses-Urbanistes d'*Aurillac*. En 1327, le Pape Jean XXII permit aux religieuses de Millau de quitter leur Monastère, sujet aux inondations de la rivière, et de s'établir dans celui des Frères de la Pénitence, désert depuis quelques années [2]. Dix-neuf ans plus tard, en 1346, un autre Pape, Clément VI, prenait la défense des Filles de Sainte-Claire, en donnant commission à l'Évêque de Rodez de les maintenir dans la jouissance des privilèges accordés par le Saint-Siège, lesquels leur étaient contestés. Il leur accorda plusieurs indulgences et les exempta de toutes contributions [3]. Ces Religieuses suivaient la Seconde Règle. La Communauté des Clarisses de Millau a été rétablie sous la Première Règle, en l'année 1875, par celle de Perpignan, et a donné naissance au Monastère de *Mazamet*, en 1887.

VIII.

Les CLARISSES-URBANISTES de GOURDON. — D'après Wading, l'établissement de cette Communauté remonte à l'année 1317 : « Sœur Fayxe de Gourdon, dit-il, fonda le Monastère du Peyrat de Maron, faubourg de Gourdon, en Quercy, et lui donna de beaux droits et de grands revenus. Le Pape Jean XXII lui concéda plusieurs privilèges [4]. » Les Clarisses-Urbanistes de Gourdon subsistèrent jusqu'à la Révolution. En 1810, quatre Religieuses Clarisses, dont deux

---

1. Le corps de cette vénérable Mère se voit encore au Monastère de Perpignan dans un état de parfaite conservation. DIEU se plaît à l'honorer par des miracles.
2. Wading, tome III, p. 174.
3. Ibid., tome III, pag. 279.
4. Ibid., tome III, pag. 103.

avaient fait partie de l'ancien Monastère, vinrent en cette ville. On leur céda le couvent des Cordeliers, qui avait été transformé en caserne, à la condition qu'elles se dévoueraient à l'enseignement. En peu de temps, leur petite Communauté s'accrut jusqu'à douze, vingt et trente membres. Elle s'est maintenue ainsi jusqu'à nos jours.

IX.

Les PAUVRES-CLARISSES de SAINT-OMER. — Le Monastère de Sainte-Claire existait dans cette ville avant l'année 1321. A cette époque, le Pape Jean XXII donna permission à Mathilde, Comtesse d'Arras et de Bourgogne, d'y entrer toutes les fois qu'elle le voudrait, parce que ce Couvent avait été fondé par le Comte Robert, son père, quelques années auparavant [1]. Trois ans plus tard, le même Souverain Pontife concéda des indulgences à ce Monastère [2]. En 1478, le couvent de Saint-Omer ayant été ruiné par les guerres, le Pape Sixte IV permit à une partie des religieuses de se retirer dans des maisons de leur Ordre, et à l'autre dans tous ceux où elles pourraient être reçues [3]. Un siècle plus tard, en 1581, dix-sept religieuses, chassées par une révolution de la petite ville de Veère (île de Zélande), rencontrèrent providentiellement un honnête pilote qui s'offrit à les transporter sur les côtes de France. Elles arrivèrent de là jusqu'à Saint-Omer, où elles s'établirent en Communauté. Ces Clarisses n'étaient-elles pas les disciples des émigrées de 1478? Tout porte à le croire. DIEU les ramenait (sans qu'elles s'en doutassent, peut-être) pour relever les ruines de leur ancien Couvent. Il devint si prospère, que, lorsqu'il fallut en ouvrir les portes aux révolutionnaires de 1793, les religieuses étaient au nombre de quarante. En 1823, quelques Mères anciennes, aidées d'une Sœur Capucine et de deux Récollettines, eurent le bonheur de reconstituer leur cher Monastère.

X.

Les CLARISSES-URBANISTES d'AURILLAC furent fondées en 1323, par Isabelle de Rodez, Comtesse de Carlat. Cette noble Dame y appela douze religieuses de la Communauté de Millau, qui s'établirent d'abord à Carlat, petite paroisse de l'arrondissement d'Aurillac. En 1626, elles se fixèrent dans l'intérieur de la ville. La Révolution les chassa de leur saint asile, le 27 septembre 1792. Elles furent alors incarcérées, et leur pieuse abbesse mourut pendant cette cruelle détention. Dès l'année 1806, celles qui avaient survécu aux désordres de cette époque entreprirent la restauration de leur Communauté. Depuis l'année 1626, les Clarisses d'Aurillac se distinguent par une tendre dévotion envers saint Joseph ; le virginal Époux de Marie s'est toujours plu à leur donner des preuves sensibles de sa douce protection. Elles ont fondé le Monastère des Clarisses-Urbanistes de *Mur-de-Barrez*, en 1868.

---

1. Wading, tome III, page 135.
2. Ibid., tome III, page 161.
3. Ibid., tome VII, page 38.

XI

Les PAUVRES-CLARISSES d'AZILLE. — La création du Monastère d'Azille est due à la pieuse libéralité d'Isabelle de Lévis, fille d'Eustache de Lévis et épouse de Bertrand de l'Isle. Il fut fondé sous la Règle des Urbanistes et porta le titre d'*Abbaye royale de sainte Claire d'Azille*. L'époque de son établissement remonte au-delà de 1339, date retrouvée gravée sur une pierre de cet ancien Monastère [1]. En 1477, la Communauté des Clarisses de Carcassonne, qui existait dès l'an 1377, fut, à l'occasion de la peste, réunie à la maison d'Azille. Le Monastère de cette ville était déjà supprimé en 1789. De longues années devaient s'écouler avant sa restauration. Un Religieux Franciscain de l'Observance de la Province de Saint-Louis fut providentiellement choisi pour rallumer dans son pays natal le foyer de prières et de sacrifices que le torrent révolutionnaire y avait éteint. Muni de l'approbation et de la bénédiction de Monseigneur Félix-Arsène Billard, Evêque de Carcassonne, le fondateur fit procéder à la pose de la première pierre du nouveau couvent, le 13 février 1890. Dès le 6 août 1891, un essaim de Pauvres-Clarisses du Monastère d'Orthez en prenait possession. Il fut bénit le 12 du même mois, en la fête de la glorieuse Mère sainte Claire.

XII.

Les PAUVRES-CLARISSES-COLETTINES de POLIGNY furent fondées en 1415 par sainte Colette, qui choisit, pour l'aider dans l'établissement de cette Communauté, cinq Religieuses du couvent de Besançon et trois du couvent d'Auxonne. Nulle part la sainte n'opéra de prodiges plus éclatants que dans cette maison [2]. Elle en fut abbesse pendant dix ans et lui donna des soins particuliers, à cause de l'importance qu'elle devait avoir dans l'extension de la réforme. En effet, le Monastère de Poligny, comme celui de Besançon, fournit à la bienheureuse Réformatrice les premières pierres vivantes des édifices de grâce élevés par son zèle à la gloire du Seigneur. Nous en avons une preuve dans ces paroles prophétiques, dites un jour par la sainte, à la religieuse chargée de la pauvre cuisine du couvent de Poligny : — « Neuf des Religieuses qui sont, en ce moment, assises au réfectoire, seront abbesses. » Les événements ont vérifié cette prédiction. Les Clarisses de Poligny ont contribué aux nombreuses fondations faites par sainte Colette, en particulier à celles des Monastères de *Seurre*, d'*Orbe* (qui n'existent plus), de *Gand*, d'*Amiens*, etc., etc... En 1783, les Clarisses de Poligny donnèrent asile à leurs Sœurs de Gand, chassées de cette ville par suite de l'édit de l'Empereur Joseph II. Celles-ci apportaient avec elles le corps de leur sainte Mère Colette. Huit ans après, la Révolution française les obligeait à retourner en Belgique. Elles ne purent emporter ces chères reliques, qui demeurèrent au Monastère de Poligny. Mais l'orage ayant expulsé de cette sainte Maison les vierges qui l'habitaient, une d'elles, la Sœur Constance Parpande, put, au péril de sa vie,

---

1. Par respect elle a été placée, ainsi qu'un corbeau en pierre, provenant du même Monastère, comme socle de la statue de sainte Claire, au chevet du chœur des Religieuses du nouveau couvent. Cette statue en pierre provient également de l'ancien couvent d'Azille. Le fondateur a retrouvé aussi l'antique stalle des Abbesses et l'a placée dans la salle capitulaire du Monastère actuel.
2. R. Père Sellier, *Vie de sainte Colette*, liv. V, chap. VI, tome Ier.

et grâce à un courage viril, transporter ce précieux trésor dans l'église paroissiale.
— En 1818, deux des pieuses Clarisses survivantes à la tourmente parvinrent à relever les ruines de leur ancien Monastère. C'était l'héroïque Mère Gertrude Broccard et l'angélique Sœur Judith Jacquemin. Six Religieuses du Couvent de Romans et plusieurs autres Clarisses, dispersées par la Révolution, aidèrent à reconstituer cette Communauté et s'y sanctifièrent par des vertus admirables. Le 12 décembre 1822, les ossements sacrés de sainte Colette furent rendus aux Filles de Sainte-Claire de Poligny. Depuis, elles ont fondé, en 1861, le Monastère de *Versailles* et en 1879 celui de *Besançon*, qui avait autrefois donné naissance à leur famille religieuse. C'est dans ce Monastère de Besançon que quelques reliques de l'illustre Réformatrice ont été transférées le 10 juillet 1887.

XIII.

Les **PAUVRES-CLARISSES-COLETTINES du PUY.** — Sainte Colette fut encore la fondatrice de leur Monastère. Elle en prit possession le 2 juillet 1432, avec quinze religieuses choisies dans les maisons de la réforme. La sainte séjourna deux ans dans celle du Puy, où DIEU voulut perpétuer son souvenir par les miracles qu'elle y opéra. Les Clarisses, témoins de la vie merveilleuse de l'illustre Réformatrice, ont reçu des preuves particulières de sa maternelle protection. Elles en ont surtout ressenti les effets pendant les jours de nos malheurs. Toutes refusèrent courageusement de prêter *le serment* et furent chassées de leur Monastère. Mais, ayant appris qu'il avait été transformé en prison, elles sollicitèrent, comme une faveur, d'y être incarcérées, afin d'avoir le plaisir de l'habiter encore et « de donner un témoignage public de leur fidélité à la religion et à leur saint État. » Placées dans un appartement qui n'avait plus ni portes ni fenêtres, elles se trouvaient couvertes de neige pendant la nuit. La mort de Robespierre leur enleva l'espoir du martyre, auquel des vexations et des tourments journaliers les avaient préparées. Expulsées une seconde fois de leur cher Couvent qui fut dévasté, trois d'entre elles obtinrent encore de s'y installer dans la partie la moins délabrée. Enfin, la protection du second Consul (Cambacérès) leur permit de recouvrer cet asile béni. L'antique couvent n'offrait plus que des ruines. N'importe, elles s'y réunirent, dès l'année 1807, pour y continuer, au milieu de privations et de travaux exceptionnels, leur vie de sacrifice. Les Pauvres-Clarisses-Colettines du Puy se distinguent tout spécialement par l'esprit de retraite et leur éloignement des rapports avec le monde, si fort recommandés par sainte Colette à ses religieuses. Le Monastère du Puy a fondé ceux de *Châteauroux* en 1865, de *Paris* en 1876 et de *Vals-les-Bains* en 1887.

XIV.

Le **MONASTÈRE de SAINTE-CLAIRE d'AMIENS.** — Cette ville, que l'admirable vierge de Corbie aimait comme sa seconde patrie, vit, en 1445, s'élever dans ses murs un Monastère de Filles de Sainte-Claire. Philippe de Saveuse, conseiller du duc de Bourgogne, et Marie de Lully, son épouse, en étaient les fondateurs [1]. Sainte Colette présida à l'établissement de cette Communauté et l'em-

---

1. Wading, t. V, page 235.

bauma, pendant près d'un an, du parfum de ses héroïques vertus. En la quittant, la sainte lui donna une marque de sa prédilection : elle mit à sa tête Jeanne de Bourbon, fille aînée du roi Jacques, religieuse d'une haute perfection et digne, à tous égards, de l'estime de l'illustre Réformatrice. Quelques années plus tard, Marie de Bourbon, sœur de Jeanne, fut élue vicaire. En 1615, les Clarisses-Colettines d'Amiens adoptèrent les Constitutions des Révérends Pères Capucins. En 1789, leur énergique résistance aux exigences impies des révolutionnaires irrita si fort ceux-ci contre leur digne abbesse, la Révérende Mère Saint-Hugues, qu'elle dut s'exiler en Amérique pour échapper à leur fureur. Deux ans après, les Filles de Sainte-Claire furent chassées de leur couvent et recueillies par des âmes charitables ; mais le désir de la vie régulière les porta à renoncer aux soins qu'on leur prodiguait, pour se réunir en deux petites Communautés. En 1793, on les jeta en prison, où elles passèrent six mois avec leurs Sœurs Clarisses de Péronne, entassées sur un peu de paille humide, rongées de vermine, en contact avec des personnes de toute condition, et souffrant plus encore des offenses envers DIEU dont elles étaient les témoins. Mises en liberté en 1794, elles vécurent encore, comme auparavant en deux Communautés, jusqu'à 1801 où la Révérende Mère Saint-Hugues revint de son exil. Elle fut élue abbesse l'année suivante et vit se reconstituer sa Communauté, en 1802. Le Monastère d'Amiens avait contribué à la fondation de celui de *Cambrai* en 1490.

XV.

Les PAUVRES-CLARISSES de NANTES. — La fondation des Clarisses de Nantes remonte à l'année 1457 ; elle fut faite par la bienheureuse Françoise d'Amboise, Duchesse de Bretagne, épouse de Pierre II. Cette bienheureuse Duchesse fit venir à cet effet six Religieuses Clarisses-Colettines du Couvent de Decize, diocèse de Nevers, parmi lesquelles était une tante paternelle de la Duchesse, Jacqueline d'Amboise, veuve de Jean de la Trémoille. Le Pape Calixte III, alors régnant, permit cette fondation par une bulle datée de Rome le 4 des Ides de juin 1455, et la bienheureuse donna pour Monastère aux Clarisses l'Hôtel de Rochefort, qui était propriété de sa famille dans la ville de Nantes. Les Clarisses descendirent, à leur arrivée, au château de Nantes, où le Duc et la Duchesse les reçurent avec de grands honneurs. C'était le 30 août 1457. Dès le soir, elles furent conduites en grande cérémonie à leur Monastère. Le procès-verbal de cette installation se trouve aux Archives de la Loire-Inférieure. L'abbesse se nommait Guillemette Joguète. A l'époque de nos désastres, les Clarisses de Nantes eurent leur large part de tribulations et d'épreuves et leur Monastère fut détruit. En 1857, le Comte et la Comtesse de Pimodan, désireux de rendre les Filles de Sainte-Claire à leur pieuse ville de Nantes, s'adressèrent à la Communauté de Marseille, qui céda six de ses Religieuses. Cette fondation fut faite en juillet 1859.

XVI.

Les PAUVRES-CLARISSES-COLETTINES d'ARRAS. — Douze ans après la mort de sainte Colette, en 1459, le Monastère d'Arras fut fondé par Philippe de Saveuse, Conseiller de Philippe le Bon, duc de Bourgogne, Gouverneur d'Arras et d'Amiens, et par Marie de Lully, son épouse, en vertu d'une bulle que cet illustre seigneur obtint du Pape Calixte III à la date du 12 avril 1457. Du vivant même de sainte Colette, le pieux fondateur avait obtenu d'elle la promesse d'envoyer des religieuses de Gand à Arras, et comme ses filles lui demandaient si elle n'irait point elle-même établir cette nouvelle Maison, la sainte, élevant les yeux et les mains vers le Ciel, leur fit comprendre qu'elle n'irait à Arras qu'après sa mort. En 1494, les Clarisses d'Arras contribuèrent à la fondation du Monastère de *Cambrai*. Onze ans plus tard, une colonie fut encore envoyée à *Péronne*. En 1577, le Couvent de Gand ayant été saccagé et brûlé par les calvinistes, les Filles de Sainte-Claire, au nombre de vingt et une, se réfugièrent auprès de leurs Sœurs d'Arras. Elles apportaient avec elles le corps de sainte Colette et demeurèrent dans cette Communauté pendant 7 ans. Chassées de Gand une seconde fois par Joseph II en 1781, les Colettines se réfugièrent à Poligny et firent une nouvelle station à Arras. Pendant les désastres de 1792, les Clarisses de cette ville durent chercher dans leurs familles, ou en exil, la sécurité et la paix. Après la tourmente, elles revinrent travailler au rétablissement de leur Communauté. Le 22 juillet 1815, elles purent reprendre leurs exercices réguliers dans une petite maison, tout près de leur ancien couvent. Elles y vécurent pendant trente et un ans, si fort à l'étroit et dans une telle pauvreté que leurs lits, installés dans un grenier, étaient, pendant les nuits d'hiver, couverts de verglas, tandis que la pluie et la neige pénétraient dans les autres parties de ce nouveau Bethléem. Des personnages distingués, touchés de leur dénûment, leur offrirent des rentes ; mais, fidèles à la Très-Haute Pauvreté, les dignes Filles de Sainte-Claire les refusèrent généreusement ; cependant, confiantes en la Providence, elles rachetèrent en 1835 leur ancienne église, et en 1839 une partie de leur ancien couvent. Toutes ressources leur manquaient pour couvrir ces dettes. On ne peut dire ce qu'elles s'imposèrent de pénitences, de privations, de travaux pénibles et de prières ardentes pour obtenir du Ciel les secours nécessaires et contribuer de leurs propres mains à la reconstruction de ces murs bénis. Pour ne citer qu'un exemple de leurs héroïques mortifications, elles firent une procession où l'une d'entre elles, Sœur Elisabeth, malgré son âge et ses infirmités, porta une statue de marbre, représentant Notre-Dame des Sept Douleurs, et si pesante que les Sœurs les plus robustes pouvaient à peine la soulever, tandis que toutes les religieuses la suivaient pieds nus, au fort de l'hiver, ayant de la neige jusqu'à mi-jambes. Les secours arrivèrent d'une manière prodigieuse, et, au commencement de l'année 1847, les Pauvres-Clarisses d'Arras s'installèrent définitivement dans leur Monastère [1].

XVII.

Les PAUVRES-CLARISSES-COLETTINES de GRENOBLE eurent pour fondatrice Jeanne Baile, fille de Jean Baile, seigneur de Pellafol et autres lieux et Président au Parlement de Grenoble. Entrée d'abord chez les Clarisses-Colettines de Chambéry, où elle fit profession, elle obtint la fondation d'un Monastère de Sainte-Claire à Grenoble. L'heureux événement eut lieu le 17 septembre 1478. Des religieuses du Puy, de Moulins, d'Aigueperse et de Chambéry formèrent le premier noyau de la Communauté naissante et Jeanne Baile en fut nommée abbesse. Leur église fut consacrée le lendemain et le Monastère porta le doux nom de *l'Ave-Maria*. En 1621, il donna naissance à celui de *Romans*. Contraintes par la Révolution d'abandonner leur chère solitude, les Clarisses de Gre-

---

1. Voir l'intéressante Notice publiée en 1863 sur le Monastère des Pauvres-Clarisses d'Arras.

noble furent, pour la plupart, jetées dans les prisons de l'Oratoire, où elles eurent la douleur de voir expirer une des leurs : la Sœur Marie Rolland. Le vandalisme révolutionnaire avait laissé debout l'antique Monastère de *l'Ave-Maria;* un désir de la municipalité le fit raser en 1819 [1]. La Sœur Marie-Anne Avenier, converse cloîtrée, avait soustrait à la profanation les restes de Jeanne Baile. Après avoir longtemps espéré en vain la restauration de sa Communauté, elle se retira dans le Monastère de Valence, où elle apporta son précieux dépôt et mourut saintement [2]. Enfin le 18 mars 1878, quatre siècles précis après sa première fondation, le Monastère de Grenoble fut rétabli par les Clarisses de Romans. En 1891, il a fourni l'essaim destiné à relever les ruines de celui de *Bordeaux*.

XVIII.

Les PAUVRES-CLARISSES de PARIS. — Vers l'année 1230, il existait à Paris un couvent de Béguines établi par le roi Louis IX (saint Louis). Il n'y restait plus que trois habitantes, lorsqu'en 1480, Louis XI donna cette maison aux religieuses de la Tierce Observance et lui imposa le nom de l'*Ave-Maria*. Les Religieuses renoncèrent alors aux biens qu'elles possédaient et embrassèrent la Règle de Sainte-Claire dans toute sa rigueur, avec le consentement du Pape Innocent VIII. Plus tard, les vierges de ce Monastère prirent le nom de Damianistes de l'Ordre de Sainte-Claire. Les bâtiments avaient été construits en 1485 par Charlotte de Savoie, veuve de Louis XI. Il fut supprimé en 1790. Nous ne savons ce que devinrent les religieuses pendant ces jours malheureux ; mais il est certain qu'elles eurent ensuite plus d'obstacles qu'aucune de leurs Sœurs pour reconstituer leur Communauté. Aussi, lassées d'attendre des temps meilleurs, elles allèrent, en 1825, se réunir aux Clarisses d'Alençon. Le 19 décembre 1876, une colonie du Monastère du Puy reçut la mission d'implanter de nouveau dans la Babylone moderne la pauvreté séraphique et d'y continuer les traditions de l'antique *Ave-Maria*, interrompues depuis près d'un siècle.

XIX.

Les PAUVRES-CLARISSES-COLETTINES de PÉRONNE. — D'après des documents authentiques, le Monastère de Sainte-Claire de Péronne fut fondé en 1482 par Philippe de Crèvecœur, seigneur de Guerdes et de Lannoy, Gouverneur général de Picardie et d'Artois et Chambellan du Roi. Ce seigneur avait une nièce Clarisse à Hesdin, et c'est dans ce couvent que furent choisies les quatre premières religieuses de Péronne. En 1505, deux ou trois Clarisses d'Arras leur furent adjointes, et cette sainte maison subsista jusqu'à l'époque de la Révolution. Les religieuses en furent alors chassées et incarcérées momentanément dans le château de la ville. Elles furent, ensuite, conduites à Amiens, où on les

---

1. Pour plus amples détails, voir l'ouvrage intitulé : *Jeanne Baile et les Clarisses de Grenoble*, par M. A. de Franclieu, Lyon, Auguste Côte, libraire, 8, place Bellecour.

2. Jeanne Baile n'avait pas été béatifiée canoniquement par la sainte Église, mais son culte, dont « l'existence était connue et tolérée » depuis trois siècles par les évêques qui s'étaient succédé sur le siège de Grenoble, « pouvait être, selon les Décrets du Pape Urbain VIII, continué dans la même mesure où il avait été pratiqué pendant ce long espace de temps. »

laissa longtemps sur la place de la guillotine. On les jeta, enfin, en prison. Elles y trouvèrent leurs Sœurs d'Amiens, dont elles partagèrent les saints exercices et les souffrances. Un instant elles se virent sur le point de cueillir la palme du martyre ; mais la chute de Robespierre les priva de ce bonheur et les rendit à la liberté après six mois de détention. Celles qui avaient encore des parents, se réfugièrent auprès d'eux. Parmi celles qui étaient sans famille, il s'en trouva une qui fut réduite à se retirer dans une étable, où elle mourut de misère dans de vives souffrances. Onze religieuses avaient survécu à ces malheurs. Dès l'année 1794, alors que l'orage révolutionnaire n'était point encore entièrement apaisé, elles entreprirent la restauration de leur Communauté et eurent la consolation de mener cette œuvre à bonne fin. En 1870, lors de l'invasion des Prussiens en France, les Clarisses de Péronne eurent, comme tous leurs concitoyens, beaucoup à souffrir pendant et après le bombardement de la ville. Le 27 décembre, les bombes commencèrent à tomber sur le Monastère, situé tout près des remparts. Les religieuses se réfugièrent dans la cave, où elles passèrent la nuit, et le lendemain leur dévoué Père Aumônier y célébra la sainte Messe. Les bombes, les boulets, les obus renversaient les murs, les toitures ; plusieurs maisons voisines étaient en flammes ; le danger devenait toujours plus grand. On les obligea à sortir de leur chère clôture, pour s'abriter dans les casemates. Elles durent, par un froid rigoureux, à travers la neige, sous une pluie de balles, se rendre au château en transportant leurs malades. Il leur fallut demeurer onze jours au milieu d'une foule de personnes réfugiées comme elles dans un espace insuffisant, où l'on ne pouvait ni s'appuyer ni même remuer, respirant à peine un air rendu plus malsain encore par l'épidémie de la petite vérole qui sévissait dans la ville. Cependant elles eurent la consolation d'avoir tous les jours la sainte Messe et d'y communier. Un créneau servait de tabernacle, une marmite en fer renfermait le DIEU du Ciel et de l'Eucharistie...... Lorsqu'après la reddition de la place, les Clarisses purent rentrer dans leur Monastère, elle le trouvèrent presque entièrement détruit ; mais peu à peu la charité des bienfaiteurs leur fournit les moyens de relever ces chères ruines.

XX.

Les PAUVRES-CLARISSES-COLETTINES de CAMBRAI. — En 1490, l'Évêque de cette ville, Monseigneur Henry de Bergues, fit bâtir, du consentement de son Chapitre, un Monastère pour les Filles de Sainte-Claire. Il y appela seize religieuses qu'il avait obtenues des couvents de Gand, de Bruges, d'Amiens, d'Arras et d'Hesdin, tous fondés par sainte Colette. Marguerite d'Autriche, fille de l'empereur Maximilien, voulut assister à la prise de possession de ce Couvent et aida, par ses pieuses largesses, à l'achèvement des constructions. Le 21 septembre 1792, les Clarisses furent brutalement chassées de leur sainte demeure. Une d'elles, entendant enlever la cloche, mourut de douleur. Une autre, déjà malade, et victime des mauvais traitements dont elle était l'objet à l'hôpital, eut, peu après, le même sort...... Enfin, le 25 août 1804, six de ces courageuses vierges, qui s'étaient réfugiées en Belgique, rentrèrent à Cambrai après plus de dix ans d'émigration. Elles y reconstituèrent leur fervente Communauté, qui s'était toujours montrée si fidèle aux ordonnances de sainte Claire et de sainte Colette.

XXI.

Les PAUVRES-CLARISSES-COLETTINES de LILLE. — Wading nous apprend que le Pape Innocent VIII permit, en 1490, à Marguerite, Duchesse de Bourgogne, d'établir un Monastère pour les Filles de Sainte-Colette, à Lille, en Flandre [1]. En 1501, ce Monastère contribua, par l'envoi de deux religieuses, à la fondation de celui d'Alençon. Lors de la suppression des Maisons religieuses dans les Pays-Bas, par Joseph II, les Clarisses de Lille donnèrent asile à plusieurs de leurs Sœurs de Bruges, chassées de leurs Couvent en 1783. Quelques années plus tard, elles-mêmes étaient obligées de se réfugier en Belgique pour échapper à la haine des révolutionnaires et de demander un abri aux Clarisses de Bruges à peine rentrées dans leur Monastère. C'est cette même Communauté de Bruges qui a rétabli celle de Lille en ce siècle. La vénérable abbesse, la Mère Dominique Berlamont, tenta de le faire dès l'année 1837. Mais des difficultés sans nombre vinrent arrêter les projets au moment même où on croyait aboutir. En 1863, un noble et dévoué bienfaiteur des Pauvres-Clarisses de Bruges, ayant fait un voyage à Rome, demanda la bénédiction de Sa Sainteté Pie IX pour la fondation de Lille et lui parla des nombreux obstacles qui empêchaient l'exécution de cette pieuse entreprise. Le Souverain Pontife, avec sa bonté habituelle, daigna lui remettre, écrit de sa main, l'encouragement suivant : *Dieu qui a commencé l'œuvre l'achèvera.* Ce fut l'heureux présage de la fin des épreuves. Peu à peu, toutes les difficultés s'aplanirent et les religieuses, au nombre de six, dont quatre de la Maison de Bruges, une de Bruxelles et une de Courtrai, arrivèrent à Lille, le 24 février 1866.

XXII.

Les PAUVRES-CLARISSES-COLETTINES de MONTBRISON furent fondées en 1500 par onze religieuses prises dans les différents Monastères de la réforme de Sainte-Colette, savoir : de Moulins, du Puy, de Genève, de Chambéry, de Bellegarde et d'Aigueperse. Au mois d'octobre de l'année 1792, elles furent obligées de quitter leur sainte Maison. L'amour de la vie de Communauté les porta, à plusieurs reprises, à braver tous les périls pour se réunir ; mais chaque tentative de ce genre ne fit que redoubler la haine dont elles étaient l'objet de la part de leurs ennemis. Le Seigneur, satisfait de la joyeuse générosité de ses servantes, les secourait admirablement. Elles purent même jouir de l'exposition du Très-Saint Sacrement pendant toute la journée du Jeudi-Saint 1795. Les Clarisses de Montbrison rétablirent leur Monastère en 1804. La Providence leur adjoignit onze religieuses appartenant précisément aux six Communautés qui, près de trois siècles auparavant, avaient contribué à la première fondation.

XXIII.

Les PAUVRES-CLARISSES-COLETTINES d'ALENÇON. — Marguerite de Lorraine, Duchesse d'Alençon, fut la fondatrice du Monastère de

---

1. Wading, tome VII, page 158.

l'Ave-Maria de Sainte-Claire. Elle le fit bâtir pour quarante religieuses dans le parc même du palais ducal, et obtint une bulle d'érection du Souverain Pontife Alexandre VI en date du 11 mars 1496. L'église fut consacrée le 11 août 1499. Le 18 juillet 1501, onze religieuses de *l'Ave-Maria* de Paris et deux du Monastère de Lille, conduites par le Très Révérend Père Olivier Maillard, Vicaire Général de l'Observance, prenaient possession du nouveau Monastère. Elles observaient toutes la Première Règle de la vierge d'Assise et les Constitutions de sainte Colette [1]. Lors de la grande Révolution, les religieuses, chassées de leur cloître, se retirèrent où elles purent, plusieurs passèrent de longs mois en prison ; mais partout elles furent un sujet d'édification ; on les aimait, on les respectait. En 1805, quelques-unes se réunirent, mais elles se voyaient, pour la plupart, fort avancées en âge et sans espérance de pouvoir rétablir entièrement leur première Communauté. DIEU leur en donna progressivement les moyens d'une façon toute providentielle. Les sujets affluèrent et, en 1825, les Clarisses mitigées vinrent embrasser les austères pratiques d'Alençon. *L'Ave-Maria* de Paris lui-même se fondit, alors, dans la famille religieuse à laquelle il avait donné naissance. Chose digne de remarque, dans la région de l'Ouest, *l'Ave-Maria* d'Alençon à la stricte observance, à la très haute pauvreté, possédait seul le germe de résurrection ! ! Ce Monastère a établi celui de *Rennes*, en 1885.

XXIV.

Les **PAUVRES-CLARISSES** de **TOULOUSE**. — Cette ville posséda deux Monastères de Sainte-Claire. L'un, établi sous la Seconde Règle, existait au quartier Salins dès l'an 1254 [2], et donna naissance en 1642 à la Communauté des Clarisses-Urbanistes de *Lavaur*. Mais ce premier Monastère n'existe plus.

En 1464, les religieuses Bénédictines ayant abandonné le Couvent qu'elles avaient dans Toulouse près de la Porte de l'Isle, au faubourg Saint-Cyprien, le Pape Pie II, à la demande du roi de France, le donna aux Sœurs du Tiers Ordre de Saint-François. En 1515, sous le Pontificat de Léon X, elles embrassèrent la Première Règle de Sainte-Claire et appelèrent des Religieuses du Monastère d'Albi pour les instruire. Le Père Gilbert Nicolaï était alors Vicaire Général de l'Observance [3]. Cette Communauté, détruite par la Révolution, a été rétablie par les Clarisses de Béziers, en 1859. Les Pauvres-Clarisses de Toulouse observent les Constitutions de sainte Colette.

XXV.

Les **PAUVRES-CLARISSES-COLETTINES** d'**ÉVIAN**. — Les religieuses de Sainte-Claire d'Orbe et de Vevey, chassées par les envahissements du calvinisme, en 1555, se réfugièrent à Évian et habitèrent au presbytère pendant près de quinze ans, espérant toujours pouvoir retourner dans leurs Communautés. Voyant échouer cette espérance, elles s'établirent dans la cité hospitalière grâce

---

[1]. Plusieurs religieuses de l'ancien et du nouveau Monastère d'Alençon ont donné pendant leur vie et après leur mort des marques non équivoques de sainteté ; leurs corps ont été retrouvés intacts après de longues années de sépulture.

[2]. Wading, tome II, page 41.

[3]. Wading, tome VI, page 246.

aux dons généreux du duc de Savoie et au concours de la population. Les Clarisses d'Évian font remonter la fondation de leur Monastère au 14 juillet 1569, jour où leur chapelle fut consacrée sous le vocable de saint Bonaventure. Les troupes de Genève pillèrent la Maison de DIEU et de ses servantes, qui s'enfuirent à Romont, en Suisse. Ceci se passait en 1589. Après trois ans d'exil elles revinrent à Évian, d'où la Révolution française les dispersa de tous côtés. Dès que le Monastère de Poligny fut reconstitué, une d'elles, la Mère Marie-Claire Gouin, s'y réfugia. Elle y passa encore de longues années et, par une disposition particulière de la Providence, elle vivait encore au moment où la future restauratrice de son ancienne Communauté entra chez les Clarisses de Poligny. Ainsi, lorsque cette bonne Mère ancienne mourut, la famille d'Évian ne cessa pas d'exister en quelque façon. En 1861 la Maison de Poligny fondait celle de *Versailles* qui, en 1875, était appelée à rétablir le Monastère d'Évian. Ce fut alors que l'ancienne postulante de Poligny, devenue abbesse de Versailles après la mort de la vénérée fondatrice, fut mise à la tête de la Communauté renaissante. L'église du Couvent, consacrée le 1er juin 1878, est placée sous le vocable du Sacré-Cœur.

✛ ―― Le grand sceau ―― ✛
du Monastère d'Évian.

XXVI.

Les **PAUVRES-CLARISSES-COLETTINES de LYON**. — En 1596, Henri IV étant en guerre avec Emmanuel, duc de Savoie, les soldats français ravagèrent la Bresse et arrivèrent jusqu'aux portes de Bourg, qui possédait un Monastère de Sainte-Claire bâti par sainte Colette elle-même. Les pauvres religieuses, dans l'impossibilité de subsister, faute d'aumônes, dans ce pays dévasté, furent autorisées par le Principal de l'Observance à chercher ailleurs un refuge. Sept d'entre elles se dirigèrent vers Lyon : elles y furent accueillies avec une grande sympathie et purent jeter les fondements d'une Communauté où affluèrent bientôt des sujets nombreux. La reine de France, Marie de Médicis, et sa belle-fille, Anne d'Autriche, femme du roi Louis XIII, affectionnèrent beaucoup les chères recluses et leur firent, ainsi que les autres Dames de la cour, des dons considérables qui aidèrent à la construction de leur Monastère. Au temps des grandes épreuves, les Clarisses de Lyon se montrèrent pleines de force. Après l'interdiction des vœux, elles purent encore rester deux ans dans leur chère solitude ; mais elles en furent ensuite chassées, sur le refus de prêter le serment. Quelques-unes s'exilèrent ; d'autres, exposées à tous les périls, continuèrent de faire corps de Communauté, conservant autant que possible leur costume religieux. Après un nouveau refus de prêter serment, elles furent jetées en prison. La charité de leurs bienfaiteurs les y suivit et la bienveillance des geôliers eux-mêmes leur permit de continuer les exercices de leur vie régulière. Le Jeudi-Saint de l'année 1793, elles eurent le bonheur de posséder tout le jour le Très-Saint Sacrement, qu'un prêtre courageux et dévoué leur avait suspendu dans un sac à ouvrage au milieu de la prison. Traduites devant le tribunal révolutionnaire, leur fermeté et leur courage les fit condamner à l'échafaud. Mais le peuple de Lyon, averti que les Clarisses devaient être exécutées le lendemain, s'ameuta pendant la nuit, et la crainte d'un soulèvement fit surseoir l'exécution. Un nouvel interrogatoire trouvant les Filles de Sainte-Claire toujours aussi intrépides, leurs persécuteurs interdits devinrent tout d'un coup leurs admirateurs et les ramenèrent en triomphe à leur ancienne habitation. Elles y vécurent jusqu'en 1806. Une généreuse bienfaitrice leur acheta une partie de l'ancien Couvent de la Visitation, là même où saint François de Sales avait rendu sa belle âme à DIEU. Ce local, successivement agrandi, est celui qu'occupent aujourd'hui les Clarisses.

Les troubles de 1870 les y ont encore atteintes. Pendant ces jours de triste mémoire, les communards envahirent plusieurs fois le Monastère, fouillant partout pour trouver des trésors et des armes, mais sans faire de mal aux religieuses. Un soir, elles se virent cernées dans leur réfectoire par vingt-cinq hommes armés. Le 14 septembre, le Couvent fut envahi; l'Abbesse étant malade, la Mère Vicaire, âgée de 62 ans, fut contrainte de suivre une vingtaine de bandits qui la sommèrent de déclarer où étaient les cachettes des trésors et des armes. Ils l'entraînèrent, ainsi que deux autres Sœurs, jusqu'à l'église. L'un d'eux s'élança sur l'autel pour ouvrir le tabernacle. A cette vue, la vénérable Mère Vicaire, s'élançant plus promptement encore, arrêta le bras de cet homme en s'écriant : « Malheureux ! qu'allez-vous faire ? » Effrayé et honteux, le misérable balbutia : « Je viens voir s'il n'y a rien de caché là-dedans. » La Mère Vicaire dut ouvrir le Tabernacle d'où elle retira les Vases sacrés, tandis que ces malheureux plongeaient leurs regards dans le vide. Il lui fallut encore, à leur réquisition, ôter le couvercle du Saint-Ciboire, pour les assurer qu'il contenait des Hosties et non des pièces d'or et d'argent. DIEU les terrassa ; ils se retirèrent au plus vite, et n'osèrent plus, dès lors, pénétrer dans le Couvent. Les Clarisses de Lyon ont fondé, en 1876, le Monastère de *Lourdes*.

XXVII.

Les PAUVRES-CLARISSES de BASTIA (Corse). — La chapelle et l'ancien Monastère de Sainte-Claire en cette ville avaient été bâtis dans les années 1600 et suivantes, aux frais de la ville et au moyen d'aumônes imposées par le Sérénissime Sénat de Gênes, à qui appartenait, alors, l'île de Corse. L'église était d'une belle architecture et ornée d'un joli clocher. Les religieuses de ce Monastère appartenaient généralement aux meilleures familles du pays et menaient une vie fort austère. La Corse ayant été cédée au roi Louis XV par les Génois, en 1768, la Révolution y étendit ses ravages comme en France. La Communauté des Clarisses fut supprimée en 1793 et le Couvent, converti en prison civile et militaire, est encore actuellement affecté au même usage. Toutefois, l'île n'est pas demeurée privée des Filles de Sainte-Claire. En 1851, à la demande de Monseigneur Casanelli d'Istria, Évêque d'Ajaccio, une colonie des Pauvres-Clarisses de Marseille, conduites par leur vénérable Abbesse, rétablit l'ancien Monastère sur une petite colline de Bastia. La nouvelle Communauté a toujours été, depuis, l'objet de la sympathie et de la charité des pieux habitants de la ville et des campagnes environnantes [1].

XXVIII.

Les **PAUVRES-CLARISSES de ROMANS** furent établies en 1620 par quatre religieuses du Monastère de Grenoble qui suivaient, avec la Première Règle de la Vierge d'Assise, les constitutions de sainte Colette. Mais, la ville ne voulant pas consentir à l'établissement d'une Communauté vivant d'aumônes, les Clarisses durent solliciter du Pape Paul V un Indult, pour être autorisées à posséder quelques immeubles. Elles restèrent néanmoins inviolablement attachées à l'esprit de la sainte Pauvreté et à toutes les vertus séraphiques, si bien que la tourmente révolutionnaire ne put ébranler leur courage et leur fidélité. Obligées d'abandonner leur sainte clôture, plusieurs durent chercher un abri dans leurs familles. La digne Abbesse et dix-sept de ses filles furent contraintes de se séparer en trois petites Co.nmunautés de six religieuses chacune et, retirées en trois maisons différentes, elles y continuèrent, autant que possible, leurs exercices réguliers. Elles vivaient du travail de leurs mains, faisaient l'école et se dévouaient à toutes sortes d'actes de charité. Après treize années d'une vie pénible et semée de privations, les Clarisses de Romans eurent la joie de se réunir en une seule Communauté et de rétablir la clôture, objet de leurs ardents désirs. C'était le 31 août 1805. Leur vénérable Abbesse, la Révérende Mère Faure, vivait encore, et bientôt se comblèrent les vides laissés par la mort de dix de leurs plus saintes Sœurs. Après avoir contribué à la fondation du Monastère de *Valence*, en 1815, et au rétablissement de celui de *Poligny*, en 1817, les Pauvres-Clarisses de Romans ont fondé, en 1826, le Monastère de *Crest* et ont rétabli, en 1878, celui de *Grenoble*, détruit par la Révolution.

XXIX.

Les **CAPUCINES de MARSEILLE**. — En 1625, Marthe d'Oraison, Baronne d'Allemagne, étant restée veuve deux ans après son mariage, fonda le Monastère des Capucines de Marseille. Elle y prit l'habit de novice avec plusieurs jeunes personnes, qui furent instruites des devoirs de la vie religieuse par trois Capucines appelées du Couvent de Paris pour y prendre la conduite de cette Communauté La pieuse fondatrice y mourut en 1627, laissant à ses Sœurs les plus beaux exemples d'humilité, de pénitence, d'amour de la sainte Pauvreté. Ferventes à suivre ses traces, les Capucines de Marseille comptèrent parmi elles des religieuses d'une sainteté éminente. Comme leurs Sœurs les Clarisses, elles burent avec un admirable courage, et jusqu'à la lie, le calice d'amertume que leur versa la haine des révolutionnaires. On les obligea d'abord à quitter leur chère solitude, pour se réunir aux religieuses Carmélites ; mais bientôt, expulsées de nouveau avec leurs nouvelles compagnes, elles durent s'expatrier. Pie VI les accueillit paternellement à Rome et les fit placer dans deux Couvents de leur Ordre. Une d'elles, la Sœur Saint-Antoine, restée à Marseille à cause de ses infirmités, parvint à faire de la

---

[1]. Il existait aussi à Ajaccio, avant la Révolution, une très fervente Communauté de Sainte-Claire, qui n'a pas été rétablie.

pauvre chambre que la charité lui avait offerte, un sanctuaire où l'autorité diocésaine lui avait permis, à son instante prière, de conserver la Sainte-Réserve. Ce fut pour les fidèles, admis à y venir en secret, une inappréciable consolation au milieu des terribles épreuves de cette période sanguinaire. Enfin, la paix étant rendue à l'Église de France, les Capucines émigrées à Rome revinrent à Marseille, avec leurs Sœurs les Clarisses, en 1803. Elles eurent pour demeure l'ancien Couvent de Saint-Joseph, en attendant qu'on leur en construisît un mieux approprié à leurs besoins. Les Capucines de Marseille ont fondé le Monastère des Capucines d'*Aix en Provence*, le 20 février 1827.

XXX.

Les **CLARISSES-URBANISTES de LAVAUR**. — Le Monastère du Salin (ou Salain) de Toulouse donna, en 1642, les six premières religieuses de cette Communauté. Elle subsista jusqu'au 29 septembre 1792. A cette époque de vandalisme, les Filles de Sainte-Claire, chassées de leur demeure avec une violence révoltante, eurent la douleur de voir leur église profanée et saccagée. Elles séjournèrent en prison pendant dix-huit mois, toujours fidèles aux devoirs de leur Règle. On les rendit, ensuite, à la liberté. Lavaur devint, alors, le théâtre de leur zèle pour le salut des âmes. Parmi ces généreuses vierges, deux se distinguèrent par l'intrépidité de leur courage : c'étaient la Sœur Saint-Laurent et la Sœur Saint-Paul. La première réussit, au péril de sa vie, à soustraire aux recherches des révolutionnaires une précieuse statuette de la Très Sainte Vierge ; la seconde était dépositaire de la divine Eucharistie cachée dans un pauvre prie-Dieu. Les Sœurs se réunissaient dans sa demeure pour recevoir le Pain des Forts et, quand aucune main sacerdotale ne s'y trouvait pour le leur distribuer, elles étaient autorisées à se communier elles-mêmes. Les Clarisses-Urbanistes de Lavaur entreprirent la restauration de leur Communauté en 1802. Ce ne fut qu'en 1833 qu'elles purent faire bâtir le Monastère qu'elles habitent actuellement. L'église, dédiée à sainte Claire, fut consacrée par Monseigneur de Gualy, Archevêque d'Alby, le 6 mai 1837.

XXXI.

Les **CLARISSES-URBANISTES DÉCHAUSSÉES de LIMOGES**. — Cette ville possédait déjà un Couvent de Clarisses-Urbanistes, lorsque Dieu inspira à Mademoiselle de Meilhac, fille aînée de Messire Pierre de Meilhac, Conseiller au Parlement de Bordeaux, d'établir à Limoges une Communauté de Clarisses animées du véritable esprit de saint François et de sainte Claire. Mademoiselle de Meilhac avait été préparée dès son enfance à cette grande œuvre par des lumières surnaturelles et des grâces exceptionnelles. Monseigneur de la Fayette, Évêque de Limoges, approuva ce projet, qu'il reconnut être inspiré du Ciel, mais les autorités de la ville s'opposèrent à l'établissement d'une Communauté suivant la Première Règle de sainte Claire. La pieuse fondatrice dut alors adopter la Seconde Règle. Toutefois, elle y ajouta des constitutions très austères, surtout à l'égard de la sainte Pauvreté. Secondée par le Très Révérend Père Provincial de l'Observance, elle établit ainsi le Petit Couvent des Urbanistes réformées de Limoges. Quatre religieuses du grand Couvent des Urbanistes [1] furent choisies pour jeter, avec elle, les premiers fondements de cette réforme. Elles prirent possession de leur nouvelle demeure le 6 août 1659. Mademoiselle de Meilhac, à peine âgée de quinze ans et demi, y reçut l'habit religieux et le nom de Sœur Marie du Calvaire. Elle y vécut pendant douze ans dans l'exercice des plus admirables vertus et mourut le 7 avril 1673, en odeur de sainteté, à l'âge de 29 ans [2]. En 1792, le Monastère des Clarisses fut vendu et les religieuses, jetées en prison, y vécurent, pendant deux ans, dans les exercices de leur vie régulière. Le Seigneur récompensa leur constante générosité en leur permettant de passer directement du lieu de leur détention dans leur cher Couvent racheté. De cette année 1794, date la restauration de cette Communauté. Elle a réformé celle de *Périgueux* en 1838.

XXXII.

Les **PAUVRES-CLARISSES de VALENCE**. — La Sœur Marie-Claire née Madeleine Fière, Professe de Romans avant la Révolution, n'ayant pu rejoindre ses Sœurs, lorsqu'elles s'étaient réunies de nouveau en Communauté, pria Monsieur le Chanoine Fière, son frère, d'établir un Monastère de Clarisses à Valence. Peu de temps après en avoir jeté les fondements, la Révérende Mère Marie-Claire se sentit proche de sa fin. Elle fit demander à la Communauté de Romans deux religieuses Professes pour lui venir en aide et achever de former à la vie régulière la jeune famille, qui se composait de douze Novices et de trois Postulantes. Ces religieuses arrivèrent à Valence le 24 septembre 1815, six jours avant la mort de la Révérende Mère fondatrice, dont l'œuvre est allée en prospérant jusqu'à nos jours.

XXXIII.

Les **CAPUCINES d'AIX**. — Ce fut le 20 février 1827 que cette Communauté fut établie par une colonie de religieuses Capucines du Couvent de Marseille et sous le patronage de Monseigneur de Bausset Roquefort, Archevêque d'Aix. DIEU bénit cette œuvre, et, trente ans après, les Capucines d'Aix furent en état de fonder elles-mêmes le Monastère de *Lorgues*, dans le Var.

XXXIV.

Le **MONASTÈRE de SAINTE-CLAIRE de CREST** a été fondé, le 17 avril 1826, par six Religieuses de la Communauté de Romans. La nouvelle famille s'établit d'abord à Die (Drôme). En 1840, elle fut transférée à Crest, dans le même département.

---

1. Ce Couvent n'existe plus.
2. Voir la *Vie de la Mère du Calvaire*, dans *L'Auréole Séraphique*, par le Très Révérend Père Léon, t. II, page 35.

XXXV.

Les CAPUCINES de LORGUES. — Le 3 septembre 1856, la Révérende Mère Sainte-Claire, Abbesse des Capucines d'Aix, quittait son Monastère pour aller fonder celui de Lorgues. Elle fut bientôt rejointe par six de ses Filles destinées à former le noyau de la Communauté naissante. Le 27 octobre de la même année, eut lieu la bénédiction et la pose de la première pierre du Monastère. Les Religieuses s'y installèrent le 17 novembre 1857 ; Monseigneur Jordany, Évêque de Fréjus, présidait la cérémonie. Le 26 mars 1859, le pieux Prélat consacra l'église des Capucines et la plaça sous le vocable de l'Immaculée-Conception.

XXXVI.

Les PAUVRES-CLARISSES-COLETTINES de VERSAILLES. — Monseigneur Jean-Pierre Mabile, Évêque de cette ville, voulant doter son diocèse d'un Monastère de Filles de Sainte-Claire, s'adressa aux Clarisses-Colettines de Poligny, dont il avait été le Supérieur et le Père, lorsqu'il occupait le siège épiscopal de Saint-Claude. Il connaissait assez cette fervente Communauté pour choisir lui-même les Religieuses qui devaient être les pierres fondamentales du nouvel édifice de grâce, et en désigner l'Abbesse et la Vicaire. Elles prirent possession de leur Monastère de Versailles le 21 avril 1861 et le nommèrent Petit Nazareth. Jusqu'à la fin de sa vie, Monseigneur Mabile témoigna à ses chères Clarisses la plus paternelle bienveillance, et DIEU rendit cette Communauté si prospère que, 17 ans plus tard, elle put fournir l'essaim destiné à rétablir le Couvent d'*Évian-les-Bains*. Cette mission fut confiée à l'ancienne Mère Vicaire qui avait succédé, comme Abbesse de Versailles, à la vénérée Mère fondatrice.

XXXVII.

Les PAUVRES-CLARISSES d'ORTHEZ furent appelées dans cette ville par Monseigneur Lacroix, Évêque de Bayonne. Le Monastère de Béziers fournit le premier essaim de la nouvelle ruche en 1874. Depuis leur arrivée dans cette humble solitude, les Clarisses d'Orthez n'ont cessé de sentir les divines influences du Sacré-Cœur de JÉSUS et la protection spéciale de la Très Sainte Vierge, dans l'Observance exacte de la Première Règle de sainte Claire et des Constitutions de sainte Colette. Visiblement bénie de DIEU, cette jeune maison a été choisie pour rétablir l'ancienne Communauté d'*Azille*, détruite par la Révolution. Cinq Religieuses de chœur et trois Sœurs externes, toutes professes, conduites par leur Abbesse vénérée, prirent possession du nouveau et gracieux Monastère d'Azile, le 6 août 1891.

XXXVIII.

Les PAUVRES-CLARISSES-COLETTINES de ROUBAIX. — La fondation de ce Monastère est due à la généreuse initiative d'un grand chrétien, chef d'une des plus importantes usines de cette ville. La mort l'empêcha de réaliser son projet, mais ses deux fils se firent un devoir de remplir les intentions de leur vénérable père. La première pierre du Monastère, dédié à la Très Sainte Trinité, fut posée en 1873. Un grand artiste chrétien, le Baron Béthune d'Ydewalle, en dessina les plans, et les constructions s'élevèrent dans le beau style du moyen âge. Elles étaient terminées, lorsque, le 3 juillet 1876, arriva du Couvent de Tournai la petite colonie de Clarisses destinée à la fondation. Elle se composait de six Religieuses de chœur et de trois Sœurs externes. Le clergé de Roubaix leur fit le plus bienveillant accueil, ainsi que la population. L'ouverture des classes tenues par les Sœurs externes rencontra, cependant, des difficultés nombreuses et en apparence insurmontables. Mais l'intervention de saint Antoine de Padoue, invoqué avec ferveur par les Clarisses, aplanit tous les obstacles, et demeurera à jamais un des faits les plus remarquables de l'établissement de cette Communauté.

Il ne nous reste plus qu'à réunir ici les noms des autres Monastères fondés dans la seconde moitié de ce siècle, bien que la plupart aient déjà figuré à côté de ceux des Communautés qui leur ont donné naissance. Ce sont les Monastères de *Châteauroux, Mur-de-Barrez, Lourdes, Paray-le-Monial, Rennes, Vals-les-Bains, Mazamet* et *Menton.*

La Communauté de Paray-le-Monial a elle-même fondé, en 1884, le Monastère de *Nazareth* (Syrie) et, le 23 septembre 1891, celui de *Lanouvelle à Castillon-de-Gagnières* (Gard).

En 1888, la Communauté de Nazareth jetait les fondements de celle de *Jérusalem*, laquelle se compose principalement de Religieuses appartenant aux diverses maisons de l'Ordre en France. Ainsi, ces maisons se trouvent représentées dans les lieux bénis où le divin Sauveur a préconisé la pauvreté volontaire et les vertus évangéliques [1].

1. Le but de cet aperçu historique est de prouver l'établissement de l'Ordre de Sainte-Claire en France dès les premières années de sa fondation, l'antiquité de la plupart des Monastères encore existants et la conduite admirable des Pauvres-Clarisses pendant la tourmente révolutionnaire. C'est la raison pour laquelle on ne s'est pas étendu sur les Monastères fondés en ce siècle.

Les Monastères de Sainte Claire en Belgique.

L'ORDRE des *Pauvres Dames*, implanté en Belgique au XIIIe siècle, du vivant même de l'admirable Abbesse de Saint-Damien, par la pieuse Ermentrude et ses disciples, y avait pris d'heureux accroissements dans les principales villes. Mais l'extension de la famille de sainte Claire devint encore plus considérable lorsque sainte Colette vint y établir sa réforme, vers le milieu du XVe siècle.

I.

Les PAUVRES-CLARISSES-COLETTINES de GAND. — Le Monastère de Gand, appelé le Monastère de Bethléem, fut fondé, en 1442, par la sainte Réformatrice elle-même, qui y termina sa vie pleine de merveilles. Les archives du Monastère conservent encore les noms des trente-sept Abbesses qui lui ont succédé et dont la première était Sœur Odette, fille du comte de Bourgogne. En 1577 les calvinistes forcèrent les religieuses à quitter leur Couvent, brûlèrent une partie des annales et papiers précieux et leur occasionnèrent de grandes difficultés. Ils essayèrent, par promesses et par menaces, de les faire dévier de la fidélité à leur sainte vocation, et les forcèrent à comparaître à leurs assises hérétiques ; mais les dignes Filles de Saint-François répondirent bravement à leurs persécuteurs et choisirent la mort plutôt que de trahir leur foi et de souiller leur conscience. Alors elles se séparèrent et se rendirent aux Couvents d'Arras, de Cambrai et d'Hesdin, où elles furent reçues avec la plus grande charité. Elles ne purent rentrer qu'en 1585 dans leur cher Monastère de Gand, qu'elles trouvèrent complètement dévasté. En 1783, les religieuses durent encore une fois abandonner leur chère solitude et se réfugièrent à Poligny avec le corps de leur Fondatrice, sainte Colette. Elles restèrent en ce Couvent de Poligny jusqu'en 1791, et revinrent en Belgique sans pouvoir ramener les ossements de la Sainte. Elles demeurèrent réunies autant que possible jusqu'en 1814. Alors seulement les quatre Pauvres-Clarisses survivantes, parmi lesquelles étaient l'Abbesse et la Vicaire de l'ancien Monastère, ainsi qu'une Sœur converse, purent s'établir là où maintenant encore les Filles de Sainte-Colette psalmodient les louanges du Seigneur. Deux religieuses de Bruges vinrent les y aider. Il leur fut impossible de racheter l'ancien Monastère où reposaient tant de leurs Sœurs, dont les corps, enterrés sans cercueil, se conservaient intacts. Une d'elles, Sœur Louise Hissette, fut trouvée, vingt-six ans après sa mort, fraîche et rose, et une branche de laurier avec laquelle elle avait été ensevelie fut retirée de sa main verte et odoriférante comme si elle venait d'être cueillie de l'arbre. Sœur Angélique Vermoeid, fatiguée d'attendre le rétablissement de son berceau religieux, était entrée chez les Trappistines, où, peu après, elle rendit sa belle âme à DIEU. Au grand étonnement de tous, il sortit de sa tombe une belle plante qui produisit une rose blanche magnifique.

Beaucoup de personnes viennent honorer les reliques de sainte Colette chez les Clarisses de Gand, qui conservent précieusement la robe de leur sainte Mère, son manteau, etc. Ces trésors ont été placés depuis peu dans de beaux reliquaires gothiques, dus à la charité de fervents chrétiens habitant cette ville.

II.

Les PAUVRES-CLARISSES-COLETTINES de BRUGES. — Sainte Colette exprima souvent le désir d'établir un Couvent à Bruges, cette ville où Ermentrude et ses généreuses compagnes avaient inauguré la vie des Pauvres-Clarisses ; mais la mort vint mettre un terme à ses travaux. Trente-deux ans plus tard, les vœux de la Sainte étaient comblés : Marie de Bourgogne, fille de Charles, duc de Bourgogne et comte de Flandre, posait la première pierre du Monastère de Bruges. Les constructions étant achevées en 1478, les religieuses, au nombre de seize, en prirent possession. Le Couvent de Gand donna à cette Communauté naissante huit de ses religieuses, dont la principale était la Sœur Marie-Catherine de Longueville, compagne inséparable de sainte Colette dans ses voyages et qui avait recueilli son dernier soupir. Quatre autres Clarisses venaient d'Arras. La nouvelle maison de Bruges fut appelée le *Mont-Sinaï*. Un siècle plus tard (1572) les Gueux envahirent la Belgique ; à Bruges, comme partout, ils détruisirent toutes les maisons religieuses ; mais à la vue de l'extrême pauvreté des Filles de Sainte-Claire et de Sainte-Colette, ils furent saisis d'admiration et se retirèrent sans leur faire aucun mal. En 1783, Joseph II supprima le vénérable Monastère du Mont-Sinaï. Les Pauvres-Clarisses se réfugièrent les unes chez leurs Sœurs de Tours, les autres au Couvent de Lille. Six demeurèrent réunies à Bruges. La révolution de 1792 força celles qui avaient émigré en France à rentrer en Belgique. Elles rejoignirent leurs six Sœurs de Bruges, qui, déjà, avaient réuni celles des Pauvres-Clarisses qui s'étaient dispersées dans leurs familles. L'ancienne Communauté se retrouvait ainsi au complet. Plusieurs fois encore dans la suite, des troubles révolutionnaires vinrent remettre son existence en péril, mais sa ferveur lui obtint la grâce de surmonter les vicissitudes de ces temps malheureux. Elle put même, en 1816, substituer à la maison qu'elle avait jusqu'alors habitée, un Couvent plus conforme aux exigences de la vie régulière. Au milieu des désastres de cette époque, le Monastère de Gand avait été détruit, il n'en restait plus que quatre bonnes Mères avancées en âge. A leur demande, deux religieuses leur furent données par la Communauté de Bruges, afin de les aider à reconstituer leur famille religieuse. Dès lors, ces deux maisons, étroitement unies, par la charité, devinrent la pépinière qui devait peupler la Belgique de Filles de Sainte-Claire et de Sainte-Colette. En 1825, la Mère abbesse de Bruges revêtait des livrées séraphiques une vierge d'élite, c'était la Sœur Marie-Dominique Berlamont. Quatre ans après sa profession, ses hautes vertus la désignaient au choix de ses Sœurs pour gouverner la Communauté. La nouvelle abbesse allait continuer la mission d'Ermentrude et de sainte Colette. Nous avons vu comment, en 1783, Joseph II avait supprimé les Couvents de Belgique. Parmi ceux-ci, se trouvaient les Monastères fondés par les disciples de sainte Colette et dont l'annaliste Wading fait mention au XVe siècle. La Révérende Mère Marie-Dominique les reconstitua. La Communauté de Gand en établit aussi plusieurs. Les uns et les autres élèvent à vingt-trois ces foyers de la prière et des saintes louanges.

Ce fut aussi la Mère Marie-Dominique qui eut le bonheur de faire rebâtir le Couvent sur l'emplacement de l'ancien Monastère du Mont-Sinaï rasé par les révolutions. En avril 1841, elle put y ramener ses Filles, qui en étaient exilées depuis cinquante ans. C'est dans ce même Monastère que la Mère Marie-Dominique s'endormit dans le Seigneur en odeur de sainteté, le 31 août 1871, après avoir gouverné sa Communauté l'espace de quarante ans. On conserve au Couvent du Mont-Sinaï plusieurs insignes reliques de sainte Colette : l'os de l'avant-bras, une côte, plusieurs morceaux d'étoffe, deux couvre-chef, un voile et la fenêtre entière de sa réclusion de Corbie. On y conserve également un crucifix miraculeux qui a parlé à une religieuse. Depuis ce temps, la bouche du Christ est entr'ouverte, un œil est ouvert et un côté du visage paraît être vivant, tandis qu'auparavant les yeux étaient fermés ainsi que la bouche, et le visage était mourant.

Le Monastère de Bruges a été illustré par un grand nombre de religieuses d'une éminente vertu ; plusieurs sont mortes en odeur de sainteté. On conserve dans les archives du Couvent le souvenir de faveurs miraculeuses dont le détail serait trop long. Nous n'en citerons qu'une : Un incendie s'était déclaré au Monastère ; un puits profond se trouvait dans le jardin, mais l'eau était si basse, qu'on ne pouvait en prendre ; l'eau monta tout à coup à fleur de terre, on put y puiser en abondance, et lorsque l'incendie fut éteint, l'eau redescendit à son niveau habituel.

III.

Les PAUVRES-CLARISSES-COLETTINES de MALINES. — Leur asile de prière fut fondé en 1501 par la veuve de Godefroi Van Vilain avec le consentement du Pape Alexandre VI, de l'Archevêque de Cambrai, Jacques de Croy, des magistrats de la ville et du Chapitre de Saint-Rombaut. Quand les Gueux firent invasion dans les églises et les Couvents de Malines, le Monastère des Clarisses donnait asile à beaucoup de religieuses hollandaises qui étaient chassées de leurs demeures depuis 1572.

Toutes furent expulsées le 19 avril 1580. Les Filles de Sainte-Claire de Malines se réfugièrent à Cologne et à Liège jusqu'en 1585. Lorsqu'elles revinrent, elles trouvèrent leur Couvent complètement saccagé, sauf les murs de l'église qui étaient encore debout ; mais ces courageuses Épouses de JÉSUS réparèrent les dégâts en 1606. Le 21 avril 1783, elles reçurent du gouvernement autrichien l'ordre de renvoyer leurs novices, et le 15 septembre de la même année le procureur fiscal vint leur lire l'acte de confiscation de leur Monastère, qu'elles durent évacuer le 1er octobre. Les Autrichiens quittèrent la Belgique au commencement de 1790 et, le 5 juillet, les vicaires généraux du diocèse quêtèrent eux-mêmes des aumônes, afin de rendre possible le retour de leurs chères Pauvres-Clarisses. Quelques Sœurs converses rentrèrent tout de suite au Couvent pour faire et diriger les travaux nécessaires à cette fin ; mais le 15 août 1794, les Français revinrent une seconde fois dans Malines et se hâtèrent de détruire les Monastères qu'ils avaient laissés debout. Les Clarisses durent fuir encore une fois le 28 octobre 1794, pour ne plus rentrer dans leur cher bercail, qui est occupé maintenant par les Frères de la Miséricorde.

En 1835, quelques Colettines de Gand arrivèrent à Malines pour rétablir la Communauté. Comme toutes les œuvres de DIEU, cette fondation fut semée de croix. Ce n'est que le 1er juillet 1845 que les religieuses entrèrent dans leur Couvent achevé, où la Mère fondatrice célébra ses noces d'or le 19 octobre 1864 et où ses Filles servent DIEU encore aujourd'hui.

IV.

Les **PAUVRES-CLARISSES-COLETTINES d'YPRES.** — Dans des écrits conservés depuis le XIIIe siècle dans les annales de l'Ordre, on constate qu'un Monastère de Pauvres Dames avait été fondé à Ypres, par la pieuse Ermentrude, du temps même de sainte Claire, dont elle et ses filles adoptèrent la Règle. On ignore combien de temps ce Monastère a existé ; mais, en 1594, des religieuses venues de Middelbourg en Hollande, obligées de fuir devant la fureur des Gueux, s'y établirent de nouveau. Ces religieuses, au nombre de cinq, arrivèrent à Ypres et errèrent d'abord çà et là, observant le mieux qu'elles purent leur sainte Règle, ne vivant que d'aumônes ; Mgr Sisnons, Évêque d'Ypres, les reçut dans une des parties de son palais, ayant appartenu autrefois à l'abbaye de Saint-Martin.

La quatrième abbesse d'Ypres, Sœur Anna Moreel, a laissé des exemples admirables de vertus ; ce fut pendant son gouvernement, en 1633, qu'on découvrit le corps de la Sœur Catherine Moens, conservé presque intact et n'exhalant aucune odeur après vingt-huit ans de sépulture. Sa vie avait été un exemple d'austérités et de vertus. Lors de la suppression des Ordres religieux dans les Pays-Bas, une partie des religieuses demeurèrent à Ypres, les autres, au nombre de douze, furent reçues chez les Capucines de Paris. En 1796, elles rentrèrent à Ypres, se réunirent en petits groupes de cinq ou six avec leurs Sœurs qui ne l'avaient pas quitté, et vécurent ainsi aux alentours de leur ancien Monastère, qui avait été vendu.

En 1840, la Mère Marie-Dominique, du consentement de Mgr Boussen, rétablit le Monastère d'Ypres. Elle y envoya, le 4 mai, huit religieuses de chœur, dont trois étaient revenues d'une fondation en Amérique, les cinq autres de Bruges. Chose remarquable : une des anciennes religieuses, la Sœur Marie-Victoire Baes, de Dadizeele en Flandre, qui était revenue de Paris avec ses compagnes, vivait encore ; mais elle mourut la même année. Les religieuses venues de Bruges furent installées dans une partie du palais épiscopal habité autrefois par le fameux Jansénius, ancien Évêque d'Ypres, contre l'église Saint-Martin, là même où, deux cent cinquante ans auparavant, les Filles de Sainte-Claire venues de Middelbourg avaient reçu l'hospitalité. Le Monastère d'Ypres, depuis très florissant, est une pépinière de vocations religieuses.

V.

Les **PAUVRES-CLARISSES-COLETTINES de TOURNAI.** — Elles vinrent s'établir en cette ville dès le commencement du XVIIe siècle. Le Monastère de Gand, fondé par sainte Colette elle-même, y envoya six Religieuses, le 30 juin 1628. Cette fondation se fit sous le haut patronage de la pieuse Infante Isabelle d'Autriche, gouvernante des Pays-Pays. Ce fut l'Abbesse de Gand elle-même, la Mère Marie-Françoise Vander Haeghen, qui fut désignée par les Supérieures pour établir ce Monastère et le gouverner avec la Mère Jeanne Stratemans, qui en fut la première Vicaire. Elles y vécurent dans la stricte observance de la Première Règle de sainte Claire et des Constitutions de sainte Colette qu'elles y avaient mises en vigueur, et toutes deux y moururent en odeur de sainteté. La Mère Marie-Claire de Sainte-Aldegonde et la Mère Thérèse de Baréa, qui toutes deux avaient quitté la Cour de l'Infante Isabelle pour se donner entièrement au service du Roi des Rois dans la pauvreté et l'humilité de saint François et de sainte Claire, y avaient accompagné la Mère Marie-Françoise Vander Haeghen. Elles en furent successivement Abbesses, après la mort de celle-ci, répandant autour d'elles les parfums des plus belles vertus.

La Communauté subsista jusqu'à la suppression des Ordres contemplatifs par Joseph II, en 1782. A cette époque, les corps de la Mère Marie-Françoise Vander Haeghen et de la Mère Jeanne Stratemans, les deux premières fondatrices, conservés dans la chapelle du Couvent, furent trouvés intacts et parfaitement conservés après un siècle et demi de sépulture. Ils furent transportés à Paris avec les Religieuses qui s'y exilaient, et offerts comme un présent précieux, par l'Évêque de Tournai, à la Vénérable Louise de France, fille du roi Louis XV, Religieuse Carmélite, qui les fit déposer dans le Monastère des Capucines, des deux côtés de l'autel du Chapitre. Lors de la destruction de tous les Couvents en France, ces précieux restes furent ensevelis sous les décombres.

Ce ne fut qu'en 1837 que les Clarisses-Colettines reparurent à Tournai. A la demande de l'Évêque, Monseigneur Labis, la Mère Abbesse de Bruges, Marie-Dominique Berlamont, de sainte mémoire, y envoya le 5 juillet cinq Religieuses du Monastère de Bruges et une de celui d'Anvers, destinée à en être la première Abbesse. Elles trouvèrent d'abord un asile provisoire dans une maison particulière. Des bienfaiteurs mirent ensuite à leur disposition une partie du terrain et des bâtiments de l'ancien Couvent des Récollets. Elles s'y établirent définitivement le 21 juillet 1841.

La Mère Marie-Julie fut la première Abbesse de ce nouvel établissement à Tournai. Outre les vertus éminentes et héroïques qu'elle pratiquait, elle avait reçu du Ciel des dons particuliers pour la formation des âmes. Elle prit part, par l'envoi de plusieurs sujets, à la fondation des Communautés de *Courtrai*, de *Beaumont* et de *York*, en Angleterre.

Plus tard, les vocations se multipliant autour d'elle, la Mère Marie-Julie put détacher sept de ses Filles pour aller prendre possession du Monastère de *Roubaix* (en France), que des bienfaiteurs avaient fait bâtir pour elles. Cette vénérée fondatrice mourut en odeur de sainteté, laissant son esprit à ses Filles dans son *Catéchisme de la Sainte Règle* et son *Vade mecum de la Religieuse*.

Toujours florissante, la Communauté de Tournai fut choisie, le 14 mai 1881, par Monseigneur Du Rousseaux, Évêque de Tournai, pour établir un nouvel essaim de Vierges Séraphiques à *Enghien*.

VI.

Les CAPUCINES d'ANVERS. — L'établissement de ce Monastère eut lieu en 1644. La Révérende Mère Ancelle, Sœur Marie d'Anvers, étant Supérieure du Monastère de Bourbourg, obtint de Monseigneur de France, Évêque de Saint-Omer, la permission de quitter Bourbourg et de se rendre à Anvers, avec sept de ses compagnes. Elles furent reçues avec joie par Monsieur André Jansens, Échevin de cette ville et frère de la Mère Ancelle.

Monseigneur Gaspar Némius, Évêque d'Anvers, leur donna sa haute approbation et témoigna une paternelle satisfaction de leur arrivée en sa ville épiscopale. Au mois d'octobre 1644, Dieu inspira à un vénérable prêtre, Monsieur André Moens, de leur procurer les bâtiments nécessaires à leur établissement. Elles y entrèrent le 4 septembre 1648. Les Magistrats de la ville autorisèrent la construction d'un Monastère en 1649. Son Altesse Impériale l'Archiduc Léopold, gouverneur des Pays-Bas, donna des lettres d'octroi en date du 23 août 1653. Mais la chapelle définitive ne fut bâtie que dix ans plus tard. La première pierre en fut posée solennellement en 1663, et la chapelle fut consacrée le 7 mars 1665, par Monseigneur Ambroise Capello, Évêque d'Anvers, sous l'invocation de la Très Sainte Trinité. Ce sanctuaire fut dédié à la Sainte Vierge Marie, la Patronne de tout l'Ordre, et au Séraphique saint François, dont la protection est si douce et si chère à ses enfants. C'est encore sous cette bienfaisante protection que les Capucines d'Anvers prospèrent aujourd'hui.

VII.

Les **CAPUCINES de GAND**. — La noble dame Louise de Lorraine fut la première Supérieure des Capucines de Mons. Elle cachait sous le simple nom de Françoise de Nancy ses glorieux titres de Princesse de Ligne, d'Amboise, etc. Issue du sang royal de France et de Pologne, elle recevait les visites des princes et des nobles, restant toujours petite et humble avec tous, et donnant l'exemple de la simplicité à ses Filles. Après avoir fondé un Couvent de Capucines à Douai, elle ne put vaincre l'affection de ses Religieuses qui, de crainte de la voir partir, refusaient leur consentement à une seconde fondation ; mais avant de mourir elle chargea Sœur Claire Van Bergen de fonder une famille spirituelle à Gand, demandant à son fils d'aider cette entreprise par ses aumônes et par sa protection. Ce Prince accomplit le désir d'une sainte mère, et n'oublia jamais sa promesse. Le Couvent des Capucines de Mons n'existe plus, mais les bâtiments sont encore la propriété des Princes de Ligne.

Sœur Claire ne se pressait pas d'accomplir la recommandation de sa Supérieure défunte ; elle attendait des lumières spéciales, qui ne tardèrent pas à lui être manifestées. Après avoir invoqué les douze Apôtres, ceux-ci lui apparurent avec la Mère de Dieu, d'autres Saints et la Princesse de Ligne, Sœur Françoise. Celle-ci leur donna les Apôtres pour protecteurs, et depuis lors presque tous les événements heureux chez les Capucines de Gand ont lieu en la fête d'un Apôtre ou la veille. Sœur Claire arriva à Gand en octobre 1672 avec Sœur Ernestine Van Bergen et une Sœur converse, Pacifique de Saint-Thomas. Le démon suscita contre elles tant de calomnies et de haine que l'Évêque les chassa du diocèse. Elles quittèrent donc la ville après six mois de souffrances ; mais le Prince de Ligne mit trois ans d'efforts à leur faire obtenir une bulle pontificale autorisant la fondation. Il est impossible de décrire en une courte notice ce que les Capucines eurent à endurer lorsqu'elles revinrent, et les persécutions qui les assaillirent à la mort du Prince de Ligne. Elles reçurent défense d'accepter des Novices, elles devaient aller hors de la ville pour trouver un prêtre, aumônier de l'armée, qui voulût en tendre leurs confessions ; un procès injuste sur l'acte de vente de leur maison les réduisit à une pénurie extrême ; mais les fondatrices demeurèrent courageuses et fidèles. DIEU couronna leur constance et mit au jour la sainteté de ses Servantes ; leur principale calomniatrice rétracta ses mensonges, et ceux qui les avaient si longtemps fait souffrir les aidèrent et leur témoignèrent de l'intérêt.

Après avoir patiemment enduré les douleurs d'une longue agonie, Sœur Claire Van Bergen rendit son âme à DIEU le 30 juillet 1696, laissant douze Religieuses dans son petit Monastère. Trois ans plus tard, lorsque son corps fut levé de terre, la place où il reposait répandit longtemps une odeur délicieuse, plus suave que tous les parfums de ce monde, beaucoup de témoins l'attestèrent. Les Capucines, chassées de Gand par la Révolution, se retirèrent à Mérendré et revinrent plus tard dans la ville de sainte Colette, où leur communauté est florissante et active.

La fête du Sacré-Cœur de JÉSUS a été, pour la première fois dans les Pays-Bas, célébrée par les Capucines de Gand, le 26 juin 1699. C'est donc dans leur chapelle que le divin Cœur reçut les prémices de cette dévotion, devenue si populaire en Belgique.

VIII.

Les PAUVRES-CLARISSES-COLETTINES d'ANVERS. — Cette fondation, la première faite par la Mère Marie-Dominique de Bruges, eut lieu le 17 septembre 1834, sous la haute approbation de Son Eminence le Cardinal Sterckx, Archevêque de Malines, et de Sa Grandeur Monseigneur Boussen, Évêque de Bruges. Les six premières Religieuses, toutes du Monastère de Bruges, n'eurent d'abord qu'une pauvre habitation vis-à-vis du Béguinage ; mais deux ans plus tard, des bienfaiteurs, envoyés par la Providence, leur achetèrent une partie de l'ancien Couvent des Pères Capucins, où elles demeurèrent jusqu'en 1876, pour aller de là prendre possession d'un nouveau Monastère, sis hors des boulevards de la ville et qu'elles ont pu bâtir au prix de bien des sacrifices. Le Monastère d'Anvers prit part, dans la suite, à la fondation de plusieurs autres Monastères, par l'envoi d'une ou de plusieurs de ses Religieuses.

IX.

Les PAUVRES-CLARISSES-COLETTINES de LIERRE. — DIEU, dont les œuvres sont toujours admirables, se servit d'un bon religieux, le Révérend Père Van Boel, Récollet, chassé de son Couvent à la fin du XVIIIe siècle par les républicains français, et depuis Curé au Béguinage de Lierre, pour établir en cette ville un Monastère de Clarisses. L'Archevêque de Malines approuva pleinement la nouvelle fondation, et ce bon religieux fit toutes les démarches nécessaires pour obtenir une modeste habitation aux religieuses. Tout étant prêt, la Mère Marie-Dominique du Monastère de Bruges y conduisit cinq de ses Sœurs et une du Monastère d'Anvers, destinée à en être la première Abbesse. L'installation eut lieu le 2 février de l'an 1836. L'habitation des religieuses était si pauvre, qu'on surnomma ce Monastère l'*Étable de Bethléem*. Cependant, peu de temps après, un généreux bienfaiteur, devenu leur Père Syndic, donna gratuitement une maison, et leur procura même le terrain nécessaire pour la construction d'un Monastère plus en harmonie avec les besoins d'une Communauté. Les bons habitants de la ville se cotisèrent pour subvenir à tous les frais, en sorte que les religieuses ne contractèrent d'autre dette que celle si douce de la reconnaissance.

X.

Les **PAUVRES-CLARISSES-COLETTINES de LOUVAIN**. — A peine le Monastère de Tournai était-il rétabli, en 1837, que la Mère Dominique, brûlant de zèle pour l'extension de l'Ordre Séraphique, soumit à son Éminence le Cardinal-Archevêque de Malines son désir d'établir un nouveau Monastère dans la ville de Louvain. Le digne Prélat n'eut rien de plus pressé que de consentir à cette demande et d'encourager le zèle de la vénérée fondatrice. Le 1er mars 1838, cinq religieuses furent conduites par la vénérée Mère vers cette localité, où elles furent reçues avec toutes les marques de la plus religieuse sympathie. Quatre ans plus tard, elles prirent possession, dans le haut de la ville, d'un nouveau Monastère, dû à la générosité de plusieurs bienfaiteurs, ce qui mit fin aux difficultés sans nombre qu'elles avaient éprouvées dans leur ancienne demeure. Les inondations y étaient si fortes pendant l'hiver, qu'aux grandes pluies et à la fonte des neiges, on ne pouvait y entrer ni en sortir qu'au moyen d'une petite barque. Le Monastère de Louvain a toujours été florissant, et les choses remarquables qui y sont arrivées, attestent la haute vertu de plusieurs religieuses dont la mémoire restera en bénédiction.

XI.

Les **PAUVRES-CLARISSES-COLETTINES de SAINT-NICOLAS (Waas)**. — Le Monastère des Filles de Sainte-Colette à Saint-Nicolas eut pour première Abbesse Sœur Marie-Louise de Coninck, qui, entrée au couvent de Bethléem à Gand, y reçut l'habit religieux, le 14 octobre 1828, à la condition de reprendre chaque jour ses vêtements séculiers pour tenir une petite école à l'extérieur de la clôture. Guillaume, roi de Hollande, ne voulait pas tolérer, ni approuver, d'autres Couvents que ceux où l'on soignait les malades et ceux où l'on instruisait la jeunesse. La fervente Novice ne recula pas devant cette épreuve et se résigna même à subir un examen de capacité devant le président de l'instruction publique. Sœur Louise savait l'heure où les examinateurs du gouvernement venaient visiter sa classe et, dès qu'ils étaient partis, elle se revêtait promptement de sa chère bure franciscaine. Dans ces circonstances, elle dut attendre 1830 pour faire ses grands vœux ; ils n'en furent que plus généreux et plus agréables à l'Époux de son âme.

La fondation du Couvent de la Sainte-Famille à Saint-Nicolas eut lieu le 28 juillet 1838. Sœur Louise s'y rendit avec la Mère Abbesse de Gand et cinq autres Clarisses de cette ville. Mgr Lambrecht, Évêque de Gand, présida la célébration solennelle du cinquantième anniversaire de la fondation du monastère.

XII.

Les PAUVRES-CLARISSES-COLETTINES de GRAMMONT. — Madame de Coudeville, après avoir donné au Seigneur son enfant chérie dans l'Ordre de Sainte-Claire, à Gand, versa de si abondantes aumônes que l'on put établir, en 1841, un nouveau Monastère de Colettines, dont sa fille fut la première Abbesse. Sœur Marie-Philomène, qui lui succéda, fut un modèle accompli des plus belles vertus et une règle vivante pour ses Filles. Sa mémoire est en grande vénération parmi les Clarisses du diocèse, et surtout dans la petite ville d'où elle a pris son essor vers JÉSUS-CHRIST, l'Époux des Vierges.

XIII.

Les PAUVRES-CLARISSES-COLETTINES de COURTRAI. — En 1842, Monseigneur Boussen, désireux de voir s'établir partout dans son diocèse des maisons de prière et de pénitence, proposa à la Mère Dominique la ville de Courtrai pour une nouvelle fondation. Les Postulantes affluaient en si grand nombre dans le Monastère de Bruges, que la Mère Dominique put encore envoyer à Courtrai six de ses religieuses. On rencontra de grandes difficultés pour obtenir un bâtiment convenable, et les fonds nécessaires pour approprier la maison aux statuts de l'Ordre. Les religieuses éprouvèrent au commencement toutes les rigueurs de la plus grande pauvreté. Cependant la divine Providence leur vint admirablement en aide, et des faits presque miraculeux levèrent tous les obstacles, en sorte que les religieuses purent prendre, le 5 mai 1842, possession de l'ancien Couvent de Notre-Dame de Groeninghe, où elles continuent jusqu'à ce jour à servir DIEU dans la parfaite observance de la Règle de sainte Claire.

XIV

Les PAUVRES-CLARISSES-COLETTINES de TERMONDE. — Cette fondation eut lieu le 8 juillet 1842 et le nouveau Monastère fut dédié au Saint-Esprit. Six religieuses du Monastère de Saint-Nicolas, mais dont l'Abbesse avait fait profession à Gand, furent choisies pour établir cette nouvelle Communauté. L'entrée des religieuses et la bénédiction de la chapelle furent présidées par le Curé-Doyen de la ville, ainsi que la bénédiction de la cloche. Trente-cinq ans plus tard (1877-1878), les Clarisses de Termonde bâtirent une nouvelle chapelle en l'honneur de Notre-Dame de Lourdes, et y célébrèrent avec grande joie les noces d'or de leur vénérée Mère fondatrice.

XV.

Les PAUVRES-CLARISSES-COLETTINES de BRUXELLES. — Le Révérend Père Boone, fils de saint Ignace et animé comme lui d'un zèle ardent pour le salut des âmes, n'épargna aucune peine pour obtenir un Couvent de Pauvres-Clarisses dans la capitale de la Belgique, dont il était, depuis plusieurs années, le véritable apôtre. Son Eminence le Cardinal Sterckx, Archevêque de Malines, approuva et bénit ce projet. Huit religieuses, toutes du Monastère de Bruges, formèrent le noyau de cette fondation et se rendirent à Bruxelles le 7 septembre 1843.

Les Dames Chanoinesses régulières de Berlaimont reçurent les Filles de sainte Claire. Elles avaient de même, plus de cinquante ans auparavant, logé pendant quelque temps les Pauvres-Clarisses, quand leur Couvent fut supprimé par Joseph II. Plus tard, en 1852, les Clarisses prirent possession d'un Monastère bâti par les soins d'insignes bienfaiteurs, sur un terrain ayant appartenu autrefois aux Pères Capucins. C'est là qu'elles continuent leur vie de prière et de sacrifice, dans la rigoureuse observance de leur sainte Règle.

XVI.

Les PAUVRES-CLARISSES-COLETTINES de TONGRES. — Le Curé-Doyen de cette ville désirait depuis longtemps des Clarisses dans sa paroisse. Il en écrivit à l'Abbesse des Pauvres-Clarisses de Gand, qui fut heureuse d'acquiescer à sa demande. Une noble demoiselle fournit la somme nécessaire à l'acquisition d'un premier local et, le 24 juin 1845, les religieuses destinées à la fondation quittèrent le vénérable Monastère de Gand. Elles furent reçues à Tongres avec la plus grande solennité.

La Révérende Mère fondatrice du Monastère de Tongres a, depuis, établi, le 12 août 1857, un Couvent de Pauvres-Clarisses à *Munster*, en Westphalie, et celui de *Dusseldorf*, également en Allemagne. En 1866, elle fonda, avec quelques-unes de ses Filles, la Communauté de *Roulers* dans la Flandre-Occidentale.

XVII.

Les PAUVRES-CLARISSES-COLETTINES de SAINT-TROND. — Ce Couvent fut fondé en 1851 par neuf religieuses de chœur et deux converses tourières du Monastère de Malines. La maison achetée pour leur servir de demeure était un ancien Couvent de religieuses du Saint-Sépulcre. Onze ans plus tard (1862), les Clarisses occupaient encore ce premier asile ; mais les bâtiments menaçaient ruine et les Filles du pauvre d'Assise n'osaient commencer à les reconstruire, parce qu'elles manquaient de ressources. Enfin, se confiant dans la providence de Celui qui abrite les petits oiseaux et en la protection de saint Joseph, elles se mirent hardiment à l'œuvre. L'assistance du puissant Père nourricier de JÉSUS se fit visiblement sentir, et tous les frais étaient couverts quand les constructions se terminaient. Depuis, les Pauvres-Clarisses de Saint-Trond, au nombre de vingt-quatre Sœurs de chœur, n'ont pas cessé d'éprouver combien il fait bon d'être privilégiées du Chaste Époux de l'Immaculée Vierge Marie.

XVIII.

Les PAUVRES-CLARISSES-COLETTINES de BEAUMONT. — La petite ville de Beaumont, en Hainaut, eut le bonheur d'obtenir, elle aussi, une maison de Pauvres-Filles de Sainte-Claire. Ce fut sur la demande expresse de son Révérend Curé-Doyen, et avec l'autorisation de Monseigneur l'Évêque de Tournai, que la Mère Marie-Dominique y conduisit ses Filles, le 9 octobre 1854. Elles étaient au nombre de six, plus quelques Sœurs externes. Un ancien Couvent de Pères Franciscains, alors vacant, avait été provisoirement approprié et, plus tard, on en fit un Monastère conforme aux prescriptions de la sainte Règle. Des religieuses d'une haute vertu ont laissé à Beaumont d'ineffaçables souvenirs.

XIX.

Les PAUVRES-CLARISSES-COLETTINES d'ALOST. — Ce Couvent, dédié à l'Immaculée-Conception, fut fondé malgré des difficultés qui semblaient insurmontables. DIEU se servit, pour les renverser, du zèle et de la générosité de deux grands bienfaiteurs qui travaillèrent ensemble à cette belle œuvre en l'honneur de Marie. Quand les constructions furent terminées, quatre Clarisses du Couvent de Gand et trois de celui de Saint-Nicolas, avec deux Sœurs converses, en prirent possession le 3 septembre 1856. Monseigneur Louis Delebecque, Évêque de Gand, les y introduisit en portant la Sainte Eucharistie et, après avoir placé le divin Époux des Vierges dans le Tabernacle de la nouvelle chapelle, il bénit l'intérieur du Monastère.

Depuis cette époque, la douce providence du Père céleste leur donne le pain de chaque jour et multiplie les pierres vivantes de cet édifice de grâce.

XX.

Les PAUVRES-CLARISSES-COLETTINES d'OSTENDE. — Depuis longtemps la Mère Marie-Dominique avait jeté les yeux sur la ville d'Ostende, persuadée que les âmes de prière et de pénitence consoleraient le Cœur de Jésus si souvent outragé dans ce lieu de plaisirs. Mais, à cause de la petitesse de la ville, du peu de ressources que l'on pouvait y espérer et d'une foule d'autres obstacles, le projet d'y établir un Monastère, conçu déjà en 1840, ne put être exécuté qu'en 1862. La divine Providence envoya alors une novice d'une des meilleurs familles d'Ostende, qui demanda et obtint de ses parents que sa dot fût employée pour la fondation d'un Monastère de Clarisses dans sa ville natale. Monseigneur Malou, Évêque de Bruges, donna son plein assentiment. Le jour même de la profession de la jeune novice, son père acheta une maison pour les Religieuses. Six Sœurs, toutes du Couvent de Bruges, s'y rendirent le 3 juin 1862, et, depuis, les Religieuses n'ont cessé d'appeler les miséricordes et les bénédictions du Ciel sur la ville et sur ses habitants.

XXI.

Les PAUVRES-CLARISSES-COLETTINES de ROULERS. — Le Révérende Mère Abbesse de Tongres, consumée de zèle pour la gloire de Dieu, entreprit, en 1866, la fondation d'un quatrième Monastère, sans tenir compte de son âge déjà avancé et de sa santé fort délicate. Elle arriva à Roulers sans autre ressource que sa confiance en Dieu. Pendant quelque temps, on habita une maison provisoire, jusqu'à ce qu'une dame charitable s'offrît à prêter des fonds qui permettraient de bâtir un Monastère. Quand on commença la chapelle, la Mère Abbesse n'avait que 20 francs ; le digne prêtre qui en plaça la première pierre, donna aussi 20 francs, et ainsi, les bâtiments se terminèrent sans qu'aucun don important vînt contribuer à en couvrir les frais. Dieu multiplia les oboles et récompensa la Supérieure, qui oubliait pour Jésus et ses talents et le haut rang qu'elle aurait pu occuper dans le monde, se faisant la plus petite et la plus humble parmi ses Filles. Elle célébra son jubilé cinquantenaire à Roulers et, trois ans après, cette fervente Clarisse alla trouver son divin Époux dans les Tabernacles éternels. En 1889, la Communauté de Notre-Dame des Anges fonda celle de Tilbourg, en Hollande, et, en 1892, le Monastère de Huy.

XXII.

Les PAUVRES-CLARISSES-COLETTINES de LOKEREN. — La Révérende Mère Abbesse de Saint-Nicolas céda pour ce Monastère six Religieuses professes et une novice. Monseigneur Bracq les visita le lendemain de leur arrivée à Lokeren, 4 octobre 1870, et les protégea jusqu'à sa mort. Une noble bienfaitrice donna les premières sommes pour élever la Maison de Dieu et la dédia au Sacré-Cœur de Jésus. Ses commencements furent difficiles et pénibles ; le Cœur de Jésus n'est-il pas toujours surmonté d'une croix ? L'humidité força les fondatrices à passer plusieurs semaines sans se coucher, parce que le froid était trop intense pour dormir loin du feu ; la nourriture leur manquait, personne ne s'intéressait à leurs besoins temporels ; mais l'intrépide Abbesse passa, avec son angélique douceur et sa sainte fermeté, sur tous les obstacles, et obtint du Seigneur des miracles de santé pour ses Filles, pendant qu'elle gagnait du dehors l'estime et l'affection de tous ceux qui l'approchaient. Enfin, elle rendit à Dieu sa belle âme, à l'âge de 43 ans, après avoir supporté avec une patience héroïque les douleurs d'une cruelle maladie : c'était le 27 août 1882.

XXIII.

Les PAUVRES-CLARISSES-COLETTINES de TURNHOUT furent fondées par des Religieuses du Couvent de Malines, le 26 avril 1875. Dans cette ville si chrétienne de Turnhout, on compte peu de familles où l'Époux des âmes saintes n'ait cueilli un ou plusieurs lis, pour les planter dans le jardin clos de quelque Maison religieuse, ou les donner comme prêtres au service de la Sainte Église. Les Enfants du Pauvre d'Assise furent accueillies et aimées ; Dieu les multiplia promptement. Elles sont déjà vingt-cinq dans la clôture et, en cette année 1894, elles ont eu la joie de fêter le cinquantième anniversaire de la profession de leur vénérée Abbesse. L'autorité séculière de la ville a voulu, au nom des habitants, féliciter l'heureuse jubilaire. On avait pavoisé les rues, etc. Heureuses les villes qui comprennent que les disciples de saint François et de sainte Claire sont une sauvegarde et un trésor pour la cité où elles prient, s'immolent, et s'éteignent dans la dilection du Christ par charité pour le prochain, qu'elles recommandent nuit et jour au Dieu du Saint Tabernacle !

XXIV.

Les PAUVRES-CLARISSES-COLETTINES de NIEUPORT. — Après la mort de la Révérende Mère Marie-Dominique Berlamont, ses chères Filles, héritières de ses vertus et de son zèle, furent appelées plusieurs fois encore à établir de nouveaux Monastères de Sainte-Claire en Belgique. Désireux de doter la petite ville de Nieuport d'une Communauté vouée à la prière et à l'enseignement, Monseigneur l'Évêque de Bruges offrit aux Clarisses l'emplacement d'un ancien Couvent de Récollets. Pour faire de ces ruines une première habitation aux Religieuses, on transforma en chapelle, avec chœur, une partie d'une maisonnette qui servait de logement au jardinier. Le grenier de la petite maison fut converti en dortoir. En mai 1876, cinq Religieuses de chœur et quelques Sœurs externes, toutes venues de Bruges, s'établirent dans ce nouveau Couvent, véritable image de celui de Rivo Torto où le Pauvre d'Assise, saint François, et ses premiers compagnons pouvaient à peine trouver place.

L'année suivante, la construction des salles de classes fut achevée, et les enfants de Nieuport y reçurent gratuitement des Sœurs externes l'instruction chrétienne dont ils étaient privés depuis la Révolution française.

Le petit Monastère de Nieuport fut entièrement achevé en 1882. La Communauté y est florissante. La chapelle, agrandie, est très fréquentée par les bons habitants. Ils y vénèrent l'image de la Sainte Face de Notre-Seigneur et Notre-Dame de Lourdes, qu'ils invoquent comme la consolatrice des affligés et le secours des marins.

XXV.

Les PAUVRES-CLARISSES-COLETTINES d'ENGHIEN. — La pensée d'établir un Monastère de Sainte-Claire à Enghien fut confirmée par des circonstances providentielles et par un legs fait aux Clarisses de Tournai. Monseigneur Du Rousseaux, leur Évêque, décida cette fondation et désigna leur Mère Abbesse pour conduire elle-même le nouvel essaim. Les débuts furent pénibles à cause du petit nombre de sujets ; mais, après quelques années d'épreuve, DIEU montra visiblement qu'il veillait sur la Communauté naissante. Les vocations se multiplièrent, au point qu'en un an on compta neuf professions. En 1886, malgré la pauvreté du Monastère, la Mère Abbesse, se confiant en la divine Providence, par l'intermédiaire des âmes du Purgatoire, entreprit l'agrandissement du Couvent devenu trop restreint. Elle mourut en 1890, laissant à sa florissante Communauté les plus beaux exemples des vertus séraphiques.

XXVI.

Les PAUVRES-CLARISSES-COLETTINES de VERVIERS. — En 1880, la Révérende Mère Abbesse du Monastère de Bruges sollicita de Monseigneur Doutreloux, Évêque de Liège, l'autorisation d'établir dans sa ville épiscopale une Communauté de Pauvres-Clarisses. Sa demande fut accueillie avec bienveillance, mais, à cause du grand nombre de Couvents que comptait déjà la cité de Liège, le digne Évêque proposa de faire la fondation projetée dans la petite localité de Verviers. Lui-même daigna s'occuper de trouver un terrain convenable. Six Religieuses partirent de Bruges pour Verviers le 1er septembre 1884. Le Monastère n'était bâti qu'en partie. En 1893, on entreprit d'achever les constructions et d'élever une nouvelle chapelle. Les prières et les œuvres de zèle des Filles de sainte Claire ont déjà produit un bien immense parmi la population de Verviers.

XXVII.

Les PAUVRES-CLARISSES-COLETTINES d'ECCLOO doivent aussi leur établissement à la féconde Communauté de Bruges. Projetée depuis 1891, cette fondation s'effectua le 31 mai 1893. Six Religieuses de chœur et quelques Sœurs externes furent les pierres fondamentales de cette nouvelle Maison de prière, en faveur de laquelle la divine Providence se manifesta dès les commencements. En effet, avant qu'on eût fait aucune démarche, une insigne bienfaitrice offrit spontanément un terrain convenable qui faisait partie de son propre jardin. Des aumônes recueillies permirent d'y élever un petit Couvent qui pourra être agrandi dans la suite, mais dans lequel s'observent déjà fidèlement tous les points de la Règle. Monseigneur Stillemans, Évêque de Gand, donna à cette fondation sa bénédiction et ses encouragements.

Il y a encore en Belgique un Monastère de Pauvres-Clarisses-Collettines à Huy, fondé par la Communauté de Roulers, en 1892.

La ville de Bruges possède un Monastère de Capucines.

Les Monastères des Clarisses et des Capucines en Italie.

Première Partie. — Monastères de Clarisses.

I.

MONASTÈRE des CLARISSES d'ASSISE (Ombrie). — Ainsi qu'on l'a vu dans la vie de la bienheureuse Mère et Fondatrice de l'Ordre des Clarisses, le pauvre ermitage de Saint-Damien, distant d'un quart de mille de la cité d'Assise, reçut dans ses murs, en 1212, la jeune Claire, de la famille des comtes Scefi. Autour d'elle se réunirent d'abord Agnès, sa sœur, qui, en 1219, alla fonder à Monticelli, près de Florence, un monastère de Clarisses, aujourd'hui détruit ; puis sa mère avec sa plus jeune sœur Béatrice, et un essaim de pieuses vierges, dont plusieurs fondèrent des monastères en Italie et en Europe, et qui, toutes, vécurent et moururent comme des saintes. Lorsque sainte Claire s'endormit dans le Seigneur, le 14 août 1253, les fidèles voulurent transporter en ville ses restes vénérables, et les déposèrent dans l'église de Saint-Georges, où reposait déjà, depuis vingt-six ans, saint François, son Père spirituel. Les religieuses, privées de leur précieux trésor, demandèrent au Chapitre de la cathédrale de Saint-Rufin l'église et le terrain de l'hôpital et de la cure de Saint-Georges, leur offrant, en échange, l'église paroissiale de Saint-Jacques et ses dépendances, qui leur avaient été données par l'abbé dom Jacques, avec l'autorisation du Pape Alexandre IV. Elles obtinrent ce qu'elles sollicitaient, et, ayant à leur tête la bienheureuse Benoîte d'Assise, première abbesse après sainte Claire, elles se transportèrent au nouveau local ; elles y furent présentes à la translation du corps de sainte Claire de la chapelle de Saint-Georges sous l'autel majeur de la nouvelle église, le 3 octobre 1260 ; cet autel fut consacré par le Pape Clément IV, le 30 août 1265. Le même pontife plaça le monastère sous la juridiction immédiate du Saint-Siège, privilège qui fut ratifié par le Pape actuellement régnant, Léon XIII, en date du 30 juillet 1880.

Le monastère, d'un aspect très pauvre, est riche de précieux souvenirs et d'insignes reliques, qu'il serait trop long de décrire. Nous dirons seulement qu'outre le vénérable corps de la sainte Fondatrice, on y conserve aussi, dans une urne, le crâne de sainte Agnès, sa sœur ; puis le corps de la bienheureuse Françoise, qui vécut dans ce monastère et y mourut en odeur de sainteté le 8 janvier 1440. Il s'éleva subitement sur sa tombe un rosier, qui se conserve encore dans le jardin des religieuses, et dont les roses ont une vertu efficace pour chasser la fièvre. A côté, se trouve la petite chapelle où furent déposés les corps de saint François et de sainte Claire avant d'être placés dans leurs églises respectives. Le chœur où psalmodient les religieuses (partie de l'ancienne église de Saint-Georges) fut fréquenté, dit-on, par saint François, saint Antoine et saint Bonaventure. Dans la chapelle intérieure des religieuses, on conserve le très saint Crucifix qui parla à saint François. Il y fut transporté par les religieuses de Saint-Damien.

En vertu de la suppression décrétée par Napoléon Ier, les religieuses furent expulsées en 1810; cependant, il en resta deux ou trois pour la garde de l'église et du monastère. Quatre ans après, en 1814, les expulsées rentrèrent dans leur cher couvent.

Le 23 septembre 1850, le corps de sainte Claire fut découvert et exposé à la vénération publique dans la chapelle intérieure des religieuses, au pied du Crucifix miraculeux. Il y resta jusqu'en 1872. On avait construit entre temps une crypte magnifique sous l'église, avec les aumônes d'insignes personnages et les sacrifices de tout genre que s'imposèrent les Clarisses de la Belgique, de la Hollande, de l'Angleterre, de l'Espagne, et particulièrement de la France. Dans le mois de mai 1857, Pie IX, d'heureuse mémoire, accompagné de toute sa cour, visita le monastère. En décembre 1860, le couvent fut dépouillé de ses propriétés, comme tous les autres monastères d'Italie. Le 4 février 1887, six religieuses, non reconnues par le gouvernement italien, durent quitter leur saint asile, mais, peu de temps après, elles purent y rentrer par l'effet d'une protection spéciale de leur sainte Mère.

Présentement elles ne sont plus molestées, et elles se trouvent en nombre suffisant pour remplir exactement toutes les charges religieuses Elles vivent d'aumônes, puisqu'elles ne possèdent plus rien, si ce n'est le précieux trésor que leur a laissé leur bienheureuse Mère, je veux dire la sainte Pauvreté, heureuses de l'imiter aussi bien dans sa vie austère et pénitente que dans son [amour du silence et de la prière. Le monastère d'Assise a toujours compté des religieuses distinguées par une vertu et des dons extraordinaires. Nous pouvons citer, entre autres, Sœur Marie-Chérubine-Claire de Saint-François, morte le 2 février 1871, dont le procès de béatification est commencé, et une autre sainte religieuse, Sœur Claire-Colomba-de-Jésus crucifié, morte le 15 février 1893, après avoir saintement gouverné le monastère, en qualité d'abbesse, pendant l'espace de trente-sept ans consécutifs.

II.

MONASTÈRE du *CORPUS DOMINI* à BOLOGNE. — Ce monastère, dit de *La Sainte*, fut fondé en 1456. Le Pape Calixte III, donna, pour cette fondation, l'Abbaye de Saint-Christophe, qui fut agrandie par de nouvelles constructions, de manière à former un ample carré isolé. La commune de Bologne et les nobles de la cité concoururent à cette fondation par de larges subsides. La fondatrice fut sainte Catherine de Nigri, dite de Bologne, où elle vint avec dix-huit religieuses du monastère du *Corpus Domini*, de Ferrare. Elle mourut à Bologne le 9 mars 1463, et son corps s'y conserve miraculeusement, sans trace de corruption, bien qu'il ne soit pas renfermé dans une urne, mais assis dans une chaire, devant laquelle défilent continuellement des pèlerins de toutes les parties du monde. DIEU ui-même a manifesté à la Sainte le nom qu'elle devait donner au nouveau monastère, comme elle l'atteste dans un mémoire écrit de sa main : « Dieu m'a révélé, dit-elle, qu'il voulait que ce lieu fût appelé le monastère du Corps du Christ, et que lui, le Christ, aurait soin de nous, si nous-mêmes nous remplissions notre devoir. »

Expulsées par ordre de Napoléon, en 1810, les religieuses revinrent en 1816. En 1886, huit jeunes religieuses, que le gouvernement ne voulut pas reconnaître, durent quitter le couvent, et ce ne fut que quelques années après qu'il leur fut permis d'y rentrer.

Le monastère est celui qui fut fondé en 1456. Bien qu'une grande partie des bâtiments aient été mis à la disposition de l'autorité militaire, les religieuses y sont encore au nombre de trente-six ; elles vivent sous la règle primitive de sainte Claire, modifiée par le Pape Eugène IV.

III.

MONASTÈRE de SAINTE-CLAIRE à FAENZA. — L'an 1225, saint François prêcha à Faenza, où il convertit beaucoup de personnes, entre autres un certain Viviano, qui reçut l'habit de ses mains, puis se retira dans une forêt voisine de la ville, près de la colline dite de l'Ile de Saint-Martin. Quelques jeunes personnes lui ayant manifesté le désir de servir Dieu dans l'institut que saint François avait fondé quelques années auparavant, le Frère Viviano leur abandonna son ermitage, dont il fit un petit monastère, et se rendit à Assise pour exposer à la Mère sainte Claire le désir des jeunes aspirantes de Faenza. Sainte Claire lui indiqua la manière de les gouverner selon les règles de l'institut, et choisit une de ses religieuses, d'une éminente sainteté, la Sœur Philippine, qu'elle envoya comme directrice et prieure du nouveau monastère. Le Frère Vivien leur donna le nom de Sœurs de Sainte-Marie de l'Ordre de Saint-Damien du couvent d'Assise. Ces vierges saintes s'adonnèrent avec ferveur à la pénitence et aux macérations, observant rigoureusement la règle de leur institutrice sainte Claire, encore vivante, et dirigées par Sœur Philippine, qui, chargée de mérites, s'envola au Ciel avec la réputation d'une sainte. Ses cendres furent transportées par les religieuses, du monastère dit de Saint-Martin de l'Ile à celui de Faenza, en 1387, et restèrent longtemps dans le chœur supérieur, enfermées dans un coffre. Chaque soir on y chantait le psaume : *Beati immaculati in via*. Plus tard, par ordre de l'Évêque, Jules Manterenazia, ils furent placés, le 16 décembre 1620, dans l'église. Ces religieuses s'appelèrent les Sœurs de Saint-Martin, parce qu'elles réunirent à leur monastère l'église voisine, qui était dédiée à ce Saint. Après la mort de sainte Claire, elles prirent le nom qu'elles portent encore aujourd'hui de Sœurs de Sainte-Claire. En 1387, elles furent forcées par les guerres de se transporter en ville, où elles se construisirent un couvent avec une église, qu'elle dédièrent à saint Martin, en mémoire de la première.

En 1798, elle s'unirent les Sœurs Clarisses, dites de Saint-Paul, qui s'éteignaient. Des temps calamiteux s'annonçaient. La Mère Rampi, supérieure, femme d'un grand mérite, afin de pouvoir conserver son cher monastère, prit le parti d'ouvrir un pensionnat en 1805, et reçut un bon nombre d'élèves. Elle obtint en effet, en 1810, époque de la suppression des couvents, que son monastère pût subsister sous le titre de Pensionnat de Sainte-Claire. Les religieuses durent cependant déposer leur habit et s'appeler maîtresses. Elles reprirent dans des temps meilleurs leur nom et leur costume, et continuèrent à tenir des élèves. Enfin, la suppression de 1861 contraignit les religieuses au douloureux sacrifice d'abandonner leur monastère, qui est encore aux mains du gouvernement. Elles se réfugièrent chez les Sœurs de Sainte-Humilité, qu'elles quittèrent en 1878 pour occuper le palais Rampi, transformé en couvent. C'est là qu'elles se trouvent encore présentement, au nombre de quarante-et-une, savoir : vingt-cinq religieuses de chœur et seize converses ; elles suivent la règle des Urbanistes.

IV.

MONASTÈRE de SAINT-MICHEL-ARCHANGE à COLLAZONE. — Ce monastère fut fondé par un nommé Sanguine, de Collazone, en 1235 ; il lui donna le nom de Saint-Laurent, patron du pays. Le monastère était situé hors des murs et habité par environ trente religieuses, comme on le voit dans la bulle du Pape Grégoire IX. Il fut supprimé en 1546 ; les religieuses se retirèrent alors dans un petit hospice qu'elles possédaient en ville, et qui était placé sous le patronage de saint Michel Archange ; elles y construisirent, avec le temps, le monastère actuel. Elles eurent des persécutions à supporter et en triomphèrent, DIEU aidant. Elles observèrent la règle primitive jusqu'à l'époque où le Saint-Père et l'évêque de Todi leur firent embrasser la règle mitigée d'Urbain IV. A l'époque de la suppression par Napoléon 1er, la communauté comptait quinze choristes, sept converses, et quelques élèves ; aujourd'hui elle ne compte plus que sept religieuses en tout. Leur vêtement est noir, d'une serge grossière fabriquée dans le couvent.

V.

MONASTÈRE de SAINTE-RESTITUTE, MARTYRE, à NARNI. — Le monastère de Sainte-Restitute, martyre de la cité de Narni, fut fondé en 1563, par la princesse Eusébie Borghèse, de Sienne, religieuse du Tiers-Ordre de Saint-François, avec l'approbation de Pierre Donat, évêque de Narni. Il fut placé sous la règle de Sainte-Claire et de Saint-François, mitigée dans la suite par le Pape Urbain IV. Ce monastère était très pauvre, les religieuses vivaient d'aumônes ; mais le Seigneur pourvut à tous leurs besoins, au moyen de l'excellent marquis Paul-Émile Lesio de Riano et d'autres bienfaiteurs. Le monastère fut agrandi aux frais de la princesse Barberini, veuve du prince Sforza, de Rome, religieuse de ce couvent, dont elle fut la seconde fondatrice. Les Religieuses, expulsées par Napoléon 1er, rentrèrent dans leurs maisons après cinq ans d'exil. Elle sont aujourd'hui au nombre de onze.

VI.

MONASTÈRE de SAINTE-CLAIRE à LOVERE. — En 1537 il existait déjà à Lovere deux couvents de Capucins. Une noble dame du pays, Afra Bazzini, femme très vertueuse et jouissant de l'estime publique, exposa aux magistrats le désir de posséder aussi un monastère de religieuses. Les magistrats tinrent conseil et donnèrent leur adhésion au pieux projet. En même temps, Afra faisait des démarches à l'effet d'obtenir du couvent des Tertiaires de Saint-François, de Fino, quatre religieuses pour commencer la fondation ; elle les logea sous son toit, pendant qu'on appropriait le local qui leur était destiné, et où elles entrèrent, avec plusieurs postulantes, en 1541.

En 1549, le Père Jérôme Lombardo de Orzi Nicovi, ministre provincial, envoya à Lovere deux religieuses de Sainte-Claire, de Brescia, qui, le 25 mai, procédèrent solennellement à la clôture, firent faire de nouveau profession aux Tertiaires, sous la règle de Sainte-Claire, approuvée par Urbain IV, et donnèrent le nom de cette sainte au nouveau monastère. En 1643, le prêtre don Augustin Lollio Camotto, à la suite d'une lumière extraordinaire dont il avait été favorisé en célébrant la sainte messe à Venise, consacra tous ses biens à l'érection de l'église actuelle, qui est fort belle ; il la pourvut de tout ce qui est nécessaire pour l'exercice du culte, et fit aussi agrandir le monastère. Lors de la suppression et de la ruine de tous les lieux saints, le couvent de Sainte-Claire fut enveloppé dans la tempête. Le 23 juin 1798, une députation de la République Cisalpine, escortée de la force armée, fit irruption dans le monastère, dressa un inventaire détaillé de tout ce qu'il contenait et possédait, après quoi elle intima la suppression immédiate. Il est plus facile d'imaginer que de décrire la consternation, les larmes et les sanglots des religieuses en ce moment. Leurs protestations réitérées ne servirent de rien : le 11 juillet, elles furent chassées par force et durent se réfugier dans une maison qu'elles prirent en location. Là, pendant de longs mois, elles observèrent, autant que possible, la clôture et tous les autres points de la règle, donnant ainsi une preuve éclatante de leurs sentiments religieux.

En juillet 1799, les armées austro-russes entrèrent victorieuses dans le pays. Alors l'abbesse, Mère Jérôme Rossi, et la Mère Constance Fitti, accompagnées du curé, se présentèrent aux autorités impériales résidant à Bergame, pour implorer leur réintégration dans le monastère ; elles l'obtinrent, de sorte qu'en septembre, elles y retournèrent processionnellement et rétablirent la clôture.

En 1847, deux d'entre elles se détachèrent de la communauté pour la fondation d'un monastère à Boccaleone, près de Bergame, et en 1850, l'observance de la règle de Sainte-Claire y étant solidement établie, elles revinrent avec joie au milieu de leurs Sœurs. En 1884, la communauté adopta les constitutions de la servante de DIEU Mère Agnès Steiner, fondatrice des Clarisses de Nocera (Ombrie).

VII.

MONASTÈRE de SAINTE-CLAIRE à FERMO. — Le monastère et l'église furent érigés l'an 1501, avec l'autorisation du Pape Alexandre VI, par une pieuse dame, appelée Jacqueline Leonardi, de Fermo. Cette dame, étant sur le point de mourir, disposa par testament de tous ses biens pour la fondation d'un monastère qui serait à perpétuité habité par les religieuses de Sainte-Claire, à l'exclusion de toutes autres, et à condition que ces Clarisses seraient placées sous la direction des Pères Franciscains de l'Observance. Le Pape Jules II, par un bref de l'an 1505, qui se trouve dans les archives du couvent, ordonne à ses chères filles Baptista Varani et Angèle degli Ottoni, religieuses de Camerino, de se transporter avec quelques-unes de leurs Sœurs au monastère de Fermo, pour y former les religieuses à l'observance de la règle franciscaine. Lors de la suppression générale des religieuses par Napoléon Ier, celles de Fermo durent, comme les autres, abandonner leur chère retraite, mais elles y retournèrent dès que les circonstances le permirent. Elles observent la règle des Urbanistes, et sont actuellement au nombre de douze.

VIII.

MONASTÈRE de la TRÈS-SAINTE-TRINITÉ à GUBBIO. — La fondation de ce monastère remonte à l'an 1509. Construit par la bienfaisance publique, il fut cédé par le Pape Jules II aux Tertiaires de Saint-François. Dans le même siècle, ces religieuses conçurent le désir d'embrasser un genre de vie plus parfait et de suivre une règle plus sévère. Quatre religieuses du monastère de Monteluce de Pérouse vinrent opérer cette réforme, et depuis lors elles sont Clarisses-Urbanistes. Nous ne connaissons le nom que d'une seule de ces quatre réformatrices, Sœur Prudence de Narni, qui devint abbesse de son monastère adoptif. Elle vécut saintement, fut le modèle de ses Sœurs par sa stricte observance de la règle, et au moment de sa mort, un religieux du couvent de Saint-Jérôme, qui était en prière, vit son âme s'envoler au Ciel, accompagnée par un ange. Dans la suite, bon nombre de religieuses se distinguèrent par une vertu et une sainteté plus qu'ordinaire ; on en compte jusqu'à trente-trois. Une surtout, la vénérable Sœur Claire-Isabelle Ghezzi, de Gênes, atteignit les sommets de la perfection : des merveilles ont été opérées sur sa tombe et son procès de béatification se poursuit. Les religieuses de ce monastère ne durent jamais l'abandonner. Lors de la suppression décrétée par Napoléon Ier, on leur permit d'y rester pour tenir école publique, et elles ont encore joui du même privilège dans la dernière suppression. Ces religieuses Clarisses sont actuellement au nombre de dix-huit.

IX.

MONASTÈRE de SAINT-FRANÇOIS de PAULE à ORBITELLO. — Ce monastère fut fondé en 1684 par deux religieuses du Conservatoire de Saint-François de Sales, à Saint-Félix, dans la province de Basilicate de Naples : la Mère Lucida-Alphonsa de JÉSUS, abbesse, et sa vicaire, Sœur Vincenza de Saint-

Joseph. Il porta le nom de Sainte-Claire du Très-Saint Sacrement. Supprimées le 15 octobre 1810, les religieuses furent réintégrées dans leur monastère le 3 mars 1818. En 1867, elles furent expulsées d'une manière barbare de leur saint asile; on les jeta dans la rue sans leur laisser emporter autre chose que les vêtements qu'elles avaient sur elles ; après avoir été ballottées çà et là dans des maisons séculières, soumises à toute sorte de sacrifices et de privations pendant l'espace de huit ans, elles firent l'acquisition d'un couvent à moitié ruiné. Il avait été habité par les disciples de Saint-François de Paule, dont il porte encore le nom. L'achat et la restauration de ce monastère, qu'elles occupent actuellement, réduisit les pauvres Clarisses à la dernière misère. Elles observent la règle des Urbanistes, et sont au nombre de vingt-six.

X.

MONASTÈRE ROYAL de SAINTE-CLAIRE à NAPLES. — Ce splendide monastère est l'œuvre de la munificence de Robert d'Anjou et de Sancia d'Aragon. Sa construction, qu'ils commencèrent en 1309, dès leur avènement au trône des Deux-Siciles, dura, sans interruption, l'espace de trente ans. Le roi assigna à cet effet trois mille écus par mois. Le temple, qui est merveilleux, est dédié à la Sainte Hostie. Il renferme la chapelle sépulcrale de la famille royale ; c'est là que se trouve le tombeau de la reine Marie-Christine de Savoie, tombeau vénérable, aujourd'hui, par les prodiges qui s'y opèrent. Les Clarisses de ce monastère, bâti pour trois cents religieuses, suivent la règle approuvée par Innocent IV ; un couvent contigu et moins spacieux était destiné à cinquante religieuses Réformées, pour le service du temple. Ils étaient, l'un et l'autre, sous la juridiction immédiate du Pape, et jouissaient d'une dotation royale d'au moins un million et quatre-vingt mille écus. Au milieu des vicissitudes politiques, le monastère est resté immobile ; il a même pu recueillir d'autres religieuses dispersées ; c'est ainsi que, de nos jours, il a donné asile à quatre communautés entières de Naples : celles de *Donna Regina*, du *Divin Amour*, de *Saint-Jean-Baptiste* et de *Notre-Dame de la Sapience*. Présentement, le monastère ne compte que huit choristes de Sainte-Claire et sept converses ; leur abbesse est la Mère Claire Sanfelice. Depuis 1860, il n'y a plus eu de vêtures ; elles ont été interdites par les supérieurs majeurs, pour garantir le monastère contre les menaces politiques.

Dans la suite des temps, les religieuses ont embrassé les modifications apportées à la règle par Urbain IV et ses successeurs. A diverses époques, le monastère a été édifié par des membres d'une rare vertu : telle fut, en dernier lieu, la Mère Françoise Cattaneo Sannicandro, abbesse pendant trente ans, morte octogénaire le 31 décembre 1891. La tradition et des peintures historiques attestent qu'en 1656 la communauté tout entière fut emportée par la peste. L'unique survivante, une élève âgée de treize ans, très dévote à Notre-Dame des Grâces et à saint Antoine de Padoue, obtint par ses prières qu'un petit navire, chargé de religieuses, arrivât de Marseille, sans pilote, pour repeupler le monastère.

XI.

MONASTÈRE de SAINTE-CLAIRE à MONTALTO. — Ce monastère fut fondé en 1608, grâce aux libéralités de Charles Franchi et de son fils. Le premier de ces pieux bienfaiteurs fit un testament à cet effet, en date du 26 mars 1608 ; le second fit une donation par acte devant notaire, le 2 mai 1618. Le Pape Paul V approuva cette fondation par bref du 9 septembre 1608. Les premières religieuses furent la Sœur Lavinia Bartoli, abbesse, et la Sœur Octavie Goti, première vicaire, toutes deux de Montesanto, aujourd'hui Potenza Picena.

Les religieuses furent expulsées sous Napoléon Ier, et ne rentrèrent qu'au nombre de quatre. Dispersées de nouveau sous le gouvernement actuel, elles revinrent au bout de quelques années, et sont aujourd'hui réduites au petit nombre de cinq. Elles observent la règle des Urbanistes. Le monastère a été racheté par elles et leur appartient.

XII.

MONASTÈRE de SAINTE-CLAIRE à TURIN. — La ville de Turin possède un ample monastère des Filles de Sainte-Claire, avec un gracieux jardin et une église, intitulée de la Nativité de Notre-Seigneur JÉSUS-CHRIST. De construction récente, il est la propriété des religieuses Clarisses, qui observent la règle primitive avec des constitutions propres. Elles sont présentement au nombre de trente. Leur fondatrice fut Lucie Marechisio de Marello, en religion Sœur Séraphine. Prévenue dès son enfance de dons extraordinaires, elle eut l'inspiration de fonder à Turin un couvent de Clarisses. Elle se rendit donc dans cette ville, accompagnée d'une troupe de jeunes filles, ses concitoyennes, pauvres des biens de la terre, mais riches en vertus et bien déterminées à se soumettre au joug de la règle. Après la mort de la fondatrice, ravie au Ciel en 1870, l'aînée de ses Sœurs, Marie des Anges, devint abbesse, et gouverne présentement la communauté. Dans le principe, ces filles de Sainte-Claire habitèrent une maison prise en location. Mais le Seigneur pourvut bientôt à leurs besoins d'une manière tout à fait extraordinaire, jusqu'à multiplier miraculeusement les vivres. Elles eurent beaucoup de contradictions à souffrir, de luttes à supporter, même contre l'ennemi du genre humain ; mais DIEU les fit triompher de toutes les difficultés. Après plusieurs années, elles firent l'acquisition d'un terrain, et jetèrent les fondements d'un nouveau monastère au moment même où l'on décrétait la loi portant suppression des Ordres religieux. Le monastère achevé, Mgr Riccardi, archevêque de Turin, y installa les religieuses dans la matinée du 18 mars 1869. Mgr Gastaldi, successeur de Mgr Riccardi, prit vivement à cœur la prospérité de ce monastère ; il posa la première pierre de l'église, et l'enrichit d'un autel en marbre et d'une chaire sculptée. La Mère Séraphine partit pour le Ciel après avoir terminé le nouveau monastère et installé ses filles, comme elle l'avait prédit plusieurs fois. Dans le cours de cette année 1894, plusieurs de ses religieuses sont mortes en odeur de sainteté ; leur mort a été précédée et suivie de signes extraordinaires.

XIII.

MONASTÈRE de SAINTE-CLAIRE à VÉNAFRO. — Le monastère des Clarisses de Vénafro fut fondé l'an 1667, aux frais d'un bienfaiteur, nommé Valletta. Les fondatrices furent la Sœur Diane Lemone et Sœur Eusébie Albacucco, du monastère de Saint-Étienne de Sessa. La première en fut abbesse jusqu'à sa mort, qui arriva le 31 mai 1674 ; la seconde, sa vicaire, retourna à Sessa, parce que le climat de Vénafro lui était nuisible. Les religieuses ne furent jamais expulsées de leur saint asile. Elles ne sont que six choristes et une Sœur converse. Elles suivent la règle approuvée par Urbain IV.

XIV.

MONASTÈRE des CLARISSES de BOCCALEONE. — Le monastère de Boccaleone, dans le diocèse et la province de Bergame, fut fondé par Mademoiselle Maria Poloni, native de Torre-Baldone (district de Bergame). L'emplacement appartenait à son oncle maternel, avec lequel elle demeurait, et qui l'institua son héritière, après avoir approuvé son intention touchant la fondation d'un monastère. Après de longues contestations, elle obtint de l'évêque de Bergame, Charles Gritti Morlacchi, et des autorités civiles, la permission de mettre la main à l'œuvre. On posa les fondements le 17 septembre 1839, et en 1847, le 7 décembre, on établit la clôture, et on plaça le monastère et l'église sous le patronage de saint Joseph. Pour la fondation, il vint deux religieuses du monastère de Lovere, l'une en qualité d'abbesse, l'autre, de vicaire ; toutes deux, leur triennat fini, retournèrent à leur premier monastère. On élut alors pour abbesse la Mère Marie-Claire, et pour vicaire, Sœur Marianne-Cécile Trabattoni, de Milan, coopératrice de la fondatrice, laquelle mourut le 24 novembre 1865. Son cadavre, inhumé d'abord dans le cimetière de Bergame, fut transporté, en 1886, dans le nouveau monastère, et placé dans la muraille, entre le chœur et l'église. Les religieuses ne furent jamais expulsées. Elles sont vingt-huit choristes et sept converses. Elles suivent la règle mitigée par Urbain IV.

XV.

MONASTÈRE de SAINTE-MARIE-MADELEINE à MATELICA (Marche). — On ne connaît pas l'époque précise de la fondation de ce monastère ; il est certain, cependant, qu'il existait dès l'année 1230, et qu'il renfermait un grand nombre de religieuses. On y reçut, en 1251, la bienheureuse Mattia, qui consacra une partie de son patrimoine à l'agrandissement du couvent. Elle gouverna la commuuauté pendant quarante ans en qualité d'abbesse. Les religieuses furent expulsées en 1807, à l'exception de deux ou trois, qui restèrent pour la garde du sanctuaire. Au bout de sept ans, les exilées rentrèrent dans leur pieux asile, où, présentement, ces religieuses Urbanistes ne sont plus que six.

XVI.

MONASTÈRE de SAINTE-CLAIRE à PALERME. — L'église et le monastère de Sainte-Claire, à Palerme, furent fondés, probablement vers l'an 1330, par les soins de Matthieu Sclafani, comte d'Aderno, et renouvelés ou restaurés par le même, en 1344, comme on l'infère d'une inscription sur marbre, qui se trouve dans son palais. Quelles furent les religieuses fondatrices ? on l'ignore. Ce monastère était dirigé dans le principe par les Pères Conventuels ; le Pape Calixte III, en 1458, le soumit aux Frères Mineurs de l'Observance. Dans la suite, le Pape saint Pie V, par une bulle du 5 juin 1568, le plaça sous la juridiction de l'Ordinaire du diocèse. Les religieuses observent la règle primitive approuvée par le Pape Eugène VI. Elles n'ont jamais été expulsées ; leur monastère, au contraire, a toujours servi de refuge aux religieuses exilées. Ce monastère est encore tel qu'il a été construit lors de la fondation. Le nombre des religieuses est de onze choristes et quatre converses.

XVII.

MONASTÈRE de SAINTE-MARGUERITE à GUALDO TADINO. — L'an 1328, Cecco di Mancia, de Gualdo, avec l'approbation de l'évêque de Nocéra, le B. Alexandre Vincioli de Pérouse, voulut, par dévotion, fonder sur son terrain un couvent et une église dédiés à saint Pierre, pour servir d'habitation aux Frères Mineurs. Mais, comme il y avait déjà sur le territoire de Gualdo d'autres couvents de Franciscains et aucun de Clarisses, comme, en outre, le couvent de Saint-Pierre était trop restreint pour des religieux, ceux-ci, vers l'an 1350, le donnèrent avec une dotation convenable aux Clarisses et le mirent sous le patronage de sainte Marguerite. On ne connaît pas les circonstances relatives à cette mutation ; ce qu'il y a de certain, c'est que ce monastère est mentionné, au quinzième siècle, comme important, tant par l'abondance de ses ressources que par le nombre et la conduite exemplaire des religieuses, dont plusieurs sont mortes en odeur de sainteté. Son importance s'accrut encore par l'adjonction des Clarisses d'un autre monastère, en 1704, et par le développement des constructions, en 1709 : il reçut aussi de nouvelles et abondantes dotations. C'est dans cet état de prospérité qu'il subit la suppression de 1810. Les religieuses furent expulsées, mais, grâce à Dieu, elles purent réintégrer leur domicile le 10 octobre 1814. Elles ne furent pas longtemps tranquilles ; les bouleversements politiques de 1860 dépouillèrent les religieuses de tous leurs biens ; elles habitent encore leur monastère, mais réduites à peu près à l'indigence. Elles professent la règle des Clarisses Urbanistes.

XVIII.

MONASTÈRE des CLARISSES de BOVES. — Le 9 novembre 1870, le révérend dom Sébastien Selarandi installa dans ce monastère, appartenant à Joachim Borgarino, la révérende Mère Claire-Bonaventure Martelli, venue du monastère de Carignan avec deux autres religieuses, Sœur Claire-Angélique Gedda et Sœur Claire-Isabelle Kirio. Les Clarisses sont actuellement au nombre de quatorze, elles observent la seconde Règle.

XIX.

MONASTÈRE des CLARISSES de SAINT-FRANÇOIS d'ALBARO à GÊNES. — La ville de Gênes possédait autrefois six monastères de Clarisses. Elles furent expulsées de tous au commencement de notre siècle et on leur assigna pour asile le vaste monastère de Saint-Silvestre, enlevé aux Dominicaines. La paix étant rendue à l'Église, Mgr Louis Lambruschini, alors archevêque de Gênes, réunit en une seule communauté toutes les Clarisses existant dans cette ville, et beaucoup de jeunes personnes y entrèrent comme aspirantes. — En 1859, elles furent chassées de leur asile et recueillies par les chanoinesses de Latran, dont le monastère était contigu à celui de Saint-Silvestre. Celui-ci fut converti en écoles communales, de sorte que les Clarisses perdirent tout espoir de le recouvrer. — En 1887, l'Abbesse, Mère Jeanne-Françoise Sanguinetti, avec l'approbation de l'archevêque, Mgr Magnasco, acheta et fit approprier à sa nouvelle destination la maison qu'elles occupent aujourd'hui ; sur la fin de novembre 1888, la communauté s'y transporta. Le nouveau monastère, agréablement situé sur une colline, se nomme Saint-François d'Albaro ; l'église est vaste et belle. — Les religieuses y sont en très petit nombre ; elles suivent la Règle modifiée par le Pape Urbain IV, et mènent la vie commune.

XX.

MONASTÈRE des CLARISSES de TRÉVI (Ombrie). — D'après une tradition constante, ce monastère remonte à l'époque de la mort de sainte Claire. Quelques jeunes personnes de Trévi, pénétrées de vénération pour la Bienheureuse fille des Scefi et désirant l'imiter, firent l'acquisition de quelques maisons où elles se réunirent et bâtirent une petite église, qu'elles dédièrent à sainte Catherine. On ne connaît rien de plus, touchant l'origine du monastère ; on ignore même les noms de ses fondatrices. En 1298, le nombre des religieuses s'étant suffisamment accru, elles furent canoniquement constituées par une Bulle du Pape Boniface VIII, qui leur donna la Règle approuvée par Urbain IV. — Ces religieuses habitent toujours le même monastère, d'où elles n'ont jamais été expulsées. Leur nombre est réduit à six, quatre choristes et deux converses. Cette communauté a été de tout temps recommandable par une exacte observance.

XXI.

MONASTÈRE des CLARISSES d'IMOLA. — La tradition rapporte que ce monastère fut fondé par sainte Agnès, sœur de sainte Claire, vers l'an 1219. Les religieuses, s'y trouvant trop à l'étroit, obtinrent du pape Alexandre IV un ancien monastère de Bénédictines, où elles demeurèrent jusqu'en 1351. A cette époque, il fut démoli par le capitaine Robert Alidosio, et les religieuses firent l'acquisition de quelques maisons, qu'elles convertirent en monastère, dédié à saint Étienne. — Le 20 juillet 1798, elles en furent expulsées par ordre du Commissariat français, et y rentrèrent le 17 juin 1800. Chassées de nouveau, lors de la suppression générale, en 1810, elles reprirent possession de leur couvent en 1822, et leur communauté s'accrut des Capucines et des Sœurs de Sainte-Marie-Madeleine. Pour y établir l'uniformité de vie et l'observance régulière, le cardinal-évêque Rusconi, comme Délégat apostolique, donna à toutes ces religieuses une constitution commune, empruntée à la seconde Règle de sainte Claire, et adaptée aux circonstances. Les Capucines et les Madeleines étant mortes, les Clarisses restèrent seules. Si, par le malheur des temps, la communauté n'est plus aussi nombreuse qu'autrefois, il n'y a cependant pas lieu de craindre qu'elle s'éteigne de si tôt.

XXII.

MONASTÈRE des CLARISSES de NARDO. — Ce monastère fut fondé par l'abbé Godfroid en 1256, trois ans après la mort de sainte Claire, dans un lieu où, d'après la tradition, il y avait un couvent de Basiliennes. L'église actuelle est de 1700 ; l'ancienne existe encore. Les Clarisses conservent aussi un confessionnal dont se servit, croit-on, saint Bernardin de Sienne. Dans le tremblement de terre de 1743, le monastère fut grandement endommagé. — En 1707, le vénérable Frère Louis-Marie Calce, Dominicain, prêcha dans l'église des Clarisses et y opéra un miracle. Il introduisit dans la communauté la vie commune. Les Sœurs Sancia Fogesta, Thérèse Acquaviva et Claire d'Amato ont illustré ce monastère par la sainteté de leur vie. — Il ne compte plus aujourd'hui que six professes ; elles n'ont jamais été expulsées.

XXIII.

MONASTÈRE des CLARISSES de VÉRONE. — L'origine de ce Monastère se place entre 1218 et 1222, lorsque saint François envoya quelques-unes des premières Filles spirituelles de sainte Claire en Lombardie, pour y fonder des maisons de son Ordre. Celles qui vinrent à Vérone y firent une fondation hors des murs. Mais l'endroit n'étant pas convenable, le Cardinal Ugolin, Légat pontifical, obtint de la commune, en 1226, un terrain au Champ de Mars, où s'établirent les Religieuses Minoristes ou Damianistes, professant la Règle que leur donna ce Cardinal. On tient pour certain qu'au nombre de ces Religieuses se trouvait sainte Agnès, sœur de sainte Claire. Ce Monastère subsista, sans changement notable, jusqu'à la suppression générale de 1810. Quelque temps après, la Communauté se reforma dans un autre local, sous forme d'Institut d'éducation privée, par les soins de la dame Anne Brunetti Cavalieri. Une parente de cette dame, Thérèse Cavalieri, eut le bonheur de rouvrir aux Clarisses leur antique Monastère du Champ de Mars, en 1836, de l'agrandir et d'obtenir la clôture papale en 1845. Cette digne fondatrice fut alors élue première Abbesse du nouveau Monastère. La sainte Règle que professe cette communauté, comme elle le faisait déjà avant la suppression, est celle des Urbanistes avec des modifications d'Eugène IV et des constitutions propres.

En 1860, le pape Pie IX accorda l'Adoration perpétuelle du Très-Saint Sacrement à une colonie de ces Religieuses établie près de l'église de Sainte-Claire, dans le Couvent annexé à cette église ; ce Couvent, avant la suppression de 1810, appartenait à d'autres Clarisses de la stricte observance, qui l'occupaient depuis le temps de saint Bernardin de Sienne.

Par le malheur des temps, le nombre des Religieuses Clarisses à Vérone est bien diminué ; il est encore suffisant toutefois pour soutenir le chœur dans les deux Maisons et pourvoir à l'Adoration perpétuelle dans l'église de Sainte-Claire.

XXIV

MONASTÈRE des CLARISSES de PENNE. — On ne connaît pas précisément l'époque de la fondation de ce Monastère. Les souvenirs qu'on en conserve sont en petit nombre et incertains. On peut affirmer cependant qu'il existait en 1236, et l'on prétend qu'il eut pour fondatrice sainte Agnès d'Assise, sœur de sainte Claire. Le Monastère qu'habitaient à l'origine les Religieuses était situé au faubourg de Fontemurato, à l'ouest de la ville de Penne, à l'endroit dit du Saint-Esprit. Au bout de quelque temps, elles se transportèrent dans le Monastère qu'elles occupent actuellement ; il est situé en ville, sur une éminence, et jouit d'une vue superbe. On ignore la cause de cette translation. On croit que les guerres dynastiques des anciens temps, l'insalubrité du lieu pour la vie claustrale, l'accès trop difficile, ont conseillé aux Religieuses de s'établir en ville. Le Couvent actuel est bâti, dit-on, sur les ruines de l'ancien palais des quadrumvirs de Penne. Son histoire, du reste, n'offre rien de remarquable. En vertu de la loi qui supprime les Religieuses, la Communauté, autrefois très nombreuse, est réduite aujourd'hui au petit nombre de six choristes et trois converses. Elles observent la Règle de sainte Claire avec les modifications d'Urbain IV.

XXV.

MONASTÈRE des CLARISSES de IÉSI. — Trois Monastères de Clarisses ont été fondés à différentes époques à Iési. Le premier fut établi du vivant même de sainte Claire, sur le conseil des Frères Mineurs, hors des murs, près le Vallatello. Il en est fait mention dès l'année 1248 ; mais après 1400, on n'en trouve plus aucune trace. Il a été évacué sans doute à cause des guerres.

Le second a été fondé et doté par la ville, en 1579, au lieu où s'élève l'église de Saint-Bernard ; mais, à cause de l'insalubrité du lieu, les Religieuses furent transférées dans un nouveau Monastère, situé sur le Corso. Elles s'y trouvaient encore au nombre de cent lorsqu'en 1810, par la suppression napoléonienne, elles furent contraintes de l'abandonner. En 1823, les Monastères s'étant rouverts, les survivantes se réfugièrent, en partie chez leurs consœurs de Ciframontana, en partie à Iési, dans le Couvent actuel de l'Annonciation, qui est leur troisième Monastère. Il fut fondé en 1664, par le Cardinal-Évêque Alderano, pour les jeunes filles de familles déchues. Elles y sont encore au nombre de vingt-deux, et observent la Règle de sainte Claire, modifiée par Urbain IV. En 1881, elles furent chassées de leur pieux asile et dépouillées de leurs biens. Elles se trouvent présentement dans un Monastère qui leur appartient.

XXVI.

MONASTÈRE des CLARISSES de ROME. — Le Monastère des Clarisses de Rome, dites de Saint-Cosme, était primitivement une Abbaye de Bénédictins. Elle fut cédée, du vivant de leur sainte Mère, aux Filles de sainte Claire venues d'Assise, qui l'habitèrent depuis 1216 jusqu'au 13 mai 1892. A cette date, elles se transportèrent à Saint-Grégoire. On ne peut fournir aucun détail sur l'histoire de ce Monastère ; les livres, les documents, les archives, étant tombés au pouvoir du Domaine.

XXVII.

MONASTÈRE des CLARISSES d'ALTAMURA (Province de BARI). — Il y eut longtemps deux Monastères de Clarisses à Altamura. L'un, sous le vocable de sainte Mariedel Soccorso, fut fondé en 1500 par des Religieuses de la Communauté de Bisceglie, dans la même province ; l'autre, le seul qui existe encore, fut fondé en 1682, grâce aux legs de deux bienfaiteurs, Benunno et Demarinis, par une Sœur du Monastère de Sainte-Marie-del-Soccorso, qui, le 21 novembre, vingt s'y installer avec douze novices. Elles suivirent la Règle de sainte Claire, modifiée par Urbain IV. Le nombre des Religieuses s'éleva dans la suite jusqu'à cinquante. Elles n'ont jamais été expulsées ; et même, par deux fois, en 1799 et en 1860, elles donnèrent asile aux Religieuses de Sainte-Marie-del-Soccorso, qui finirent par se fusionner avec elles, pour ne plus former qu'une seule Communauté, composée aujourd'hui de onze choristes et onze converses. Elles observent la vie commune, qui, suspendue à l'époque de la révolution de 1799, fut, grâce à Dieu, remise parfaitement en vigueur le 23 septembre 1858. Le Monastère est sous la juridiction de l'Évêque.

XXVIII.

MONASTÈRE des CLARISSES de l'ILE della GIUDECCA, VENISE. — Ce Monastère a été fondé par la Mère Marie-Augusta, dans le monde, Flavie-Pulchérie-Augusta Nicoli, native de l'île Murano de Venise. Ce ne fut pas sans avoir rencontré beaucoup d'opposition qu'elle parvint à en poser la première pierre, le 26 mai 1834. Elle fut aidée dans cette entreprise par le Père Chérubin de Venise, Capucin. Les Religieuses sont au nombre de vingt-six et n'ont pas été troublées dans leur retraite. En 1872, on fit l'acquisition de deux portions de terre contiguës au Monastère, et on y éleva une nouvelle église, qui fut consacrée par le Cardinal Joseph Trevisanto, le 26 septembre 1874. On a construit sur le même terrain un autre petit Couvent, où, en cas d'expulsion, les Religieuses pourraient se réfugier toutes ensemble. La clôture épiscopale fut établie dans le Monastère, le 9 février 1860, par les soins de Mgr Ange Ramazzotti, Patriarche de Venise, sous la Règle de sainte Claire, avec les modifications et privilèges d'Eugène IV.

XXIX.

MONASTÈRE des CLARISSES de SPELLO (Ombrie). — Le Monastère de Sainte-Marie de Vallegloria, situé à deux kilomètres de Spello, sur la pente orientale du mont Subasio, fut fondé en 560 par des disciples de saint Benoît ; ils le cédèrent à des Religieuses qui observèrent la Règle dans laquelle sainte Scolastique vécut et mourut. En 1214, la Bienheureuse Balbine Offreducci de Spello et ses dix-sept consœurs embrassèrent la nouvelle Règle, plus austère, de saint François d'Assise et de sainte Claire, et prirent le nom de Clarisses ou Damianistes. Alexandre IV, en 1254, mitigea les rigueurs de cette Règle. Le Monastère comptait alors cent quatorze

Religieuses. Grégoire IX, qui avait été leur directeur spirituel, se montra très bienveillant à leur égard ; il les enrichit de biens temporels et de privilèges spirituels. En 1261, Urbain IV apporta de nouvelles modifications à la Règle, ce qui fit que les Clarisses furent appelées Urbanistes. Comme les Religieuses, en temps de guerre, n'étaient point en sûreté hors des villes, Jean XXII, en 1320, fit rentrer ces Urbanistes à Spello, où elles occupèrent l'hospice agrandi des Camaldules, tout en conservant le nom de Vallegloria ; elles abandonnèrent donc leur Couvent primitif, appelé aujourd'hui Vallegloria l'Ancien. Sous le gouvernement de Napoléon Ier, elles furent expulsées de leur Monastère, mais, cinq ans plus tard, à la chute du despote, elles purent le racheter. La Règle qu'on y professe est celle qui a été approuvée par la sainte Congrégation des Évêques et Réguliers, sous le pontificat de Benoît XIV. Entre autres reliques, on conserve un manteau reçu en don des mains de saint François, une tunique de sainte Claire, l'anneau avec lequel JÉSUS se fiança à la Bienheureuse Balbine, et le corps de saint Vite, martyr.

XXX.

MONASTÈRE des CLARISSES d'ATRI. — Ce monastère fut fondé par une fille spirituelle de sainte Claire, venue d'Assise, dont le nom est perdu avec toutes les archives. L'église primitive était dédiée à saint Marc l'Évangéliste. Vers 1545, un terrible tremblement de terre ayant détruit l'église et le monastère, le duc d'Atri, don Mathieu Acquaviva, donna aux Clarisses un palais contigu à l'ancien Monastère, et c'est là qu'elles habitent encore actuellement. Malgré les menaces réitérées qui leur furent faites, elles ne durent jamais se disperser. Il se produisit à ce sujet un fait prodigieux : tandis qu'on s'attendait à l'arrivée de ces nouveaux Sarrasins, une religieuse se prosterna devant une image de Notre-Dame des Douleurs, priant avec une grande ferveur. La Madone daigna lui adresser la parole et l'assurer que ni elle ni les autres religieuses ne seraient expulsées : ce qui se vérifia. On conserve avec vénération cette Image miraculeuse.

XXXI.

MONASTÈRE des CLARISSES de PÉTRITOLI. — Ce monastère a été fondé par la pieuse libéralité de Censorio Marziali, chanoine de Fermo. — Le 12 août 1621, Pierre Dini, archevêque et prince de Fermo, retira du monastère de Saint-Thomas, de Monte-Santo (aujourd'hui *Potenza-Picena*), au diocèse de Fermo, la Sœur Bernardine Cotta, religieuse Clarisse, et l'établit abbesse du nouveau Monastère placé sous le patronage de sainte Claire ; le même jour il donna l'habit à neuf postulantes, et ainsi se trouva constituée la communauté sous la règle des Clarisses. — Le 15 juillet 1810, les religieuses furent chassées de leur pieux asile, et elles y rentrèrent le 28 octobre 1818. En 1860, tous ses biens furent confisqués. Il y reste encore actuellement onze religieuses et onze aspirantes. Elles sont Urbanistes.

XXXII.

MONASTÈRE des CLARISSES de FANANO. — Commencé le 22 mai 1595, il fut ouvert le 8 septembre 1599. Il avait pour fondateur le chevalier comte Ottonello Ottonelli, qui se fit ensuite religieux dans un monastère des Pères des Écoles également fondé par lui ; il y prit le nom de Père Paul et a été déclaré Vénérable.

Hélène Brunelli et Agathe Santi, qui vinrent du monastère de Fiumalbo, peu distant de Fanano, et quatre aspirantes de la localité, furent les pierres fondamentales de ce nouvel édifice. — Les religieuses, expulsées le 31 octobre 1811, rentrèrent pour la plupart dans leur maison le 14 septembre 1812. Elles habitent encore ce monastère, qu'elles ont dû racheter du gouvernement, après la confiscation de tous leurs biens et la suppression décrétée le 10 décembre 1866. Elles sont actuellement au nombre de trente-six, ont la clôture papale comme auparavant, et suivent la règle de sainte Claire modifiée par le pape Urbain IV. Les documents relatifs à l'histoire du monastère ont disparu lors de la suppression.

XXXIII.

MONASTÈRE des CLARISSES de PISTOIE. — Cette communauté naquit dans l'antique château de Lizzano, le jour où Frère Ange d'Alessio Bartolini, Franciscain de l'Observance, donna l'habit du Tiers-Ordre à sa sœur Benoîte, ainsi qu'à Domenica et Dorothée Vannini. Le nombre des religieuses dépassa bientôt la trentaine. L'évêque Alexandre Caccia, par décret du 23 novembre 1645, les constitua en monastère, en établissant la clôture dans les formes canoniques, et en leur donnant la règle de sainte Claire avec des Constitutions spéciales. Le 26 janvier 1814, l'église et le couvent s'écroulèrent ; les religieuses furent reçues à Pistoie dans le palais du docteur François Baldi. Depuis, grâce à ses démarches, elles obtinrent le monastère de Saint-Pierre-Majeur, où elles habitent actuellement au nombre de vingt-neuf. Elles observent la règle de sainte Claire modifiée et pratiquent la vie commune. Elles n'ont jamais été expulsées. — Dans la chapelle interne du Chapitre, on conserve des statues de JÉSUS, Marie et Joseph. Or, on rapporte que la Sainte Vierge fit entendre sa voix à une Sœur qui priait pour la communauté; en réponse à sa prière, elle lui donna l'assurance qu'aucune des religieuses ne se perdrait, pourvu qu'elles persévérassent jusqu'à la fin dans leur saint état. Dans une autre pauvre petite chapelle est ensevelie la Mère Anne-Constance Cassigoli, religieuse d'une éminente vertu, morte le

10 septembre 1818.—La nuit du 13 au 14 août 1875, une Sœur converse, Humiltà Puccioni, infirme depuis plus de neuf ans, fut guérie miraculeusement par sainte Claire, qui lui apparut en songe, accompagnée d'une autre Sœur, et lui fit le signe de la croix sur le corps, de la tête aux pieds. S'étant éveillée, la malade se trouva tout à fait saine et vigoureuse. Ne sachant s'il fallait attribuer cette faveur à la Madone ou à sainte Claire, les religieuses firent un triduum en l'honneur de leur sainte Mère, à l'insu de Sœur Humiltà. Celle-ci, quelques nuits après, se trouvant parfaitement éveillée, vit entrer par la porte un rayon lumineux et soudain apparaître devant elle sainte Claire, qui lui fit un gracieux salut et disparut. Cette Sœur vit encore et depuis lors elle n'a plus tenu le lit un seul jour.

XXXIV.

MONASTÈRE des CLARISSES de LORETTE.— Dû au zèle infatigable de l'évêque Étienne Bellucci, ce monastère s'ouvrit le 26 décembre 1816, et se trouva aussitôt peuplé de douze religieuses, dispersées par la suppression de 1810. On leur imposa l'habit des Clarisses et on introduisit la clôture le 29 mars 1820. La Madone opéra plusieurs prodiges en faveur de ses filles : elle leur procura dans un moment fort critique une bonne somme d'argent ; elle fit jaillir miraculeusement une source d'eau ; la glace qui encadre une de ses images se mouille constamment, on l'essuie et aussitôt l'eau reparaît. La première abbesse fut Sœur Marie Gertrude d'Osimo, guérie instantanément d'une maladie mortelle par la voix miraculeuse d'une statue de Notre-Dame de Lorette, qui lui dit : « Lève-toi, tu es guérie. » Cette religieuse avait alors trente-deux ans, et elle est morte à l'âge de soixante-dix-sept ans, en odeur de sainteté. Cette maison religieuse a toujours été citée pour sa régularité. Le 5 octobre 1893, les Clarisses, réduites au nombre de huit, durent céder leur cher monastère aux Pères Salésiens, qui leur abandonnèrent en retour un couvent plus petit. Elles sont actuellement au nombre de douze.

XXXV.

MONASTÈRE des CLARISSES de COTRONE (Calabre). — Ce monastère, fondé en 1481, sous le pontificat de Sixte IV, par la générosité des citoyens, dans une forteresse de l'antique Cotronie, a été incendié deux fois, et la plus grande partie de ses archives a disparu ; aussi nous reste-t-il peu de données sur son histoire. Deux fois aussi les religieuses ont été expulsées, par suite de convulsions politiques, et chaque fois elles sont rentrées. Elles ont eu beaucoup à souffrir, surtout au temps de la Révolution française ; mais en tout temps elles ont correspondu fidèlement à leur sainte vocation. Le nombre des religieuses a toujours été suffisant ; il est diminué aujourd'hui à cause du malheur des temps.

Ce monastère ne subsiste que par une protection en quelque sorte miraculeuse de la Mère sainte Claire : c'est à elle que la communauté a recours dans les besoins extrêmes, et son assistance se fait manifestement sentir. — On suit la règle modifiée par Urbain IV.

XXXVI.

MONASTÈRE des CLARISSES de CORTONE (Toscane). — Ange de Ranieri, par acte du 13 mai 1225, donna à la Sœur Lucie, pour servir de couvent, une maison située dans la localité dite des Comtesses *supra fontem Saracenorum*. Les Clarisses y habitèrent jusqu'en 1237. Ce local étant trop restreint, elles se transportèrent alors au lieu appelé *Valle Targie*. Six religieuses se détachèrent de la communauté pour aller fonder deux maisons, l'une à Tosurnello, l'autre à Corneto. En 1439, le monastère de Valle Targie ayant été gravement endommagé par un incendie, les religieuses songèrent à rentrer en ville, et obtinrent de Paul III, par bref du 26 septembre 1537, un vieil édifice appelé *la Pescaia*, qui fut converti en monastère ; les Sœurs s'y transportèrent processionnellement, accompagnées du clergé, le 11 septembre 1581. Elles y jouirent de la paix jusqu'à la suppression de 1810. Après bien des déboires, elles purent rentrer dans leur pieux asile en 1814. Mais, en 1866, elles virent leurs biens confisqués par le gouvernement italien, et enfin, le 14 novembre 1892, les religieuses reconnues par le gouvernement n'étant plus qu'au nombre de six, le couvent fut fermé. Le monastère mis en vente par le gouvernement fut racheté par les soins et aux frais de la très révérende Mère Maria Concepta Compini, une des expulsées, et, le 18 janvier 1893, les religieuses y firent leur rentrée. La clôture y fut rétablie, conformément à la bulle d'Eugène IV, le 28 mars de la même année, et le monastère compte actuellement vingt-quatre religieuses.

XXXVII.

MONASTÈRE des CLARISSES de RACCONIGI (Piémont). — Saint François avait fondé, vers 1224, deux monastères de son Ordre en Piémont, l'un à Moncalieri, l'autre à Carignan. En 1251, les Frères de Carignan cédèrent le leur aux Clarisses. La duchesse Anne de Savoie y prit l'habit religieux, et y mourut saintement. En 1384, les religieuses reçurent en don de Madame Blanche de Savoie, princesse de Carignan, la croix d'argent qu'elles portent en procession et d'autres précieux objets. En 1460, le monastère fut enrichi des insignes reliques de sainte Justine, reine des Huns, et d'une autre sainte, appelée également Justine, qui était au nombre des onze mille Vierges, compagnes de sainte Ursule. Ces deux saintes ont différentes fois préservé miraculeusement le monastère des guerres et des incendies. — En 1802, les Sœurs furent expulsées par ordre de Napoléon Ier mais, grâce à la bienveillance du roi Victor-Emmanuel, elles furent réintégrées dans le monastère et, le 12 novembre 1816, elles renouvelèrent leurs vœux, au nombre de trente. — Elles durent céder une partie de leur local à des soldats en 1848, furent dépouillées de tous leurs biens en 1855 et expulsées de leur monastère en 1880. Grâce à l'archevêque de Turin, Mgr Laurent Gastaldi, les religieuses de Carignan purent se réunir à Racconigi, où elles demeurent présentement. La clôture y fut rétablie le 21 novembre 1881.

XXXVIII.

MONASTÈRE des CLARISSES de FERRARE. — Ce monastère, ouvert en 1426, grâce à la générosité de Bernardine Maschero, se vit bientôt peuplé de cinquante religieuses, parmi lesquelles se trouvait Catherine de Nigri, la future sainte Catherine de Bologne. On peut dire qu'elle en a été la fondatrice, car, comme on délibérait sur la règle que les religieuses embrasseraient, elle insista en faveur de la première règle de sainte Claire, et la fit adopter en 1432. La règle primitive s'observa dans toute sa rigueur jusqu'en 1446. Depuis cette époque, elle subit, grâce à l'intervention de saint Jean de Capistran, diverses modifications introduites par le pape Eugène IV. La clôture parfaite fut établie le 15 avril 1452, les religieuses étant alors au nombre de quatre-vingt-dix. — On remarque dans ce monastère un four converti en chapelle, à cause d'un miracle opéré par sainte Catherine, et qui est rapporté dans sa vie. On y conserve aussi une petite écuelle de bois apportée à cette sainte par saint Joseph, comme étant celle dont se servait la Mère de DIEU pour donner à boire à son divin Enfant. — Sainte Catherine partit de Ferrare avec plusieurs de ses Sœurs, pour aller fonder un monastère de Clarisses à Bologne, en 1456. — Dans le chœur où les religieuses psalmodient leur office, la sainte entra en extase, et reçut dans ses bras, des mains de la Très-Sainte Vierge, le petit Enfant JÉSUS, et un vendredi de la semaine sainte JÉSUS lui parla de la Croix. — Maintes fois il arrive, surtout pendant le mois qui précède la fête de la Sainte, qu'on respire, dans un endroit du monastère, une odeur très suave, ce qui présage quelque événement prospère ou triste. — Le 2 août 1798, les religieuses furent expulsées de leur retraite, mais elles purent y rentrer en 1800, et dans l'entre-temps, le jardinier vit une religieuse circuler constamment dans le couvent : tout le monde a cru que c'était sainte Catherine. Quelques mois après leur rentrée, les Clarisses furent de nouveau expulsées, mais finalement la clôture papale fut rétablie le 24 octobre 1824 et toutes les religieuses, au nombre de quarante, renouvelèrent leur profession. Actuellement elles sont encore vingt et observent la règle de sainte Claire avec les modifications du pape Urbain IV.

XXXIX.

MONASTÈRE des CLARISSES de TARENTE (Terre d'Otrante). — Ce monastère fut fondé en 1610. L'archevêque de Tarente, Mgr Octave Minto, avec le consentement du Saint-Siège, fit venir, de Gravina, trois religieuses et une novice, savoir : Sœur Maximilla d'Ales, Sœur Vincenza d'Amati et Sœur Angela Secura, avec la novice Antonia d'Ales. L'installation des religieuses eut lieu le 21 septembre 1610. Elles observent la Règle de sainte Claire avec les modifications d'Urbain IV. Aucun fait remarquable ne s'est produit ni à l'occasion de la fondation ni dans la suite. Les Sœurs n'ont jamais été expulsées. Une d'elles a fondé un second monastère à Tarente, sous le patronage de saint Michel ; il a été supprimé en 1860. Les religieuses choristes sont douze, les converses quatre.

LX.

MONASTÈRE des CLARISSES de CAGLIARI (Ile de Sardaigne). — Ce monastère, dont l'église est dédiée à sainte Marguerite, vierge et martyre, appartenait aux Pères Bénédictins. Les Clarisses commencèrent à l'habiter après l'entrée des Aragonais dans le royaume. Elles furent sous la direction des Frères Mineurs jusqu'en 1587, et passèrent ensuite sous la juridiction de l'Ordinaire par ordre de Sixte-Quint. — Le gouvernement italien les expulsa, le 28 octobre 1864, et elles se réfugièrent dans un autre monastère de la même ville, placé sous le patronage de la Très-Pure Vierge Marie. Elles purent rentrer dans leur propre Couvent le 24 juin 1865, grâce aux instances réitérées et pressantes adressées au Sénat par le docte magistrat de Cagliari, sénateur lui-même, Don Jean Siotto-Pintor. Neuf religieuses habitent actuellement le monastère et suivent la Règle approuvée par Urbain IV.

XLI.

MONASTÈRE des CLARISSES de BRA (Piémont). — Le monastère des Clarisses de Bra, dans le diocèse de Turin, fut fondé en 1633, par la noble dame Marguerite dei Morandotti, de Turin, veuve du chevalier Octave Saraceno ; laquelle prit l'habit religieux sous le nom de Sœur Marianna. On fit l'acquisition d'un terrain situé dans le voisinage de l'église de Saint-André, et on y construisit une magnifique habitation à l'usage d'une communauté religieuse. Dans le commencement le démon, ennemi de tout bien, tourmenta terriblement plusieurs Sœurs, qui en étaient possédées, les transportant jusque sur le toit du Couvent et sur la chaire de Saint-André. On eut recours à Rome, et le Saint-Père envoya aux religieuses d'insignes reliques de saints martyrs, qui leur obtinrent aussitôt la grâce qu'elles sollicitaient. — Il arriva aussi que, pendant la construction du mur d'enceinte, une partie du mur s'écroula, et qu'un enfant fut pris sous les ruines ; il devait être écrasé, et cependant il n'eut pas la moindre égratignure. Interrogé pour savoir comment la chose s'était passée, il répondit qu'une grande religieuse l'avait sauvé. On crut généralement que ce ne pouvait être que sainte Claire.

En 1802, les religieuses furent expulsées de leur monastère ; mais par une faveur spéciale elles y rentrèrent en 1816, avec d'autres Sœurs de quatorze monastères différents, et y vécurent en paix jusqu'en 1854 ; alors, à cause de la suppression de toutes les maisons religieuses, elles tinrent leur noviciat fermé pendant quinze ans. — Le 12 août 1869, elles purent rouvrir le noviciat ; mais les temps étaient toujours menaçants et, en 1883, elles furent expulsées définitivement. Elles se retirèrent dans une maison qui leur appartenait et, entre temps, se construisirent un nouveau monastère, où elles entrèrent au commencement de juillet de la présente année 1894. Elles sont au nombre de vingt-cinq et suivent la Règle de sainte Claire modifiée par Urbain IV.

XLII.

MONASTÈRE des CLARISSES de MOLA (Bari). — Ce monastère fut fondé au moyen d'un legs de Pasqua di Lillo, veuve de Nicolas Minei ; après bien des difficultés, les religieuses Clarisses purent y entrer en 1677. Les premières, Sœur Marie-Agnès Scippo et Sœur Marie-Thérèse Santulli, de Modugno, furent installées, avec seize jeunes aspirantes, par Mgr Granavei, archevêque de Bari Le 3 janvier 1713, à minuit, il s'éleva une tempête si violente, que le monastère fut renversé en grande partie : deux religieuses furent écrasées sous ses ruines et six autres, grièvement blessées, restèrent estropiées. Elles furent recueillies d'abord dans une maison voisine pour recevoir les premiers secours, et de là elles furent transportées dans un palais, où elles demeurèrent plusieurs années, se regardant là comme dans un cachot. Leurs concitoyens en eurent compassion et leur construisirent un nouveau monastère, celui qu'elles habitent actuellement. Elles en prirent possession avec bonheur, le 17 juin 1731, assistées par leur vénérable archevêque. Quelques années plus tard, elles obtinrent la clôture, et, au nombre de vingt-deux, elles observent la Règle de sainte Claire modifiée par Urbain IV.

XLIII.

MONASTÈRE des CLARISSES d'OSIMO (Marche). — Ce local, en 1262, appartenait à des moines Bénédictins. En 1536, par les soins de Jean-Baptiste Sinibaldi, alors évêque d'Osimo, il passa aux Sœurs Clarisses. Les fondatrices furent au nombre de sept : deux vinrent du monastère de Sainte-Marie-la-Neuve, d'Ancône, les cinq autres du monastère du *Corpus Domini*, de Pesaro ; Sœur Jérôme Léopardi occupa le poste d'Abbesse. Le 2 mai de l'an 1536, les sept religieuses firent leur entrée solennelle dans la ville, prirent possession du monastère, et la clôture fut établie. Dans le cours de la même année, quatorze aspirantes prirent l'habit religieux. — En 1810, elles furent expulsées, et elles rentrèrent en mai 1822. — En 1866, le 14 mai, le pouvoir civil intima aux religieuses l'ordre d'abandonner leur monastère et de se réunir aux Bénédictines de la même ville ; mais, par une faveur spéciale de saint Nicolas, au bout de neuf mois elles purent retourner dans leur couvent. — Le 14 juin 1890, on leur en enleva une partie, que l'on convertit en lazaret pour les personnes atteintes de la petite vérole. — Les religieuses reconnues par le gouvernement sont au nombre de sept, y compris une jeune Africaine.

XLIV.

MONASTÈRE des CLARISSES de RIÉTI. — Voici quelle fut l'origine du monastère des Clarisses de Sainte-Lucie, de Riéti. L'an 1262, un vieillard, appelé Jean Fuggito, de la ville de Narni, se retira avec ses trois filles, à cause de la peste, dans une ferme appelée *Voto di Santi*, près de la ville de Riéti. Comme ils avaient la dévotion de veiller la nuit de l'Ascension, ils firent un peu de feu ; il resta de ce feu trois tisons qui se changèrent miraculeusement en trois baguettes, une d'or et deux d'argent. Les trois jeunes filles s'étant mises en prières, un Ange leur apparut et leur dit de vendre ces baguettes et, avec le prix qu'elles en retireraient, de construire sur le lieu même un monastère de l'Ordre de Saint-François, sous le nom de sainte Lucie, vierge et martyre. Le compagnon de saint François, le Bienheureux Ange Tancredi de Riéti, prêta un concours efficace à la construction de ce monastère ; c'est lui qui obtint de l'évêque, à qui appartenait ladite ferme, une église avec la maison et le jardin adjacent, situés sur le même terrain. On construisit donc là un petit monastère, et le Bienheureux Ange se rendit ensuite à Assise, pour rendre compte à la Mère sainte Claire, qui s'y trouvait malade, de tout ce qui s'était passé concernant le monastère de Sainte-Lucie. Elle le recommanda au zèle du Bienheureux Ange, envoya sa bénédiction aux religieuses du nouveau couvent, et leur expédia deux de ses religieuses d'Assise : Sœur Béatrice, sa plus jeune sœur, et Sœur Pacifique, aussi sa parente. Celles-ci y établirent la vie religieuse, donnèrent l'habit à quelques aspirantes de la ville et, au bout de sept mois, retournèrent à Assise. Elles y arrivèrent à temps pour assister à la mort de leur vénérée Mère sainte Claire. En 1566, après le concile de Trente, les Clarisses quittèrent le *Voto dei Santi* pour s'établir en ville : on leur donna l'église de Sainte-Lucie, elles établirent la clôture dans le nouveou monastère, et y demeurèrent paisiblement jusqu'à l'époque de l'invasion des Français sous Napoléon Ier. Expulsées de leur couvent, elles y rentrèrent, pour en être chassées de nouveau en 1866, et réunies cette fois aux Clarisses de San Fabriano. Mais, leur monastère étant trop étroit, elles le quittèrent au bout de neuf mois, et prirent en location une maison particulière, où elles résident encore actuellement. Elles ne sont plus que dix-huit religieuses, tant choristes que converses, et elles observent la Règle de sainte Claire, avec les modifications d'Urbain IV et d'Eugène IV.

XLV.

MONASTÈRE des CLARISSES de PÉROUSE (Ombrie). — Un terrain fut donné par un certain Gotto Monaldi, pour la construction d'un monastère de religieuses, et il fut accepté au nom du Siège apostolique, par le cardinal Hugolin, évêque de Vellétri, alors délégat apostolique de Pérouse, et qui monta plus tard sur le trône pontifical sous le nom de Grégoire IX. C'est lui qui commença la construction du monastère, et il le céda à sainte Claire d'Assise, encore vivante. Celle-ci y envoya quelques-unes de ses religieuses en 1240. La communauté se multiplia si bien que, de 1453 à 1520, par ordre de leurs supérieurs, elles envoyèrent, à diverses reprises, plusieurs de leurs membres pour fonder de nouveaux couvents dans différentes villes d'Italie. C'est une preuve de leur zèle et de leur parfaite observance de la règle. Quoique plusieurs fois menacées d'expulsion, elles n'en ont pas subi avant l'époque de la Révolution française, et leur exil alors ne fut pas de longue durée. — Le monastère est actuellement habité par vingt-deux religieuses, qui observent la règle de sainte Claire modifiée par Urbain IV.

XLVI.

MONASTÈRE des CLARISSES de SIENNE (Toscane). — Le terrain où s'éleva ce monastère fut donné par la République de Sienne à quelques Sœurs Franciscaines en 1300. L'édifice subit, avec le temps, des transformations et des agrandissements ; il fut porté, surtout l'église, à son plus haut degré de splendeur par les soins de Sœur Thérèse-Victoire et de Sœur Marie-Cajetane, de la famille Chigi, petites-nièces du pape Alexandre VII, et cela vers l'an 1700. —

Les religieuses furent expulsées à l'époque de la domination française, sous Napoléon Ier, mais elles revinrent dans la suite. En vertu de la loi de suppression du gouvernement italien, elles furent transférées dans un autre local. — Elles sont réduites au nombre de quatorze, et observent la règle de sainte Claire, modifiée par Urbain IV.

XLVII.

MONASTÈRE des CLARISSES de FILOTTRANO (Marche). — L'origine de ce monastère remonte à l'an 1578. On n'a pas conservé de souvenirs de ses premiers temps ; mais à partir de 1754, on est mieux renseigné. On constate la présence de religieuses d'une grande sainteté, telles que Anne-Thérèse Guadagni, Rose-Micheline Bonifazi, Marie Mascelli, toutes de noble extraction. Les religieuses tenaient un pensionnat de jeunes filles. — Sous Napoléon Ier, le monastère subit le sort commun ; mais en 1814, il se releva avec une nouvelle vigueur, grâce surtout à la sollicitude de Sœur Marie-Séraphine Repanti et de Sœur Marie-Madeleine Leali, religieuses d'une éminente vertu. Au milieu des plus grandes contradictions, et aussi des tourments qu'elle avait à souffrir de la part du démon, Sœur Marie-Madeleine ne cessait de répéter que le monastère était destiné à faire grand bien. C'est ce qui eut lieu en effet, surtout à partir de 1853, sous le gouvernement de l'Abbesse Sœur Thérèse-Mathilde Perugini de Montefano ; le nombre des élèves monta à 50, et l'établissement mérita les éloges et les bénédictions du pape Pie IX, de vénérable mémoire, ainsi que du Pontife régnant Léon XIII. — Les religieuses ne sont plus que sept. Néanmoins elles s'acquittent de tous les offices du chœur et des autres charges, tant de la communauté que du pensionnat, secondées qu'elles sont par quelques maîtresses qui s'occupent de l'enseignement. Les religieuses observent la règle modifiée par Urbain IV.

XLVIII.

MONASTÈRE des CLARISSES de ROME. — Le monastère dit de Saint-Laurent *in Panisperna*, qui s'élevait au lieu où fut martyrisé le lévite saint Laurent, appartenait aux moines Bénédictins. Ces moines l'ayant abandonné, le cardinal Jacques Colonna le donna aux Clarisses, qui en prirent possession au commencement du XIVe siècle. Sainte Brigide y mourut et y fut ensevelie ; beaucoup d'autres religieuses, illustres par leur naissance et la noblesse du sang, plus illustres encore par leur sainteté y finirent leur vie, laissant aux survivantes l'exemple d'une parfaite régularité et l'amour de la vertu. On conserve dans ce vénérable sanctuaire le four ainsi appelé de Saint-Laurent, parce que c'est le lieu même où le saint fut rôti sur son gril ; on y conserve aussi les corps des saints

Crispin et Crispinien, un bras de sainte Brigide, un bras et de saint Félix, martyr, avec d'autres reliques précieuses. Ce monastère envoya plusieurs fondatrices dans diverses parties du monde. Le pape Boniface IX chargea la Sœur Catherine Nigrone d'aller avec quatre autres fonder un monastère à Gênes. En 1618, la Sœur Isabelle de Parme et sa propre sœur, la Vénérable Françoise Farnèse, dite de JÉSUS et Marie, sortirent pour fonder les monastères de Sainte-Marie-des-Grâces à Farnèse, et de la Conception à Rome et à Albano, et pour réformer celui de Sainte-Marie-des-Anges à Palestrina. Enfin, le 12 août 1875, les deux sœurs Bentivoglio allèrent fonder un monastère de Clarisses dans la lointaine Amérique septentrionale. — Les circonstances du temps forcèrent les Clarisses à quitter leur couvent de Saint-Laurent *in Panisperna*, qu'elles habitaient depuis près de cinq siècles, pour se réfugier provisoirement au monastère de l'Enfant-JÉSUS, sur l'Esquilin, où elles restèrent environ sept ans. Le 30 août 1884, toutes les religieuses se transportèrent au monastère de Sainte-Lucie *in Selci*, où elles demeurent présentement. Ainsi les Clarisses de *Panisperna*, exilées de leur couvent, sont maintenant étroitement logées dans une habitation étrangère, espérant mieux de la miséricorde divine. Leur ancien et vénérable monastère est devenu un laboratoire de chimie. C'est dans l'église Saint-Laurent que, le 19 février 1843, fut sacré évêque le Souverain-Pontife actuellement régnant, Léon XIII.

XLIX.

MONASTÈRE des CLARISSES d'ORVIÉTO. — Ce monastère dit de Saint-Bernardin fut fondé en 1462 par Lucrèce della Genga. Cette Dame, après avoir fondé un autre couvent semblable à Todi, vint à Orviéto et y établit les Sœurs du Tiers-Ordre de Saint-François. Elle avait pour compagne la Bienheureuse Angeline, de la famille des comtes de Marsciano, déjà fondatrice du monastère de Sainte-Anne à Foligno, en 1421. Après la mort de cette Bienheureuse, Lucrèce s'adonna à la propagation du Tiers-Ordre et finalement elle resta à la tête du monastère d'Orviéto. En 1810, sous le gouvernement français, les Sœurs furent expulsées, mais elles rentrèrent en 1815. Le nombre des religieuses est de vingt. Elles observent la règle de sainte Claire modifiée par Urbain IV.

L.

MONASTÈRE des CLARISSES de CHIÉTI (Abruzze Citérieure). — En 1259, Don Rinaldo, chanoine de l'église métropolitaine de Chiéti, par commission du pape Alexandre IV, mit les Sœurs Clarisses, appelées alors Sœurs de Saint-Damien, en possession du monastère de Saint-Jean, des Bénédictins. Les fondatrices, venues de la Toscane, étaient Sœur Chérubine et Sœur Louisa, distinguées par leur vertu, et trois autres. Elles arrivèrent le 26 novembre, munies de lettres d'obédience du R^me Père Ministre, Général de l'Ordre. Elles demeurèrent là jusqu'en mars 1558. A cette époque, à cause de la guerre suscitée par les Français, elles furent transférées dans le local du Saint-Esprit, où fut construit leur monastère. Il fut toujours tenu en grande estime dans le royaume, comme étant habité par des religieuses recommandables par leur naissance et surtout par leurs vertus. En 1593, pour satisfaire le désir et la volonté de la population, cinq de ces religieuses fondèrent dans la même ville un autre couvent, sous le patronage de sainte Marie et de saint Pierre. Plus tard, une religieuse fut chargée par l'évêque d'aller réformer le monastère de la Miséricorde, des Clarisses de Guardiagrele, et d'autres religieuses allèrent fonder un monastère de Clarisses à Manoppello (Prov. de Chiéti). — En 1862, en vertu de la suppression générale, les religieuses de ce monastère, au nombre de quarante-six, furent réunies à celles de Sainte-Claire. En 1864, les deux communautés furent expulsées. Elles occupèrent un autre local jusqu'en 1878, mais, trop molestées par les ennemis de la religion, elles l'abandonnèrent et firent l'acquisition d'une habitation assez ample, qu'elles convertirent en monastère. C'est là qu'elles habitent actuellement au nombre de dix-sept observant la règle de sainte Claire, modifiée par Urbain IV.

LI.

MONASTÈRE des CLARISSES de CATANE (Sicile). — Ce monastère fut fondé en 1553 par Antoine Paternione, sénateur et baron d'Osina, qui laissa aux Clarisses un fief avec tous les biens qu'il possédait. L'année suivante, en vertu d'un rescrit du Souverain-Pontife, les religieuses du monastère de Monte Vergine se transportèrent dans celui de Sainte-Claire, et la Sœur Cesira Guerreria en fut établie abbesse. Il ne reste du château d'Osine que de magnifiques ruines. Le monastère de Catane possède un temple superbe ; les religieuses observent exactement la règle de sainte Claire modifiée par Urbain IV.

LII.

MONASTERE des CLARISSES de VITERBE. — Vers le milieu du XIIe siècle, il existait déjà sur les remparts une église dédiée à Sainte-Marie-des-Roses (comme on l'appelait vulgairement), avec un petit monastère contigu, appartenant aux Pères Bénédictins. Dans la première moitié du XIIIe siècle, il fut donné aux religieuses du monastère de Saint-Damien d'Assise. Sainte Claire vivait encore ; elle y envoya, pour fonder le nouveau couvent, deux ou trois de ses religieuses, et lui donna le nom de Sainte-Rose-de-Viterbe. Vers le XV⁰ siècle, les Sœurs adoptèrent les modifications formulées par Urbain IV. Au commencement du même siècle, le monastère fut incendié et ses archives périrent en grande partie.

Le monastère fut reconstruit et agrandi dans les siècles suivants. Les religieuses y sont actuellement au nombre de trente.

LIII.

MONASTÈRE des CLARISSES de MONTEPULCIANO. — Ce monastère commença en 1513. Il eut pour fondatrices Sœur Angèle Arrigotti, qui en fut la première Abbesse, Sœur Brigitte Buratti et Sœur Justine Samuelli, qui répandirent un parfum de sainteté parmi leurs consœurs. Dans le même siècle, elles embrassèrent les modifications d'Urbain IV. Ces religieuses vécurent pacifiquement jusqu'en 1810, époque de la suppression décrétée par Napoléon I⁰ʳ. Lorsque le grand-duc de Toscane, Ferdinand III, autorisa la réouverture des maisons religieuses, les Clarisses rentrèrent dans leur asile au nombre de 15, et 16 autres, venues du couvent des Oliviers, près de Florence, s'adjoignirent à elles ; tout cela eut lieu en 1816, grâce au zèle de Mgr Pellegrin Carletti, évêque de Montepulciano, et de Sœur Clotilde de Saint-Antoine, de Turin. Le vieux monastère menaçant ruine, les Sœurs l'abandonnèrent, pour occuper un autre local dont elles firent l'acquisition. Elles y furent tranquilles jusqu'en 1866, époque de la suppression générale décrétée par le gouvernement italien. Toutefois, après avoir confisqué leurs biens, il permit aux religieuses de rester dans leur couvent, vivant de la modique pension qui leur fut assignée, jusqu'à ce qu'elles fussent réduites au nombre de six, avec défense d'admettre de nouveaux sujets dans leur Institut.

Deuxième Partie. — Monastères des Capucines.

I.

MONASTÈRE de SAINTE-CLAIRE (Città di Castello). — Ce couvent de Capucines fut fondé, en 1643, par Pie-Antoine Fuccioli, qui disposa par testament que le tiers de sa grande fortune serait consacré à l'érection d'un monastère de Capucines à Città di Castello, sa ville natale. A cet effet, on fit l'acquisition de plusieurs maisons, dont une appartenait aux religieuses Olivétines de Gubbio ; l'église de Saint-Martin, qui lui est contiguë, devint aussi la propriété des Capucines. Ces religieuses observèrent, dès leur fondation, la première règle de sainte Claire avec la réforme de sainte Colette, qui est encore plus austère. Il leur fut permis toutefois de posséder, parce que la ville, assez petite, et pourvue déjà d'autres Ordres mendiants, n'était pas en état de subvenir aux besoins d'un nouveau monastère.

Sur la fin du mois d'avril 1643, arrivèrent à Città di Castello deux Capucines du monastère de Pérouse pour inaugurer le nouveau couvent ; elles s'y installèrent avec seize jeunes aspirantes de la ville. En 1677, Ursule Giuliani y prit l'habit ; elle est aujourd'hui vénérée sous le nom de sainte Véronique, Capucine. En 1703, eut lieu la vêture de Lucrèce Ceoli, qui fut novice de sainte Véronique Giuliani, et qui est maintenant déclarée vénérable. En 1773, trois religieuses de ce couvent allèrent en fonder un nouveau, qui subsiste encore, à Mercatello. En 1810, à cause de la suppression générale des Ordres religieux, les Capucines de Città di Castello durent comme les autres quitter leur couvent ; mais elles y rentrèrent en 1814. Elles reprirent leur première observance et la même austérité de vie, qu'elles conservent toujours, bien que le nombre des religieuses reconnues par le gouvernement actuel soit réduit à six. C'est comme par privilège, en vertu d'un décret Pepoli, qu'elles sont tolérées jusqu'au nombre de trois, et jouissent de l'usufruit de leurs biens, non encore réunis au domaine.

II.

MONASTÈRE des CAPUCINES de SAINTE-CLAIRE à FERRARE. — Dans le courant de l'année 1607, alors que la République de Venise fut frappée d'interdit par le Pape Paul V, bon nombre de religieuses quittèrent cette ville. De ce nombre furent trois Sœurs de l'Ordre de Saint-François, qui s'établirent à Ferrare : Claire Bonomi, qui mourut en odeur de sainteté, Bonaventura Morandini et Agnès Beltrami. On leur céda une maison qui fut convertie en église et en couvent, sous la direction et l'autorité de Mgr Jean Fontana, évêque de Ferrare. Le 3 février 1609, ces trois religieuses embrassèrent la règle primitive de la Mère sainte Claire, sans admettre ni privilège ni adoucissement : c'est ce qu'ont toujours observé les anciennes Mères, et ce que, grâce à DIEU, on observe encore maintenant. Les religieuses ne vivent que d'aumônes ; elles pratiquent l'abstinence de viande, elles n'ont que l'huile pour assaisonnement, et jeûnent tous les jours de l'an. Elles n'ont pas de Sœurs converses ; elles ont la vie commune en toutes choses, tant pour le vêtement que pour la table. Elles prennent leur repos sur des planches recouvertes d'une étoffe grossière et usée ; pour oreiller elles ont un petit sac de paille. Elles se couchent tout habillées, même lorsqu'elles sont malades ; à l'infirmerie, elles ont bien une paillasse, mais elles n'ôtent leur robe ni l'été, ni l'hiver. Elles vont déchaussées par tous les temps, et durant toute l'année elles se lèvent à minuit pour la récitation de l'Office divin et la méditation ; elles ont, en outre, pendant le jour plusieurs heures d'oraison. Elles n'entretiennent aucune relation avec les séculiers ; elles ne vont au parloir qu'une fois l'an pour parler avec leurs parents du premier degré, sans toutefois les voir, car il y a devant la grille une toile inamovible.

La communauté, qui avait commencé avec les trois religieuses susdites, ne tarda pas à se développer, si bien que l'habitation devint insuffisante ; les supérieurs trouvèrent bon qu'elles en occupassent une plus grande ; elles obtinrent une maison de la charité du comte Frédéric Monteccoli, et une autre d'un certain Rinaldi, contiguë au Conservatoire de Sainte-Barbe, via Giovecca ; de ces deux maisons, on fit un monastère et une église : c'est là qu'elles habitent actuellement, et qu'ont habité plusieurs saintes âmes ; il en est une, notamment, dont on conserve précieusement les restes ; c'est une des trois premières.

III.

MONASTÈRE de TOUS-LES-SAINTS, des CAPUCINES à VENISE. — Ce monastère fut fondé en 1668, à Saint-Antoine de Castello, de Venise. Un noble Vénitien, le patricien François Vendramin, donna le local, et, d'accord avec le Sénat, appela de Guastalla la Mère Lucie Ferrari, de Reggio, qui avait déjà fondé d'autres monastères de Capucines enseignantes : elles professaient la première règle de sainte Claire, avec des constitutions spéciales, d'après lesquelles elles se dévouaient à l'éducation des filles. L'intention de Vendramin était de fonder un pensionnat, et il dota à cet effet le monastère pour l'entretien de huit maîtresses et de quinze élèves. En 1746, un autre patricien ajouta à cette dotation une rente pour huit élèves en plus. Mais comme ces dotations consistaient en valeurs mobilières, elles disparurent dans les convulsions politiques de 1757. Les religieuses durent cesser l'enseignement gratuit, et ne tinrent plus que des élèves payantes. — En 1805, pour tracer les jardins publics, on démolit le monastère Vendramin, et les religieuses furent transférées dans l'ancien monastère bénédictin, aujourd'hui dédié à tous les saints, qu'elles habitent encore présentement. Grâce à leur qualité de religieuses enseignantes, elles restèrent réunies, en dépit de la suppression générale de 1810, mais en portant l'habit séculier.

En 1819, elles furent réhabilitées dans la vie religieuse par un décret ministériel. En 1862, après d'inexprimables difficultés, elles récupérèrent le droit, sur le grand livre de la dette publique, à une rente pour six places gratuites dans leur pensionnat, en faveur de nobles Vénitiennes ruinées, ainsi que l'entendaient les deux fondateurs. Mais dans la suppression plus récente de 1866, cette rente fut pareillement supprimée par le gouvernement, et on dut fermer le pensionnat, même pour les quelques élèves payantes. Ces Capucines professent, comme auparavant, la première règle de sainte Claire avec les constitutions de la vénérable Mère Lucie Ferrari. Elles ne sont plus que vingt-deux.

Les monastères fondés par cette vénérable sont ceux de Guastalla, Trévise, Mantoue, Venise, Côme et Parme. Il n'en reste plus que deux : Venise et Guastalla ; à la vérité il s'en est formé un troisième à Carpi, où se sont établies, après la suppression de 1866, des Sœurs exilées de leurs couvents, et où elles tiennent encore des élèves. — La vénérable Mère Lucie Ferrari naquit à Reggio de Modène, le 21 septembre 1603, et mourut le 8 août 1682.

IV.

MONASTÈRE du SACRÉ-CŒUR et de NOTRE-DAME des ANGES à GÊNES. — En 1577, quelques vertueux Génois achetèrent à Carignan, pour la somme de 2.272 lires, quelques masures, dont on fit un monastère placé sous le patronage de saint Bernardin. La fondatrice fut une illustre dame, Marie Impériale, qui porta ensuite le nom de Marie-Constance. Cette fondation rencontra d'abord de telles difficultés, qu'une personne qui s'y dévouait résolut de l'abandonner ; elle voulut toutefois en conférer avec son confesseur, qui était un Frère Mineur du couvent de Notre-Dame du Mont. Ce religieux, homme d'une grande vertu, l'encouragea à poursuivre son entreprise : il lui apprit que, depuis plusieurs années, il voyait de la fenêtre de sa cellule une colonne de feu s'élever du milieu de ces masures, et cela à l'heure de minuit. Ce fait étant parvenu aux oreilles de Marie Impériale et de ses compagnes, elles prirent l'œuvre tellement à cœur, qu'elle fut bientôt conduite à bonne fin. Le 25 novembre 1577, Marie Impériale et six jeunes filles entrèrent dans le nouveau monastère. Elles y vécurent paisiblement, malgré les vicissitudes de la ville de Gênes, qui était constituée en république. — La loi promulguée par Napoléon Ier les expulsa de leur pieux asile pendant l'espace de seize ans, après lesquels elles y rentrèrent. Un peu plus tard, par ordre du roi Charles-Albert, qui avait besoin de ce local pour sa garnison, elles furent transférées dans le monastère des Clarisses de Saint-Antoine, qui durent l'abandonner pour leur faire place. — En 1880, ce monastère fut englobé dans la construction du grand hôpital de Saint-André, élevé par les soins de la duchesse de Galliera, Maria Brignole-Sale de Ferrari, et les Capucines se transportèrent dans le monastère du Sacré-Cœur de Jésus et de Notre-Dame des Anges, que fit construire la même duchesse, d'heureuse mémoire.

La règle qu'elles observèrent constamment, et qu'elles observent encore, est la règle primitive de sainte Claire, réformée par sainte Colette. Les religieuses sont actuellement au nombre de vingt-neuf.

V.

MONASTÈRE des CAPUCINES de SAINTE-FLORE (Toscane) — La fondatrice de ce monastère fut la vénérable Sœur Marie Passitea Croci, née à Sienne le 13 septembre 1564, fondatrice de deux autres monastères, l'un à Sienne et l'autre à Piombino ; elle mourut en odeur de sainteté le 15 mai 1615. Le monastère fut construit aux frais de la duchesse Sforza Cesarini. Commencé le 1er octobre 1610, il ne fut terminé qu'en 1644. Le 8 janvier 1613, la vénérable Sœur Passitea, avec deux autres Capucines de Sienne, donna l'habit à huit jeunes filles. La bulle d'érection canonique du monastère fut donnée par Paul V, le 26 octobre 1626, et le même jour fut établie la clôture. Les religieuses observent la première règle de sainte Claire, et la plus stricte observance a toujours été en honneur dans la communauté. Elle a compté ordinairement une trentaine de membres ; actuellement elle se compose de seize choristes, huit Sœurs converses soumises à la stricte clôture et huit Sœurs quêteuses. — Le 14 octobre 1810, en vertu du décret draconien d'expulsion, elles furent chassées de leur asile, mais recueillies dans le palais de la duchesse Sforza Cesarini, et le 2 août 1814, elles eurent la consolation de rentrer dans leur asile, où elles ne furent plus troublées par les lois portées contre les Congrégations religieuses en 1866, en 1876 et en 1883. — La persécution se renouvela en 1886, et alors les Sœurs non reconnues par le gouvernement furent contraintes de se séparer des autres, ce qui dura un an. Finalement, afin d'éviter de nouvelles séparations et aussi parce que le monastère menaçait ruine, elles entreprirent, avec le secours de pieuses personnes, d'en construire un nouveau, où elles s'installèrent canoniquement le 21 novembre 1889.

On conserve dans ce monastère un crucifix laissé comme un trésor par la vénérable Sœur Passitea : elle n'était encore qu'une enfant lorsque ce crucifix lui fit entendre distinctement ces paroles : « Prends-moi, je suis ton Époux. » Il fut son compagnon, son directeur, son guide dans la fondation des trois monastères, et il lui fit entendre qu'il voulait rester à Sainte-Flore. Ce couvent conserve aussi une statue de la Très-Sainte Vierge trouvée, d'une manière en quelque sorte miraculeuse, en 1732.

VI.

MONASTÈRE de SAINTE-CLAIRE des CAPUCINES à PÉROUSE. — Il y avait à Pérouse, en 1586, une Congrégation de cent cinquante jeunes filles, désireuses de se consacrer à Dieu ; elle avait pour présidentes Jeanne Angeletti Vanna Comitoli et Filena Cantucci. Dans les cent cinquante, les P. Diégo Lainez et Evrard Mercuriale, de la Compagnie de Jésus, en choisirent dix-huit, le 23 avril, et le 8 juin suivant, ces dix-huit reçurent l'habit religieux, dans la cathédrale de Pérouse, en présence d'une nombreuse assistance, et furent ensuite conduites processionnellement au nouveau monastère qui avait été bâti pour elles auprès d'un oratoire anciennement dédié à saint André et ensuite à saint Mustiola : c'était la propriété de la confraternité de la Justice de Pérouse.

Les fondatrices et les promotrices de l'institution furent la noble Jeanne Angeletti et sa compagne Filena. Un serviteur de Dieu les exhorta à embrasser la première Règle de sainte Claire, ce qu'elles firent. L'évêque de Pérouse, ayant approuvé la chose, obtint du Pape Paul IV le Bref de fondation, et en peu de temps on recueillit la somme nécessaire pour la construction du monastère. — Beaucoup de jeunes gens de la ville et du dehors, témoins de l'émouvant spectacle de la vêture et de la profession des premières Sœurs, furent touchés par la grâce et renoncèrent au monde.

En vertu du décret de suppression de Napoléon Ier, les Capucines furent contraintes de quitter leur monastère ; elles y rentrèrent cinq ans après, lors de la restauration du gouvernement pontifical. — Présentement elles sont au nombre de douze Sœurs, qui habitent leur ancien monastère, en observant la règle de sainte Claire avec les constitutions de sainte Colette, approuvées par le Saint-Siège.

VII.

MONASTÈRE des CAPUCINES de SAINT-BENOIT à PÉROUSE. — Ce monastère fut fondé le 24 juin 1614, par Jean-Baptiste Jontani, de Pérouse, sous l'épiscopat de Mgr Comitoli. Il eut pour fondatrices deux religieuses capucines appelées à cet effet du monastère de Sainte-Suzanne, dans la même ville : Sœur Urbania et Sœur Théodora. Ces deux Sœurs, après avoir instruit et formé à l'observance de la règle les nouvelles religieuses, s'en retournèrent dans leur propre monastère.

VIII.

MONASTÈRE des CAPUCINES de MONTECASTRILLI (Diocèse de Todi). — Ce monastère fut érigé en 1647 et fondé par le noble et pieux chevalier Hyacinthe Anursi, de Todi, dans sa propriété, près de la porte de Montecastrilli. Non content d'avoir pourvu à tous les frais de la construction, il lui assigna des terres pour l'entretien d'un certain nombre de religieuses. Le cardinal Jean-Baptiste Altieri, évêque de Todi, en posa la première pierre ; mais il tomba malade en se rendant à Rome et mourut à Narni ; sa mort suspendit les travaux. Ils furent repris et achevés par le Père Abbé Pierre-Marie Bichi, de Sienne, chargé de l'administration du diocèse. Muni des facultés nécessaires, l'Abbé administrateur chargea deux religieuses de Monte Cristo, de Todi, Sœur Claire-Euphrasie et Sœur Marie-Archangèle, de se rendre à Montecastrilli pour établir la vie religieuse dans le nouveau monastère, qui subsiste encore aujourd'hui, mais dépouillé de tous ses biens et réduit à la misère. — Les religieuses sont actuellement au nombre de onze et deux aspirantes. — Elles observent la Règle de sainte Claire, sans altération aucune, sauf quelque petite modification introduite par saint Jean de Capistran, conformément à la Bulle du Pape Eugène IV, concernant la faculté de posséder. La rigueur de la Règle a élevé beaucoup de religieuses à un éminent degré de vertu. — Grâce à une protection toute particulière de Dieu, les Capucines, jusqu'aujourd'hui, ont été préservées de l'invasion ennemie et de l'expulsion.

IX.

MONASTÈRE des CAPUCINES de CÉSÈNE. — La fondation de ce monastère, dit du *Corpus Domini*, eut lieu le 6 juin 1620. Le terrain où il fut construit appartenait à différents propriétaires, dont l'un était le cardinal Nazaret, évêque de Césène. Les fondatrices furent la Mère-Abbesse des Capucines de Pérouse, Sœur Claire, et deux autres Sœurs, Félicie et Jeanne. Lors de la fondation eut lieu dans l'église cathédrale, avec une pompe extraordinaire, la vêture de dix-huit jeunes aspirantes, qui furent conduites processionnellement de l'église principale au monastère, accompagnées par beaucoup de dames, par le clergé, par le cardinal lui-même, et une multitude innombrable de fidèles. L'église du monastère fut consacrée en 1659. En 1682, le Mère Abbesse, Sœur Félicie et Sœur Thérèse, allèrent, avec l'autorisation de la Sainte Congrégation, fonder un nouveau monastère à Ravenne ; leur mission remplie, elles rentrèrent à Césène en 1686. Les religieuses de ce monastère ont été par deux fois expulsées, la première fois en 1810, sous Napoléon Ier; rentrées en 1824, elles furent de nouveau bannies par le gouvernement actuel, de 1887 à 1890. Présentement elles sont encore dans leur monastère au nombre de dix-sept, et elles observent la règle primitive de sainte Claire.

X.

MONASTÈRE des CAPUCINES de SAINT-JÉROME à FERMO. — La fondation de ce monastère remonte au 2 mai 1663. Il fut érigé, par les soins de l'autorité municipale, sur un terrain légué à cet effet par un prélat. Deux religieuses capucines de Recanati, Sœur Marie Massani et Sœur Marie-Marguerite Boniani, y furent installées le 2 mai 1663 ; et le même jour, le cardinal Gualtieri donna l'habit des Clarisses à huit jeunes filles, dans son église métropolitaine ; ces huit novices, accompagnées des nobles dames de la ville, précédées de la croix portée par l'une d'elles, furent conduites solennellement à leur monastère, où elles furent introduites dans la clôture par les deux Mères susdites. Les religieuses ont été expulsées une seule fois, le 13 juillet 1810, et elles rentrèrent dans leur saint asile le 2 février 1825. Actuellement la communauté se compose de dix-neuf religieuses, une novice et cinq postulantes. Elle observe la règle primitive avec les constitutions de sainte Colette.

XI.

MONASTÈRE des CAPUCINES de SAINTE-LUCIE à FOLIGNO. — Il y avait à Foligno, en 1425, un monastère habité anciennement par des religieuses Augustines, qui l'avaient abandonné parce qu'il menaçait ruine. Mgr Jacques Elmi, évêque de Foligno, le donna aux religieuses Clarisses, avec charge de le reconstruire. Un puissant seigneur de la ville leur vint en aide : il leur donna plusieurs maisons et un vaste jardin contigus au vieil édifice. Les fondatrices furent la bienheureuse Alexandrine et la bienheureuse Marguerite, de Solmona, avec trois autres compagnes ; les guerres civiles les avaient chassées de leur patrie : c'est par leurs soins que s'éleva le monastère, encore existant, qui fut bientôt peuplé d'un grand nombre de religieuses, dont la réputation de sainteté était répandue dans toute l'Italie. Aussi furent-elles requises et agréées par les Souverains-Pontifes pour la réforme de plus de dix monastères.

Les religieuses du monastère de Sainte-Lucie, de Foligno, professèrent, en

1469, la règle primitive de sainte Claire avec la bulle du Pape Sixte IV, ce qui s'observe encore actuellement. Un fait merveilleux signala la fondation de cette maison religieuse : un ange apparut à la bienheureuse Alexandrine et lui déclara que la volonté de Dieu était qu'elle allât fonder à Foligno un monastère, qui serait le temple du Seigneur jusqu'à la fin du monde. Cette promesse fut confirmée jusqu'à deux fois par les anges qui apparurent à d'autres saintes religieuses. — Autres faits : les religieuses manquaient d'eau potable ; elles se mirent en prière et il jaillit une source, dont l'eau, aujourd'hui encore, est merveilleuse pour les maux d'yeux. — Une mule, envoyée, croit-on, par le Seigneur, leur apporta un jour une cassette contenant une main droite avec la moitié du bras ; ne sachant de qui était ce bras, elles prièrent pendant plus de trois ans pour en être instruites ; le Seigneur voulut bien leur révéler que c'était le bras et la main de saint André, apôtre. Le fait fut vérifié et authentiqué. — Dans les temps de détresse et de pénurie, les provisions se trouvèrent parfois renouvelées d'une manière prodigieuse, les tonneaux vidés, remplis de vin. En tout temps on vit fleurir au monastère de Sainte-Lucie des âmes d'élite.

Lors de la suppression par Napoléon Ier, les religieuses quittèrent le monastère ; mais il ne fut ni profané, ni laissé à l'abandon ; il y resta toujours une religieuse qui, mue par une impulsion extraordinaire, le délivra des impies qui voulaient le dévaster, et réussit à les chasser au moyen de quelques paroles. Au bout de cinq ans, toutes les Sœurs rentrèrent dans leur saint asile. Elles y sont encore au nombre de vingt-six.

XII.

MONASTÈRE des CAPUCINES de BAGNACAVALLO. — La fondatrice de ce monastère fut la Sœur Marianne des Douleurs de Marie. Elle fit profession au couvent des Capucines de Saint-Jérôme, dans la même ville, mais, chassée de là par la suppression générale de 1810, elle se retira dans sa propre maison, et, accompagnée de deux autres religieuses, elle y forma une petite communauté, menant la vie des Capucines et se levant à minuit pour réciter l'Office divin. — En 1819, la communauté s'étant accrue d'un grand nombre de sujets, elle passa au couvent de Saint-Jean-Baptiste, dont l'acquisition fut faite comme par miracle. Dans ces derniers temps, les religieuses furent expulsées de leur couvent contre toute justice, mais seize mois après elles y rentrèrent et y sont encore.

XIII.

MONASTÈRE des CAPUCINES de CARPI (Modène). — Ce monastère fut fondé en 1643, par la Mère Marie-Lucie Ferrari, de Reggio. Il fut formé d'une quantité de petites habitations que la Mère Marie-Lucie parvint à réunir pour le besoin des Sœurs et de leurs élèves ; elle aidait elle-même les maçons, leur portant les pierres et le mortier comme les manouvriers. Les religieuses furent laissées dans leur cher asile, quoique dépouillées de tout leur avoir, lors de la suppression par Napoléon Ier. Mais elles furent expulsées en 1866 et réunies aux Augustines du couvent de Modène. En 1871, elles firent l'acquisition et l'appropriation d'un local [à Carpi, où elles s'installèrent. Elles y sont au nombre de vingt-six, et professent la première règle de sainte Claire.

XIV.

MONASTÈRE des CAPUCINES de SIENNE. — Ce monastère fut occupé, le 13 décembre 1499, par des religieuses professant la première règle de sainte Claire. Il se composait de la canoniale et de l'église paroissiale de Saint-Gilles, abbé, situés sur la colline Malavolti. Le dernier curé étant mort, sa paroisse fut supprimée, le territoire fut réparti entre les paroisses limitrophes, et l'église avec la canoniale fut donnée par le cardinal Tarugi, alors archevêque de Sienne, à la Sœur Passitea Croci. Tous les habitants applaudirent à cette donation. — Les Capucines habitèrent pacifiquement leur monastère depuis l'époque de sa fondation jusqu'à la suppression opérée par Napoléon Ier. Les religieuses durent se retirer le 15 octobre 1810, et pendant cinq ans elles demeurèrent au couvent dit *de la Madone*, dans la même ville. Elles y transportèrent avec elles l'image de la Très-Sainte Vierge, *Mater misericordiae*, qui est en grande vénération à Sienne.

Lorsque le gouvernement de Toscane fut restauré, le grand-duc Ferdinand III, par un rescrit de 1814, autorisa les Capucines à retourner à Saint-Gilles. Le monastère, qui avait subi des dévastations, fut restauré, et les religieuses y rentrèrent avec leur sainte Image le 14 octobre 1815 ; le cardinal Antoine-Félix Zandadari, archevêque de Sienne, y rétablit la clôture. Actuellement la communauté se compose de vingt-quatre religieuses.

XV.

MONASTÈRE des CAPUCINES d'URBIN. — Frédéric III, comte de Montefeltro, fonda ce monastère en 1455, et il demanda au Pape Calixte III quelques religieuses du monastère de Monteluce, de Pérouse. Il en vint en effet sept : Sœur Madeleine, Sœur Claire, Sœur Bernardine, Sœur Barbe, Sœur Dorothée, Sœur Paula et Sœur Gabrielle, novice ; elles avaient à leur tête Sœur Élisabeth Malatesta, femme aussi distinguée par sa vertu que par sa naissance, morte en odeur de sainteté, l'an 1467. Elle enrichit l'église, agrandit le monastère et le pourvut d'un jardin, dans lequel elle érigea dix-huit petites chapelles pour satisfaire la dévotion des religieuses, qui allaient y prier le jour et la nuit. — On observe, dans ce monastère, la règle primitive de sainte Claire dans toute sa rigueur, sans privilèges ni dispenses d'aucune sorte. La vie des Sœurs est tellement exemplaire, qu'on les appelle communément les saintes religieuses. — Le

14 juillet 1810, en vertu de la loi napoléonienne, ces religieuses durent abandonner leur chère retraite, à l'exception de deux qui y restèrent, et le 1er janvier 1815, les exilées purent y rentrer et reprendre leur genre de vie austère, qu'elles observent toujours. La suppression décrétée par le gouvernement italien les en chassa de nouveau le 5 novembre 1863, et ce n'est qu'après vingt-deux ans, qu'à force de démarches de la part des Pères Franciscains réformés, de qui elles dépendent, et grâce à la générosité de pieux bienfaiteurs, elles purent se procurer un autre local, qu'elles convertirent en monastère. C'est là qu'elles habitent actuellement au nombre de dix-huit. La clôture papale y fut établie le 7 janvier 1885. — Cette communauté a toujours été un séminaire de saintes. On en compte jusqu'à dix-neuf que le Saint-Siège a déclarées Vénérables et Bienheureuses. Beaucoup de dames illustres en ont fait partie, comme la Bienheureuse Baptista, princesse Varani, qui passa ensuite à Camerino.

Les Monastères de Sainte Claire en Angleterre.

I.

Les PAUVRES-CLARISSES-COLETTINES de BADDESLEY-CLINTON. — Le zèle de la Mère Marie-Dominique Berlamont ne se borna pas à établir des maisons de son Ordre en Belgique. Son esprit se transportait souvent au-delà des mers, et lui faisait voir cette Angleterre, autrefois appelée l'Ile des Saints, devenue l'esclave du schisme et de l'hérésie. DIEU se servit d'un incident bien simple pour lui en ouvrir les voies. Une pieuse fille anglaise, au service de la respectable famille Acton, ayant été reçue au Monastère des Pauvres-Clarisses-Colettines de Bruges en qualité de Sœur externe, M. et Mme Acton devinrent l'instrument de la Providence pour établir une première fondation en Angleterre. Ils secondèrent les désirs de la Mère Abbesse de Bruges avec un zèle d'autant plus grand, qu'ils avaient lu, dans les archives de leur château, que leurs aïeux, lors de la suppression des Couvents en Angleterre, avaient donné l'hospitalité aux Clarisses, et pourvu à leurs besoins pendant un temps assez notable. Monseigneur Ullathorne, vicaire apostolique de Birmingham, désirait vivement que cette fondation eût lieu à Baddesley-Clinton, lieu désert éloigné de tout voisinage, mais qui, vingt ans auparavant, avait été desservi par des Pères Franciscains. Malgré l'impossibilité apparente d'y vivre d'aumônes et d'y observer strictement la sainte règle, la Mère Marie-Dominique, forte de sa confiance en DIEU, accepta la proposition du vicaire apostolique, du consentement de Mgr Malou, évêque de Bruges ; elle partit, le 22 août 1859, avec six religieuses de chœur et trois Sœurs externes. Ce fut une grande joie pour Mgr Ullathorne, qui ne voulut céder à personne l'installation de la clôture du couvent. Après la cérémonie, Monseigneur donna la bénédiction avec le Saint Sacrement ; il y avait vingt ans qu'elle n'avait plus été donnée solennellement dans ces lieux, depuis que les Révérends Pères Franciscains avaient quitté Baddesley. On donna au nouveau Monastère le nom de Portioncule ou de Notre-Dame des Anges, parce que, depuis la proscription de la religion catholique en Angleterre, c'est la première fondation de l'Ordre séraphique qui y ait été rétablie. La première abbesse y mourut en odeur de sainteté, et d'autres religieuses encore ont laissé à Baddesley l'exemple des plus admirables vertus.

II.

Les PAUVRES-CLARISSES-COLETTINES de LONDRES. — L'établissement de ce Monastère est dû au zèle du Docteur Manning, fondateur des Oblats de Saint-Charles à Bayswater, Prévôt du Chapitre de Westminster et, plus tard, Cardinal-archevêque de Londres. Une petite colonie de sept religieuses, conduite par la vénérée Mère Marie-Dominique, partit de Bruges le 29 septembre 1857, et arriva à Londres le lendemain. Elles allèrent occuper une petite maison à Bayswater ; l'habitation était pauvre, mais en tout conforme à leur sainte profession. Ce même jour, elles reçurent la visite de Son Eminence le Cardinal Wiseman, qui vint leur donner sa bénédiction et leur souhaiter la bienvenue. Le docteur Manning, en vrai père, leur acheta plus tard un terrain et leur fit bâtir un nouveau Monastère, dont il voulut surveiller lui-même les constructions. Les Filles de Sainte-Claire en prirent possession le 13 juin 1860. En 1880, le 4 novembre, le monastère de Londres fonda celui de Bullingham (Hereford), et plus tard, en septembre 1886, celui d'Arundel.

III.

Les **PAUVRES-CLARISSES-COLETTINES de MANCHESTER.** — Mgr Turner, évêque de Manchester, prévint les désirs de la Révérende Mère Marie-Dominique en lui demandant de venir établir une Communauté de Pauvres-Clarisses dans sa ville épiscopale. DIEU lui-même vint en aide à cette fondation en lui suscitant d'abondantes aumônes, qui permirent d'aménager convenablement un couvent cédé à cette fin par les Révérends Pères Récollets. Le 16 juillet 1863, six religieuses de chœur et quelques Sœurs externes prirent possession de ce petit monastère. Les habitants de la ville de Manchester les reçurent avec un enthousiasme extraordinaire : on n'entendait que des cris de bienvenue. Les protestants, aussi bien que les catholiques, apportèrent des aumônes au Couvent et plusieurs conversions eurent lieu. En 1867 elles purent acheter un terrain et bâtir un petit Monastère selon les prescriptions de la Règle, et c'est là qu'elles continuent à offrir jour et nuit leurs prières à DIEU pour la conversion de l'Angleterre.

IV.

Les **PAUVRES-CLARISSES-COLETTINES de YORK.** — Elles s'établirent dans cette ville en l'année 1865, sur la demande de lady Herries, qui appartient à l'une des familles les plus distinguées de York. Sa Grandeur Mgr de Beverley donna son approbation et ses encouragements à la fondation de ce nouveau Monastère. Six religieuses de chœur et quelques converses quittèrent Bruges le 4 août 1865 et arrivèrent à York le 7 août. Une foule considérable les attendait, il y avait même des gardes pour maintenir le bon ordre. Pendant trois jours la maison fut encombrée de personnes de tous les rangs, de toutes les classes de la société. Catholiques et protestants voulaient voir les religieuses ; ils étaient insatiables de baiser leurs cordes, leurs croix, leurs chapelets et même leurs habits. Avant même que la clôture fût établie, plusieurs protestants, vivement touchés de la grâce, promirent d'embrasser la religion catholique. En 1872 les religieuses eurent le bonheur d'avoir un nouveau Monastère ; elles en furent redevables à la générosité des habitants de la ville de York, particulièrement au dévouement de lady Herries, qui fut toujours pour elles une vraie providence.

V.

Les PAUVRES-CLARISSES-COLETTINES de BULLINGHAM (Hereford). — Le Monastère de Londres fonda celui de Hereford, le 4 novembre 1880. Sept Sœurs de chœur et deux Sœurs externes en furent les premières fondatrices. L'existence de cette maison, loin des villes et dépourvue de toute protection humaine, n'est qu'un enchaînement de miracles de la Providence divine. C'est pour ainsi dire tous les jours qu'on y compte les traits de la Providence. Citons-en un seul pour montrer jusqu'à quel point DIEU prend soin de ses épouses fidèles à leur vœu de pauvreté. Il tomba un jour une si grande quantité de neige que les Sœurs externes ne pouvaient sortir pour quêter du pain. Cependant il n'y en avait plus pour le repas du soir. Les Pauvres-Clarisses prièrent, les bras en croix, le Père céleste de leur envoyer du secours. Quelques instants après, la voix d'un homme se fit entendre au dehors. Il ne pouvait approcher de la porte à cause de l'abondance de la neige, mais, à l'aide d'un long bâton, il s'était frayé, à grand peine, un passage jusqu'à une distance assez rapprochée pour que son appel parvînt jusqu'aux bonnes Sœurs. Il leur dit qu'ayant pensé que, peut-être, elles n'auraient plus de pain, il avait absolument voulu leur en apporter quelques-uns. Il s'en retourna joyeux, et les religieuses bénirent avec des larmes d'attendrissement la Bonté divine, qui continue encore tous les jours à les combler de ses bienfaits.

VI.

Les PAUVRES-CLARISSES-COLETTINES d'ARUNDEL. — C'est à la générosité de la jeune duchesse Rosa de Norfolk qu'on doit l'existence du petit Monastère d'Arundel, ville ducale et résidence du duc de Norfolk. Celle-ci avait eu plusieurs de ses aïeules abbesses de Clarisses, avant la prétendue réforme protestante, et avait toujours désiré faire une fondation de l'Ordre. Elle en fit la demande au Monastère de Londres, qui envoya à cet effet à Arundel, le 7 septembre 1886, huit Sœurs de chœur et deux Sœurs externes. Le duc voulut que ce fût l'œuvre de la duchesse seule et elle porta son dévouement au point de vendre son collier de diamants, avec le prix duquel Sa Grâce bâtit l'église et le chœur, la maison des Sœurs externes et huit cellules à l'intérieur de la clôture. DIEU semblait laisser la duchesse sur cette terre seulement pour finir cette œuvre ; elle mourut à la fleur de l'âge, cinq mois après la fondation du couvent. Le duc mit à ses pieds dans son cercueil quelques petites fleurs du jardin des religieuses, qui devaient parler à DIEU pour obtenir sa récompense.

La mort prématurée de la noble fondatrice fut une immense perte pour la fondation, mais la providence de Dieu prend soin de ses enfants comme des petits oiseaux, qui sont leurs seuls compagnons à chanter les louanges divines dans la solitude profonde qui les ensevelit dans les bois. La colline où se cache le pauvre petit couvent franciscain est vis-à-vis de celle où s'élève le magnifique château des ducs de Norfolk.

PROTESTATION.

Voulant fidèlement observer les Constitutions du Pape Urbain VIII, nous déclarons qu'en représentant certaines personnes comme saintes, certains faits comme miraculeux, nous n'entendons nullement devancer le jugement de l'Église; nous ne revendiquons que la foi qu'on accorde au témoignage des hommes, par eux-mêmes sujets à l'erreur.

Table des Matières.

Chapitre Premier.
LA PRÉDESTINÉE.

SOMMAIRE : La plus noble dame qui fût jamais. — L'hymne à la Pauvreté. — Devant Innocent III. — Le songe du Pape. — L'apologue du pauvre solliciteur. — Collaboration intime et virginale. — Son nom est une louange. — Hortulane. — Ses pèlerinages et sa foi. — Les deux époux. — De Rome à Assise. — La vallée et la ville. — Ce qu'on voit aujourd'hui à Assise et ce qu'on y voyait à la fin du XIIe siècle. — Naissance de Claire. — Son premier sourire. — Les petites pierres pour compter les oraisons. — Pour les pauvres. — Un cilice sous des fleurs. — Comme la vierge Démétriade. — La vraie piété est aimable. — L'exclamation de saint Bonaventure. — Comment le monde se méprit sur l'avenir de la vierge d'Assise. — Les desseins d'un père. — Réponse d'un sourire. — L'assaut et le secours 7

Chapitre Deuxième.
LA POSTULANTE.

SOMMAIRE : Qui es-tu ? — Naissance, éducation, jeunesse et conversion de François. — Chez l'évêque d'Assise. — Rudes initiations. — Premiers compagnons. — Les trois réponses de l'Évangile. — Le Carême de 1212 à la cathédrale d'Assise. — Le regard du prédicateur s'arrête sur la jeune prédestinée. — Ce qu'on disait à Assise et dans l'Ombrie de la manière de vivre du nouveau prêcheur. — Ce qui attira Claire. — Comment elle put aborder saint François. — A Sainte-Marie-des-Anges. — La Portioncule. — Pourquoi François aima toujours de prédilection ce berceau de sa vie religieuse. — Comme les fleurs, les âmes ont leur parfum. — La joie du patriarche à la vue de Claire. — Récit de leur premier entretien d'après les contemporains. — Allez mendier de porte en porte. — Nouvelles entrevues. — François prend une détermination 21

Chapitre Troisième.
LA PROFESSE.

SOMMAIRE : Perplexités. — On consulte l'évêque d'Assise. — Résolution. — Le dimanche des Rameaux 1212 à la cathédrale d'Assise. — Fuite nocturne. — Les obstacles vaincus. — L'heure du sacrifice. — Paroles de François. — Consécration religieuse de Claire. — Fondation des Pauvres Clarisses. — A Sainte-Marie-des-Anges. — Claire est placée chez les Bénédictines de Saint-Paul. — Colère au château de Sasso-Rosso. — Les plaintes d'une mère. — Comment Claire y répond. — Chez les Bénédictines de Saint-Ange. — L'opinion à Assise. — Agnès rejoint sa sœur aînée. — Les pensées de l'homme ne sont pas comme les pensées de Dieu. — Une page de Montalembert. — Assauts furieux des parents d'Agnès. — Délivrance miraculeuse. — François consacre la seconde vierge de l'Ordre séraphique. 35

Chapitre Quatrième.
A SAINT-DAMIEN.

SOMMAIRE : La chapelle. — François à Saint-Damien. — Le crucifix miraculeux. — François restaure la chapelle en ruines. — Prédiction. — L'ancre des âmes de Claire et d'Agnès. — Salut, antique monastère ! — Les compagnons de saint François à Saint-Damien. — Simplicité des premières règles. — En quoi elles consistaient. — Il se fait, à Assise et dans l'Ombrie, une émulation de sacrifices. — Une ruche bénie du Ciel. — De quoi l'on vivait là dans les premières années. — Les Sœurs quêteuses. — Claire baise les pieds de l'une d'elles. — Pour l'intégrité et l'honneur de la Pauvreté. — La situation de l'Église à la fin du XIIe siècle. — Les manichéens en Italie et en France. — Tableau des ravages de cette hérésie. — Le rôle social de sainte Claire 49

Chapitre Cinquième.
LES PREMIÈRES COMPAGNES.

SOMMAIRE : Un bouquet de fleurs. — Simples esquisses. — Sœur Pacifique. — La fontaine des miracles. — Le fiancé de Sœur Aimé. — Elle voit l'Enfant Jésus. — Même faveur échoit à la Sœur Agnès de Spello. — C'est moi qui suis au milieu de vous ! — Une ancienne amie. — La bienheureuse Françoise. — Une parole sublime. — Sœur Angélique. — La Bienvenue. — Encore une Bienvenue. — La bienheureuse Balbine. — Celle qui devait succéder à sainte Claire. — Trois autres vierges séraphiques. — Ma mère, vous mourrez ici ! — Une mère obéissante. — Sœur Béatrix 61

Chapitre Sixième.
L'ABBESSE.

SOMMAIRE : Claire accepte par obéissance le titre d'abbesse. — Le nom qu'elle ambitionne pour ses filles. — L'impression d'Innocent III en recevant la supplique de Claire. — *Primiceria Pauperum.* — Comment elle mérita cette qualification. — Une réflexion d'un éminent penseur contemporain. — Le miracle en confirmation du culte de Claire pour la Pauvreté. — Le pain et l'huile. — Si cet amour de la Pauvreté dégénérait au sein de l'école franciscaine. — Austérités et mortifications. — Les trois cilices. — Les deux tuniques. — Pas comme les Pharisiens. — Suavité dans l'exhortation. — La règle d'une Sœur malade. — Principes du gouvernement de la jeune abbesse. — Comment elle envisageait sa charge. — Quelques traits. — Une tentation délicate. — Conduite de Claire vis-à-vis des âmes qui en étaient l'objet. — Toute une philosophie de l'éducation. — Amour des disciples pour leur sainte institutrice. — Ce qu'elles voyaient dans sa conduite à leur égard, d'après un contemporain 70

Chapitre Septième.
L'ESSAIMAGE.

SOMMAIRE : L'Orient du monde. — Les essaims. — Un cruel sacrifice entre les deux sœurs. — Douleur d'Agnès. — Une lettre admirable. — Pourquoi nous insistons sur ce point. — Comme les fleurs dans un herbier. — Le nid dans la tempête. — Réclamations de Lacordaire. — Le Ciel approuve les tendresses d'Agnès. — Le sentiment de la nature aux origines franciscaines. — La nostalgie des montagnes natales. — L'Ombrie dans la vie de sainte Claire. — Une branche de palmier fleurie. — Comment fût bâti le monastère de Maréria. — La bienheureuse Philippe. — Le cantique de la Mort. — La poésie et le chant dans l'œuvre de saint François. — Nous sommes les musiciens de Dieu. — Frère Pacifique, le Roi des vers. — Une bienheureuse paralytique. — Visions sublimes. — L'alphabet des muets au cloître des Pauvres Dames 82

Chapitre Huitième.

LA RÈGLE.

SOMMAIRE : Ce qu'il en était au début. — Le cardinal Hugolin. — Règle qu'il donne aux Pauvres Dames. — Douleur de Claire. — Les objections. — Retour de saint François. — Plaintes qu'il entend à Saint-Damien. — Il entre en conférence avec le cardinal et l'amène à accepter une règle nouvelle, qu'il rédige lui-même pour les Pauvres Dames. — Un implacable rayon de soleil jeté sur l'infirmité du cœur humain. — Un reliquaire. — Analyse de la règle composée par saint François. — La postulante. — Les petites Oblates. — L'élection des abbesses. — Un vrai libéralisme. — L'originalité de l'Ordre nouveau. — La forme grecque. — Hugolin s'incline devant tant d'abnégation. — Le travail des Sœurs. — Les malades. — Contre le semeur d'ivraie. — Une calomnie réfutée. — Aux pieds de la sainte Église. — Ce qui a survécu aux révolutions modernes. — Pourquoi les Pauvres Dames d'Assise ne craignent rien en cette fin de siècle. 94

Chapitre Neuvième.

HÉSITATIONS ET SACRIFICES.

SOMMAIRE : L'épreuve dans la vie de saint François. — Entre les deux vies. — Les compagnons se taisent. — François envoie consulter sainte Claire. — Comment il reçoit son avis. — Il espace ses visites à Saint-Damien. — Ce qu'il en était au fond de ses vrais sentiments pour les Pauvres Dames. — L'engagement par écrit. — Sages réserves, pour l'exemple. — Nous allons réciter le *Miserere*. — Comme les Frères encapuchonnés du Dante. — Comment, d'après le récit des *Fioretti*, sainte Claire mangea avec saint François et ses compagnons à Sainte-Marie-des-Anges. 110

Chapitre Dixième.

DERNIERS ÉCHANGES.

SOMMAIRE : Le mont Alverne. — François reçoit l'impression des stigmates. — Un doux martyre, mais un martyre. — Sainte Claire fabrique de ses mains les chaussures et l'appareil du saint stigmatisé. — Portrait de saint François après les stigmates. — Au sortir de l'extase, il improvise le cantique du Soleil. — Les deux derniers versets du cantique. — Autre chant. — L'amour m'a mis en feu ! — Cellule de saint François à Saint-Damien. — Une voix du Ciel. — Le billet aux Pauvres Dames. — Derniers adieux. 118

Chapitre Onzième.
LES ADIEUX.

SOMMAIRE : Derniers temps de la vie de saint François. — Son unique exhortation. — Souhaits de bienvenue à la mort. — Tourné vers Assise, il bénit une dernière fois sa ville natale. — Derniers vers. — Testament spirituel. — La mort. — Comment le corps du saint se trouva transfiguré après qu'il eut expiré. — La vue des stigmates. — Comme une rose. — Les alouettes près du lit de mort de saint François. — Qu'il est beau ! — Le cortège des funérailles. — Comment la dernière promesse de saint François à sainte Claire se réalisa. — Ses hommages à la sainte. — Un pieux désir. — Les litanies de la douleur. — Les portes se referment 127

Chapitre Douzième.
L'INTÉRIEUR D'UN CLOITRE.

SOMMAIRE : A la suite des premières filles de sainte Claire. — La tempête au dehors. — Prier !... — Les nuits d'oraison. — Le chant de l'amour. — Les trois sommets de l'amour du divin Maître. — La nuit de Noël dans le bois de Grecio. — Les crèches de Noël depuis saint François. — Sainte Claire est miraculeusement transportée dans l'église des Frères Mineurs pour la messe de minuit. — De la Passion au Tabernacle. — Les Jeudi et Vendredi Saints de l'an 1251. — Comment Claire parlait peu. — Les maximes de la bienheureuse Mère. — Ce que sa direction produisait sur les monastères des Pauvres Dames 134

Chapitre Treizième.
LE CHAPITRE DES FONDATIONS.

SOMMAIRE : Les Pauvres Dames en France. — La sœur du roi saint Louis. — Récit de la fondation d'Espagne. — Les filles de sainte Claire en Belgique. — La sœur Ermentrude. — Touchante lettre de l'abbesse de Saint-Damien à la fondatrice des monastères belges. — La bienheureuse Agnès de Bohême. — Première lettre de conseils. — Seconde lettre de direction. — Dans une troisième lettre, Claire résout les difficultés proposées par la Bse Agnès. — La quatrième lettre, chef-d'œuvre de délicatesse et d'onction. 141

Chapitre Quatorzième.
LUTTES ET VICTOIRES.

SOMMAIRE : L'intrépide héritière de la pensée de saint François. — Le Pape fléchit devant les saintes tristesses de Claire. — Question de vie ou de mort. — Le cardinal Hugolin écrit deux lettres à l'abbesse de Saint-Damien, monument de sa vénération pour la sainte. — Il devient Pape sous le nom de Grégoire IX. — Sa visite à Assise. — Sublime dialogue entre le Pape et l'abbesse. — Il cède et approuve la stricte observance de la Pauvreté franciscaine. — Le Pape et l'Empereur. — Claire repousse les Sarrasins en leur présentant la divine Eucharistie. — Comment, nouvelle Judith, elle délivra finalement la ville d'Assise. — L'anniversaire votif de cette délivrance miraculeuse. — Comment, d'après les *Fioretti*, par ordre du Pape, sainte Claire bénit le pain et sur chaque pain apparut le signe de la croix 159

Chapitre Quinzième.
LES DERNIERS TEMPS.

SOMMAIRE : Long martyre. — Vision rassurante. — Le cardinal Raynald hérite de la tendre sollicitude de son oncle, le Pape Grégoire, pour les Pauvres Dames. — Il vient visiter sainte Claire et lui administrer les derniers sacrements. — Lettre du cardinal. — Visite du pape Innocent IV à Saint-Damien. — Aidez-moi à rendre grâces ! — La dictée d'une mère mourante. — Testament spirituel de sainte Claire. 172

Chapitre Seizième
LA MORT.

SOMMAIRE : Le soir d'un beau jour. — Autour de la mourante. — Arrivée d'Agnès. — Sainte Claire lui prédit qu'elles seront bientôt réunies au Ciel. — L'improvisation du Frère Junipère. — Les Sœurs de Florence. — La bénédiction suprême. — Message au Pape et réponse d'Innocent IV. — Le *Nunc dimittis* de sainte Claire. — Tournée vers Jésus. — Frère Ange. — Frère Léon. — Leur douleur auprès de la sainte agonisante. — Allons, mon âme ! — Mère, à qui parlez-vous ? — La procession des vierges célestes. — Le baiser de leur Reine. — Comme un fruit mûr. — A la suite de Marie. . . . 183

Chapitre Dix-septième.
LA GLORIFICATION.

SOMMAIRE : Comment la ville d'Assise parut tout à coup déserte. — Le Pape à Assise. — Qu'on chante l'office des vierges ! — Premier panégyrique de la sainte. — Les acclamations. — Les miracles. — Agnès peut mourir. — La voix du peuple devance la voix de l'Eglise. — A Anagni. — Le consistoire. — La canonisation. — La bulle d'Alexandre IV. — Première translation. — Invention des reliques de sainte Claire en 1850. — Récit par les Clarisses d'Assise. — Les grandes reliques des deux saints fondateurs. — Description. — O Claire, obtenez-nous de vous comprendre !... . . . 189

Appendices.

Les Monastères de Sainte Claire en France. 209
Les Monastères de Sainte Claire en Belgique 231
Les Monastères de Sainte Claire en Italie. Première partie. — Monastères des Clarisses 245
    Deuxième partie. — Monastères des Capucines 272
Les Monastères de Sainte Claire en Angleterre. 282

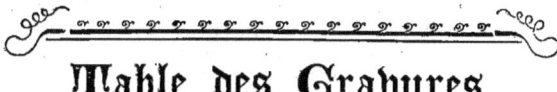

Table des Gravures.

Ruines du château-fort de Sasso-Rosso, où naquit sainte Claire, d'après une photographie	12
Vue d'Assise au temps de sainte Claire. Estampe tirée des *Collis Paradisi Amoenitates*, etc. 1704.	13
Les Fonts baptismaux de la cathédrale d'Assise, où sainte Claire fut baptisée.	16
Sainte Claire comptant ses prières avec des pierres, d'après une gravure d'Adrien Collaert. Anvers, 1609	17
Sainte Claire faisant l'aumône, d'après une gravure d'Adrien Collaert. Anvers, 1609.	20
Cathédrale de Saint-Rufin à Assise.	27
La Portioncule au temps de sainte Claire. Estampe tirée du *Collis Paradisi Amoenitates*, etc. 1704.	29
Sainte Claire à genoux aux pieds de saint François, d'après une gravure d'Adrien Collaert. 1609.	33
Sainte Claire reçoit la palme des mains de l'évêque, d'après une gravure d'Adrien Collaert. 1609.	36
Vêture de sainte Claire, d'après une gravure d'Adrien Collaert. 1609	40
Sainte Claire résiste aux sollicitations de sa famille, d'après une gravure d'Adrien Collaert. 1609.	43
Vêture d'Agnès, sœur de sainte Claire, d'après une gravure d'Adrien Collaert, 1609.	48
Saint-Damien, état actuel, d'après une photographie	53
Nobles dames demandant à sainte Claire leur admission à Saint-Damien, d'après une gravure d'Adrien Collaert, 1609	56
SPELLO, d'après une photographie	64
La Bienheureuse Hortulane et ses trois filles, Claire, Agnès et Béatrix, d'après une ancienne gravure	69
Santa Clara Assisias, d'après une ancienne gravure de C. Mallery, XVIIIe siècle	71
Innocent III, d'après une estampe de la *Vie des Pontifes*, gravée par J.-B. de Cavalieri, XVIIe siècle	72
Sainte Claire de Giotto. Florence, église Santa-Croce.	73
Le miracle de la multiplication des pains au monastère de Saint-Damien, d'après une gravure d'Adrien Collaert. 1609	76
Clochette avec laquelle sainte Claire appelait ses filles aux exercices ordinaires de la Communauté, conservée au monastère d'Assise. — D'après une photographie	81
Sainte Agnès, d'après une fresque de Benozzo Gozzoli, église de Saint-François à Montefalco	84
Sainte Agnès, d'après une ancienne gravure du XVIIe siècle	85
Sainte Claire en adoration devant le Saint-Sacrement, d'après une ancienne estampe gravée par G. Mellan, XVIIe siècle.	88
Saint Antoine de Padoue, d'après un tableau de la basilique de Saint-Antoine à Padoue, Ecole du Giotto.	91
Grégoire IX, d'après une gravure de la *Vie des Pontifes*, gravée par J.-B. de Cavalieri, XVIIe siècle	96
Le repas miraculeux, d'après une gravure d'Adrien Collaert. 1609	116
Emplâtre des stigmates de saint François sous un filet métallique, conservé au couvent de sainte Claire à Assise, d'après une photographie	121
Calice où sainte Claire prenait l'ablution, conservé au monastère d'Assise, d'après une photographie	125
ASSISE. — Porte de la Bénédiction.	129

Le corps de saint François porté à Saint-Damien, d'après une miniature du manuscrit du Musée franciscain. 133
Bréviaire de sainte Claire, conservé au monastère d'Assise, d'après une photographie 137
Isabelle de France, sœur de saint Louis, d'après les *Manuscrits de la Monarchie française*, par Montfaucon. . . . 142
Abbaye royale des religieuses de Longchamps, d'après une ancienne estampe gravée par Israël Sylvestre. . . . 143
La Bienheureuse Agnès, fille de Wenceslas, roi de Bohême. . . . 149
Sainte Claire obtient par ses prières la délivrance d'Assise assiégée par les Sarrasins, d'après une gravure d'Adrien Collaert. 1609 168
Innocent IV ordonne à sainte Claire de bénir les pains de la table, d'après une gravure d'Adrien Collaert. 1609 . . 170
Sainte Claire reçoit le Saint-Viatique des mains du cardinal Raynald, d'après une gravure d'Adrien Collaert. 1609. 173
Innocent IV, d'après une estampe de la *Vie des Pontifes*, gravée par J.-B. de Cavallieri, XVIIe siècle 177
Funérailles de sainte Claire, d'après une gravure d'Adrien Collaert. 1609 . . 191
Alexandre IV, d'après une estampe de la *Vie des Pontifes*, gravée par J.-B. de Cavallieri, XVIIe siècle 193
Église de Sainte-Claire, où son corps fut transféré en 1260, d'après une ancienne gravure 196
ASSISE, d'après une photographie. . . 197
Tombeau actuel de sainte Claire, en l'église de Sainte-Claire à Assise . . 200
Sceau de l'abbaye de Longchamps, fondée par la Bienheureuse Isabelle de France, sœur de saint Louis (1226). Dans la partie supérieure, l'Annonciation ; en dessous, saint François en prière. 208
Sceau du couvent des Sœurs de Saint-Damien de Marseille, XIIIe siècle, conservé au couvent des Clarisses de Marseille 208
Sceau du couvent des Sœurs Mineures de l'Humilité Notre-Dame, abbaye de Longchamps 208
Le grand sceau du monastère d'Évian. 224

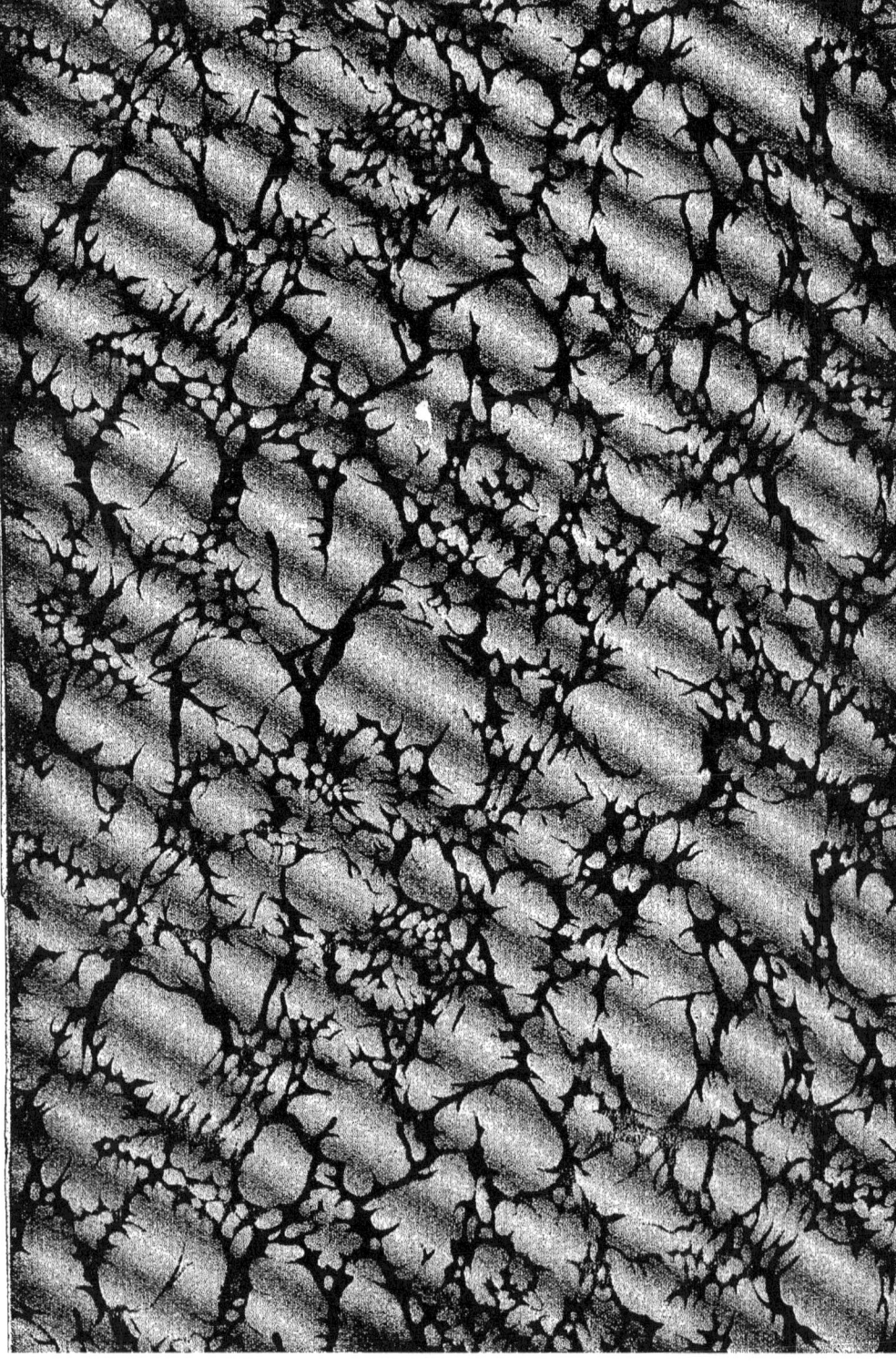

www.ingramcontent.com/pod-product-compliance
Lightning Source LLC
Chambersburg PA
CBHW072110170426
R18158300001B/R181583PG43191CBX00003B/5